Giuseppe Ungaretti

GIUSEPPE UNGARETTI

VITTA D'UN UOMO
EIN MENSCHENLEBEN

Werke in 6 Bänden
Band 2

Herausgegeben von
Angelika Baader und
Michael von Killisch-Horn

GIUSEPPE UNGARETTI
SENTIMENTO DEL TEMPO
ZEITGEFÜHL
IL DOLORE
DER SCHMERZ

Gedichte 1919–1946

Italienisch und deutsch
Übersetzt von
Michael von Killisch-Horn

P. Kirchheim

Übersetzung der Gedichte, Kommentar und Anmerkungen zu diesem Band von Michael von Killisch-Horn, Übersetzung der Prosatexte von Giuseppe Ungaretti »Zeitgefühl« und von Alfredo Gargiulo »Vorwort zum ›Zeitgefühl‹« von Angelika Baader.
Die Herausgeber und der Verlag danken Leone Piccioni für die freundliche Hilfsbereitschaft, mit der er die Ausgabe begleitet.

© 1991 P. Kirchheim Verlag München
Alle Rechte vorbehalten
Umschlaggestaltung: Klaus Detjen
Gesetzt aus der Borgis Baskerville und
gedruckt und gebunden von der
Offizin Andersen Nexö Leipzig
Printed in Germany
ISBN 3-87410-046-4 Gesamt
ISBN 3-87410-048-0 Einzeln

GEDICHTE BAND 2

1919–1946

SENTIMENTO DEL TEMPO
ZEITGEFÜHL
1919–1935

Prime
Erste

O NOTTE
1919

Dall'ampia ansia dell'alba
Svelata alberatura.

Dolorosi risvegli.

Foglie, sorelle foglie,
Vi ascolto nel lamento.

Autunni,
Moribonde dolcezze.

O gioventù,
Passata è appena l'ora del distacco.

Cieli alti della gioventù,
Libero slancio.

E già sono deserto.

Perso in questa curva malinconia.

Ma la notte sperde le lontananze.

Oceanici silenzi,
Astrali nidi d'illusione,

O notte.

OH NACHT
1919

Aus dämmerndem Tag angstfahl weit
Entschleiertes Mastwerk.

Schmerzhaftes Wiedererwachen.

Blätter, geschwisterliche Blätter,
Ich lausche euch im Klagen.

Herbste,
Todgeweihte Freuden.

Oh Jugend,
Vorbei ist kaum die Stunde der Trennung.

Hohe Himmel der Jugend,
Freier Aufschwung.

Und schon bin ich Wüste.

Verloren in dieser gekrümmten Schwermut.

Doch die Nacht nimmt alle Fernen.

Ozeanisches Schweigen,
Astrale Nester von Illusion,

Oh Nacht.

PAESAGGIO
1920

MATTINA
Ha una corona di freschi pensieri,
Splende nell'acqua fiorita.

MERIGGIO
Le montagne si sono ridotte a deboli fumi e l'invadente
deserto formicola d'impazienze e anche il sonno turba
e anche le statue si turbano.

SERA
Mentre infiammandosi s'avvede ch'è nuda, il florido
carnato nel mare fattosi verde bottiglia, non è più che
madreperla.
Quel moto di vergogna delle cose svela per un momento,
dando ragione dell'umana malinconia, il consumarsi
senza fine di tutto.

NOTTE
Tutto si è esteso, si è attenuato, si è confuso.
Fischi di treni partiti.
Ecco appare, non essendoci più testimoni,
anche il mio vero viso, stanco e deluso.

LANDSCHAFT
1920

MORGENSTUNDE
Hat eine Krone aus frischen Gedanken,
Gleißt im blühenden Wasser.

MITTAGSSTUNDE
Zu schwachem Dunst sind die Berge geworden und die
andrängende Wüste wimmelt von Ungeduld und auch der
Schlaf verstört und auch die Statuen sind verstört.

ABENDSTUNDE
Ist, während sie aufflammend ihrer Nacktheit gewahr wird,
die lebhafte Rötung im Meer, flaschengrün geworden, nur
noch Perlmutt.
Jene Aufwallung von Scham der Dinge enthüllt für einen
Augenblick, Grund gebend der menschlichen Schwermut,
das endlose Sichverzehren aller Dinge.

NACHT
Alles ist weit geworden, hat sich abgeschwächt,
                                verschwimmt.
Pfiffe abgefahrener Züge.
Jetzt erscheint, da es keine Zeugen mehr gibt,
auch mein wahres Gesicht, müde und enttäuscht.

LE STAGIONI
1920

1

O leggiadri e giulivi coloriti
Che la struggente calma alleva,
E addolcirà,
Dall'astro desioso adorni,
Torniti da soavità,
O seni appena germogliati,
Già sospirosi,
Colmi e trepidi alle furtive mire,
V'ho
Adocchiati.

Iridi libere
Sulla tua strada alata
L'arcano dialogo scandivano.

È mutevole il vento,
Illusa adolescenza.

DIE JAHRESZEITEN
1920

1

Oh anmutige und heitere Färbungen
Welche die verzehrende Ruhe nährt
Und sänftigen wird,
Vom begierigen Gestirn geschmückt,
Aus Zartheit gerundet,
Oh Brüste, Knospen noch,
Schon seufzerschwer,
Übervoll und erbebend unter den verstohlenen Blicken,
Euch
Streifte mein Auge.

Freie Iris
Auf deiner beschwingten Straße
Skandierten sie den geheimnisvollen Dialog.

Wankelmütig ist der Wind,
Getäuschte Jugendzeit.

2
Eccoti domita e turbata.

È già oscura e fonda
L'ora d'estate che disanima.

Già verso un'alta, lucida
Sepoltura, si salpa.

Dal notturno meriggio,
Ormai soli, oscillando stanchi,
Invocano i ricordi:

Non ordirò le tue malinconie,
Ma sul fosso lunare sull'altura
L'ombra si desterà.

E in sul declivio dell'aurora
La suprema veemenza
Dell'ardore coronerà
Più calmo, memorando e tenero
La chioma docile e sonora
E di freschezza dorerà
La terra tormentata.

2
Da bist du, gezähmt und verstört.

Dunkel schon und tief ist
Die Stunde des Sommers die verzagt macht.

Schon lichtet zu einer hohen, leuchtenden
Grabstätte man den Anker.

Aus dem nächtlichen Mittag,
Einsam nun, müde schwankend,
Rufen die Erinnerungen:

Ich werde nicht deine schwermütigen Gedanken anstacheln,
Doch auf dem Mondgraben auf der Anhöhe
Wird der Schatten erwachen.

Und den Abhang der Morgenröte hinauf
Wird die höchste Heftigkeit
Der Glut,
Ruhiger, sich erinnernd und zart,
Das fügsame und tönende Haar krönen
Und mit Frische vergolden
Die gemarterte Erde.

3

Indi passò sulla fronte dell'anno
Un ultimo rossore.

E lontanissimo un giovane coro
S'udì:

Nell'acqua garrula
Vidi riflesso uno stormo di tortore
Allo stellato grigiore s'unirono.

Quella fu l'ora più demente.

4

Ora anche il sogno tace.

È nuda anche la quercia,
Ma abbarbicata sempre al suo macigno.

3
Drauf zog über die Stirn des Jahres
Eine letzte Röte.

Und aus weitester Ferne vernahm man
Einen jungen Chor:

Im geschwätzigen Wasser
Sah ich widergespiegelt einen Schwarm Turteltauben
Dem gestirnten Grau sich vereinen.

Es war jene die wahnsinnigste Stunde.

4
Jetzt schweigt auch der Traum.

Kahl ist auch die Eiche,
Doch für immer verwurzelt in ihren Fels.

SILENZIO IN LIGURIA
1922

Scade flessuosa la pianura d'acqua.

Nelle sue urne il sole
Ancora segreto si bagna.

Una carnagione lieve trascorre.

Ed ella apre improvvisa ai seni
La grande mitezza degli occhi.

L'ombra sommersa delle rocce muore.

Dolce sbocciata dalle anche ilari,
Il vero amore è una quiete accesa,

E la godo diffusa
Dall'ala alabastrina
D'una mattina immobile.

STILLE IN LIGURIEN
1922

Schmiegsam sich biegend fällt die Ebene aus Wasser.

In ihren Urnen badet
Noch verborgen die Sonne.

Ein leichte Röte flieht vorüber.

Und sie öffnet unversehens auf die Buchten
Die große Sanftheit der Augen.

Der versunkene Schatten der Felsen stirbt.

Süß erblüht aus den heiteren Hüften,
Ist die wahre Liebe eine entflammte Ruhe,

Und ich genieße sie zerstäubt
Von der alabasternen Schwinge
Eines unbewegten Morgens.

ALLA NOIA
1922

Quiete, quando risorse in una trama
Il corpo acerbo verso cui m'avvio.

La mano le luceva che mi porse,
Che di quanto m'avanzo s'allontana.

Eccomi perso in queste vane corse.

Quando ondeggiò mattina ella si stese
E rise, e mi volò dagli occhi.

Ancella di follia, noia,
Troppo poco fosti ebbra e dolce.

Perché non t'ha seguita la memoria?

È nuvola il tuo dono?

È mormorio, e popola
Di canti remoti i rami.

Memoria, fluido simulacro,
Malinconico scherno,
Buio del sangue...

Quale fonte timida a un'ombra
Anziana di ulivi,
Ritorni a assopirmi...

Di mattina ancora segreta,
Ancora le tue labbra brami...

Non le conosca più!

AN DEN ÜBERDRUSS
1922

Ruhe, als wieder auftauchte in einer Intrige
Der unreife Körper zu dem ich mich aufmache.

Ihre Hand leuchtete die sie mir reichte,
Die um soviel ich mich nähere sich entfernt.

Und nun, verloren bin ich in diesen vergeblichen Läufen.

Als der Morgen wogte, streckte sie sich aus
Und lachte, und flog mir von den Augen.

Magd des Wahnsinns, Überdruß,
Zu wenig warst du trunken und süß.

Warum ist dir nicht gefolgt das Gedächtnis?

Ist Wolke deine Gabe?

Ist Gemurmel, und bevölkert
Mit fernen Gesängen die Zweige.

Gedächtnis, flüssiges Schattenbild,
Schwermütiger Hohn,
Dunkel des Blutes...

Wie eine schüchterne Quelle in einem alten
Schatten von Olivenbäumen
Erneut einschlummern...

Im noch verborgenen Morgen
Noch einmal begehren deine Lippen...

Nicht mehr sie kennen!

SIRENE
1923

Funesto spirito
Che accendi e turbi amore,
Affine io torni senza requie all'alto
Con impazienza le apparenze muti,
E già, prima ch'io giunga a qualche meta,
Non ancora deluso
M'avvinci ad altro sogno.
Uguale a un mare che irrequieto e blando
Da lungi porga e celi
Un'isola fatale,
Con varietà d'inganni
Accompagni chi non dispera, a morte.

SIRENEN
1923

Unheilvoller Geist
Der du Liebe entflammst und trübst,
Damit ohne Ruhe ich zurückkehr zur Höhe
Mit Ungeduld verwandelst die Erscheinungen,
Und schon, bevor irgendein Ziel ich erreich,
Noch nicht enttäuscht
An anderen Traum mich fesselst.
Einem Meer gleich das unruhig und sanft schmeichelnd
Von ferne zeigte und verbärge
Eine verhängnisvolle Insel,
Mit vielfältiger Täuschung
Geleitest du den der nicht verzweifelt zum Tod.

RICORDO D'AFFRICA
1924

Non più ora tra la piana sterminata
E il largo mare m'apparterò, né umili
Di remote età, udrò più sciogliersi, chiari,
Nell'aria limpida, squilli; né più
Le grazie acerbe andrà nudando
E in forme favolose esalterà
Folle la fantasia,
Né dal rado palmeto Diana apparsa
In agile abito di luce,
Rincorrerò
(In un suo gelo altiera s'abbagliava,
Ma le seguiva gli occhi nel posarli
Arroventando disgraziate brame,
Per sempre
Infinito velluto).

È solo linea vaporosa il mare
Che un giorno germogliò rapace,
E nappo d'un miele, non più gustato
Per non morire di sete, mi pare
La piana, e a un seno casto, Diana vezzo
D'opali, ma nemmeno d'invisibile
Non palpita.

Ah! questa è l'ora che annuvola e smemora.

AFRIKANISCHE ERINNERUNG
1924

Nicht mehr werde ich jetzt zwischen der unermeßlichen
Ebene
Und dem weiten Meer mich absondern, und nicht mehr
demütig
Von längst vergangenen Zeiten sich auflösen hören, hell,
In der klaren Luft, gellende Töne; nicht mehr
Wird die herben Grazien entblößen
Und in märchenhaften Formen verherrlichen
Toll die Phantasie,
Und ich werde nicht mehr, vom lichten Palmenhain
Erschienene,
Diana in ihrem leichten Kleid aus Licht
Verfolgen
(In ihrem Eis, stolz, blendete sie sich,
Doch es folgte ihren Augen die unselige Begierden
zum Glühen brachten in ihrem Blick,
Für immer
Unendlicher Samt).

Nur dunstverschleierte Linie ist das Meer
Das raubgierig aufsproß eines Tags,
Und Becher voll eines Honigs, nicht mehr gekostet
Um nicht an Durst zu sterben, scheint mir
Die Ebene, und an keuschem Busen, Diana Kosen
Von Opalen, doch nicht einmal vor Unsichtbarem
Erbebt sie nicht.

Ach! dies ist die Stunde die bewölkt, gedächtnislos.

La Fine di Crono
Das Ende des Chronos

UNA COLOMBA
1925

D'altri diluvi una colomba ascolto.

EINE TAUBE
1925

Einer Taube lausch ich andrer Sintfluten.

L'ISOLA
1925

A una proda ove sera era perenne
Di anziane selve assorte, scese,
E s'inoltrò
E lo richiamò rumore di penne
Ch'erasi sciolto dallo stridulo
Batticuore dell'acqua torrida,
E una larva (languiva
E rifioriva) vide;
Ritornato a salire vide
Ch'era una ninfa e dormiva
Ritta abbracciata a un olmo.

In sé da simulacro a fiamma vera
Errando, giunse a un prato ove
L'ombra negli occhi s'addensava
Delle vergini come
Sera appiè degli ulivi;
Distillavano i rami
Una pioggia pigra di dardi,
Qua pecore s'erano appisolate
Sotto il liscio tepore,
Altre brucavano
La coltre luminosa;
Le mani del pastore erano un vetro
Levigato da fioca febbre.

DIE INSEL
1925

Zu einem Gestade wo Abend war immerwährend
Von alten versonnenen Wäldern, stieg er hinab,
Und er drang weiter vor
Und es rief ihn zurück Rauschen von Federn
Das sich gelöst hatte vom schrillen
Herzschlag des glühenden Wassers,
Und einen Schemen (er war ermattet
Und erblühte neu) sah er;
Wieder zur Höhe emporgestiegen sah er
Eine Nymphe war's und sie schlief
Aufrecht umschlungen um eine Ulme.

In sich von Schattenbild zu wahrer Flamme
Irrend, kam er zu einer Wiese wo
Der Schatten in den Augen sich ballte
Der Jungfrauen wie
Abend zu Füßen der Olivenbäume;
Die Zweige destillierten
Trägen Regen von Pfeilen,
Hier waren Schafe entschlummert
Unter der milden lauen Luft,
Andere begrasten
Die lichtvolle Decke;
Des Schäfers Hände waren ein Glas
Geschliffen von schwachem Fieber.

LAGO LUNA ALBA NOTTE
1927

Gracili arbusti, ciglia
Di celato bisbiglio...

Impallidito livore rovina...

Un uomo, solo, passa
Col suo sgomento muto...

Conca lucente,
Trasporti alla foce del sole!

Torni ricolma di riflessi, anima,
E ritrovi ridente
L'oscuro...

Tempo, fuggitivo tremito...

SEE MOND TAGESANBRUCH NACHT
1927

Anmutiges Gesträuch, Wimpern
Verborgenen Geflüsters...

Verblaßtes fahles Blau stürzt ein...

Ein Mensch geht vorbei, allein,
Mit seiner stummen Bestürzung...

Leuchtende Mulde,
Du trägst weiter zur Mündung der Sonne!

Von Reflexen ganz erfüllt kehrst du zurück, Seele,
Und landest lachend erneut
Im Dunkel...

Zeit, flüchtiges Zittern...

APOLLO
1925

Inquieto Apollo, siamo desti!

La fronte intrepida ergi, déstati!

Spira il sanguigno balzo...

L'azzurro inospite è alto!

Spaziosa calma...

APOLLO
1925

Unruhiger Apollo, wir sind erwacht!

Die furchtlose Stirn erhebe, wach auf!

Der blutrote Sprung strömt sich aus...

Das ungastliche Blau ist hoch!

Geräumige Ruhe...

INNO ALLA MORTE
1925

Amore, mio giovine emblema,
Tornato a dorare la terra,
Diffuso entro il giorno rupestre,
È l'ultima volta che miro
(Appiè del botro, d'irruenti
Acque sontuoso, d'antri
Funesto) la scia di luce
Che pari alla tortora lamentosa
Sull'erba svagata si turba.

Amore, salute lucente,
Mi pesano gli anni venturi.

Abbandonata la mazza fedele,
Scivolerò nell'acqua buia
Senza rimpianto.

Morte, arido fiume...

Immemore sorella, morte,
L'uguale mi farai del sogno
Baciandomi.

Avrò il tuo passo,
Andrò senza lasciare impronta.

Mi darai il cuore immobile
D'un iddio, sarò innocente,
Non avrò più pensieri né bontà.

Colla mente murata,
Cogli occhi caduti in oblio,
Farò da guida alla felicità.

HYMNE AN DEN TOD
1925

Liebe, mein jugendliches Emblem,
Wiedergekehrt zu vergolden die Erde,
Eingestreut in den felsigen Tag,
Zum letzten Mal betrachte ich
(Zu Füßen der Vertiefung die mit ungestümen
Wassern prunkt, durch Höhlen
Unheilvoll) die Spur von Licht
Die der klagenden Lachtaube gleich
Über dem verträumten Gras sich trübt.

Liebe, leuchtendes Heil,
Schwer wiegen mir die künftigen Jahre.

Nachdem ich zurückgelassen den treuen Stock,
Werde ich gleiten ins dunkle Wasser
Ohne Bedauern.

Tod, ausgetrockneter Fluß...

Erinnerungslose Schwester, Todin,
Dem Traum gleich wirst du mich machen
In deinem Kuß.

Deinen Schritt werd ich haben,
Werde gehen ohne Abdruck zu hinterlassen.

Das unbewegte Herz eines Gottes
Wirst du mir geben, unschuldig werde ich sein,
Ohne Gedanken fortan und ohne Güte.

Mit dem eingemauerten Geist,
Mit den Augen, eingesunken ins Vergessen,
Werde ich Führer sein zur Gückseligkeit.

NOTTE DI MARZO
1927

Luna impudica, al tuo improvviso lume
Torna, quell'ombra dove Apollo dorme,
A trasparenze incerte.

Il sogno riapre i suoi occhi incantevoli,
Splende a un'alta finestra.

Gli voli un desiderio,
Quando toccato avrà la terra,
Incarnerà la sofferenza.

MÄRZNACHT
1927

Schamloser Mond, in deinem unerwarteten Schein
Kehrt er zurück, jener Schatten wo Apollo schläft,
Zu ungewissen Transparenzen.

Wieder öffnet der Traum seine bezaubernden Augen,
Gleißt an einem hohen Fenster.

Möge ein Wunsch ihm entfliegen,
Wenn er die Erde berührt,
Verkörpert er das Leid.

APRILE
1925

È oggi la prima volta
Che le può aprire gli occhi,
L'adolescente.

Esiti, sole?

Con brama schiva la bendi d'affanni.

APRIL
1925

Heute zum ersten Mal
Kann er die Augen ihr öffnen,
Der Heranwachsende.

Zögerst du, Sonne?

In scheuem Begehren sie zu verbinden mit
bangem Sehnen.

NASCITA D'AURORA
1925

Nel suo docile manto e nell'aureola,
Dal seno, fuggitiva,
Deridendo, e pare inviti,
Un fiore di pallida brace
Si toglie e getta, la nubile notte.

È l'ora che disgiunge il primo chiaro
Dall'ultimo tremore.

Del cielo all'orlo, il gorgo livida apre.

Con dita smeraldine
Ambigui moti tessono
Un lino.

E d'oro le ombre, tacitando alacri
Inconsapevoli sospiri,
I solchi mutano in labili rivi.

AURORAS GEBURT
1925

In ihrem fügsamen Mantel und in der Aureole,
Vom Busen, flüchtig,
Spottend, und als locke sie,
Eine Blume von bleicher Glut
Löst sich und schleudert die bräutliche Nacht.

Es ist die Stunde die vom letzten Beben
Die erste Helle trennt.

Fahl öffnet sie am Rand des Himmels reißende Strudel.

Mit smaragdenen Fingern
Weben doppelsinnige Bewegungen
Ein Linnen.

Und golden die Schatten, erstickend lebhaft
Unbewußte Seufzer,
Verwandeln die Furchen in unstete Bäche.

DI LUGLIO
1931

Quando su ci si butta lei,
Si fa d'un triste colore di rosa
Il bel fogliame.

Strugge forre, beve fiumi,
Macina scogli, splende,
È furia che s'ostina, è l'implacabile,
Sparge spazio, acceca mete,
È l'estate e nei secoli
Con i suoi occhi calcinanti
Va della terra spogliando lo scheletro.

IM JULI
1931

Stürzt sie sich darauf,
Färbt mit rosiger Trauer sich
Das schöne Laub.

Sie verwüstet Schluchten, trinkt Flüsse,
Zermalmt Klippen, gleißt,
Ist hartnäckig Rasende, ist die Unversöhnliche,
Sprengt Raum, blendet Ziele,
Ist die Sommerstunde, und durch die Jahrhunderte
Mit ihren sengenden Augen
Legt sie bloß das Gerippe der Erde.

GIUNONE
1931

Tonda quel tanto che mi dà tormento,
La tua coscia distacca di sull'altra...

Dilati la tua furia un'acre notte!

JUNO
1931

Gerundet jene Spur die mich quält
Dein Schenkel, löse ihn vom andern...

Verlängere deine Raserei eine grimme Nacht!

D'AGOSTO
1925

Avido lutto ronzante nei vivi,

Monotono altomare,
Ma senza solitudine,

Repressi squilli da prostrate messi,

Estate,

Sino ad orbite ombrate spolpi selci,

Risvegli ceneri nei colossei...

Quale Erebo t'urlò?

IM AUGUST
1925

Gierige Trauer, summend in den Lebenden,

Offene See, eintönig,
Doch ohne Einsamkeit,

Unterdrückt Gellen von niedergestreckten Ernten,

Sommer,

Bis zu schattigen Höhlen nagst du Pflastersteine ab,

Wiedererweckst Aschen in den Kolosseen...

Welcher Erebos heulte dich an?

UN LEMBO D'ARIA
1925

Si muova un lembo d'aria...

Spicchi, serale come sull'abbaglio
Visciole, avida spalla...

EIN ZIPFEL LUFT
1925

Es rege sich ein Zipfel Luft...

Gierige Schulter, abendlich wie im gleißenden Licht
Weichseln, erglänze...

OGNI GRIGIO
1925

Dalla spoglia di serpe
Alla pavida talpa
Ogni grigio si gingilla sui duomi...

Come una prora bionda
Di stella in stella il sole s'accomiata
E s'acciglia sotto la pergola...

Come una fronte stanca
È riapparsa la notte
Nel cavo d'una mano...

JEDES GRAU
1925

Von der abgestreiften Schlangenhaut
Zum furchtsamen Maulwurf
Jedes Grau tändelt auf den Domen...

Wie ein blonder Bug
Von Stern zu Stern nimmt die Sonne Abschied
Und verfinstert sich unter der Pergola...

Wie eine müde Stirn
Ist die Nacht wieder erschienen
In der Höhlung einer Hand...

TI SVELERÀ
1931

Bel momento, ritornami vicino.

Gioventù, parlami
In quest'ora voraginosa.

O bel ricordo, siediti un momento.

Ora di luce nera nelle vene
E degli stridi muti degli specchi,
Dei precipizi falsi della sete...

E dalla polvere più fonda e cieca
L'età bella promette:

Con dolcezza di primi passi, quando
Il sole avrà toccato
La terra della notte
E in freschezza sciolto ogni fumo,
Tornando impallidito al cielo
Un corpo ilare ti svelerà.

ENTHÜLLEN WIRD SIE DIR
1931

Schöner Augenblick, nahe dich mir wieder.

Jugend, sprich zu mir
In dieser abgründigen Stunde.

Oh schöne Erinnerung, verweile einen Augenblick.

Stunde schwarzen Lichts in den Adern
Und der stummen Aufschreie der Spiegel,
Der falschen Abgründe des Dursts...

Und aus dem tiefsten und blinden Staub
Verspricht das schöne Alter:

Mit der Süße erster Schritte, sobald
Die Sonne berührt haben wird
Die Erde der Nacht
Und in Frische aufgelöst allen Dunst,
Erbleicht zurückkehrend zum Himmel
Wird sie einen heiteren Körper dir enthüllen.

FINE DI CRONO
1925

L'ora impaurita
In grembo al firmamento
Erra strana.

Una fuligine
Lilla corona i monti,

Fu l'ultimo grido a smarrirsi.

Penelopi innumeri, astri

Vi riabbraccia il Signore!

(Ah, cecità!
Frana delle notti...)

E riporge l'Olimpo,
Fiore eterno di sonno.

CHRONOS' ENDE
1925

Die erschreckte Stunde
Irrt fremd
Im Schoß des Firmaments.

Lilafarbener
Ruß krönt die Berge,

War der letzte Schrei der sich verlor.

Gestirne, ungezählte Penelopen,

Wieder umarmt euch der Herr!

(Ach, Blindheit!
Einsturz der Nächte…)

Und wieder ist der Olymp da,
Ewige Blume des Schlafs.

CON FUOCO
1925

Con fuoco d'occhi un nostalgico lupo
Scorre la quiete nuda.

Non trova che ombre di cielo sul ghiaccio,

Fondono serpi fatue e brevi viole.

MIT FEUER
1925

Feueräugig durchstreift ein sehnsüchtiger Wolf
Die nackte Ruhe.

Findet nichts als Himmelsschatten auf dem Eis,

Es verschmelzen eitle Schlangen und kurzlebige Veilchen.

LIDO
1925

L'anima dissuade l'aspetto
Di gracili arbusti sul ciglio
D'insidiosi bisbigli.

Conca lucente che all'anima ignara
Il muto sgomento rovini
E porti la salma vana
Alla foce dell'astro, freddo,
Anima ignara che torni dall'acqua
E ridente ritrovi
L'oscuro,

Finisce l'anno in quel tremito.

LIDO
1925

Die Seele widerrät dem Anschein
Anmutigen Gesträuchs auf der Wimper
Hinterhältigen Geflüsters.

Leuchtende Mulde die du der unkundigen Seele
Einstürzen läßt die stumme Bestürzung
Und den nichtigen Leichnam
Zur Mündung trägst des kalten Gestirns,
Unkundige Seele die du zurückkehrst vom Wasser
Und lachend landest erneut
Im Dunkel,

Es endet das Jahr in jenem Zittern.

LEDA
1925

I luminosi denti spengono
L'impallidita.

E nel presago oblio sparso,
Ricolma di riflessi
La salma stringo colle braccia fredde,
Calda ancora,
Che già tutta vacilla
In un ascoso ripullulamento
D'onde.

LEDA
1925

Die lichtvollen Zähne löschen aus
Die Erbleichte.

Und ins ahnungsvolle Vergessen verloren,
Presse ich mit den kalten Armen
Den Leichnam, von Reflexen ganz erfüllt,
Warm noch,
Der schon heftig schaukelt
In verborgenem Ansturm wieder
Von Wellen.

FINE
1925

In sé crede e nel vero chi dispera?

ENDE
1925

Glaubt an sich und ans Wahre wer verzweifelt?

PARI A SÉ
1925

Va la nave, sola
Nella quiete della sera.

Qualche luce appare
Di lontano, dalle case

Nell'estrema notte
Va in fumo a fondo il mare.

Resta solo, pari a sé,
Uno scroscio che si perde...

Si rinnova...

SICH GLEICH
1925

Einsam zieht das Schiff
In der Ruhe des Abends.

Lichter scheinen auf
In der Ferne, von den Häusern.

In der äußersten Nacht
Geht in Rauch auf das Meer bis zum Grund.

Allein bleibt, sich gleich,
Ein Rauschen das sich verliert...

Sich erneuert...

Sogni e Accordi
Träume und Akkorde

ECO
1927

Scalza varcando da sabbie lunari,
Aurora, amore festoso, d'un'eco
Popoli l'esule universo e lasci
Nella carne dei giorni,
Perenne scia, una piaga velata.

ECHO
1927

Barfuß hindurch aus Mondwüsten,
Aurora, heitere Liebe, bevölkerst du
Mit einem Echo das verbannte Universum und läßt
Im Fleisch der Tage,
Immerwährende Spur, eine verhüllte Wunde.

ULTIMO QUARTO
1927

Luna,
Piuma di cielo,
Così velina,
Arida,
Trasporti il murmure d'anime spoglie?

E alla pallida che diranno mai
Pipistrelli dai ruderi del teatro,
In sogno quelle capre,
E fra arse foglie come in fermo fumo
Con tutto il suo sgolarsi di cristallo
Un usignuolo?

LETZTES VIERTEL
1927

Mondin,
Himmelsfeder,
So durchscheinend,
Dürr,
Trägst du weiter das Murmeln entblößter Seelen?

Und was werden der Bleichen wohl sagen
Fledermäuse aus den Trümmern des Theaters,
Was im Traum jene Ziegen,
Und zwischen verbrannten Blättern wie in dichtem Rauch
Unermüdlich mit dem Kristallgesang ihrer Kehle
Eine Nachtigall?

STATUA
1927

Gioventù impietrita,
O statua, o statua dell'abisso umano...

Il gran tumulto dopo tanto viaggio
Corrode uno scoglio
A fiore di labbra.

STATUE
1927

Versteinerte Jugend,
Oh Statue, oh Statue des menschlichen Abgrunds...

Der große Aufruhr nach so langer Reise
Zerfrißt eine Klippe
Kaum hörbar.

OMBRA
1927

Uomo che speri senza pace,
Stanca ombra nella luce polverosa,
L'ultimo caldo se ne andrà a momenti
E vagherai indistinto...

SCHATTEN
1927

Mensch der du friedlos hoffst,
Müder Schatten im staubigen Licht,
Die letzte Wärme wird jeden Augenblick verschwinden
Und unbestimmt wirst du schweifen...

AURA
1927

Udendo il cielo
Spada mattutina,
E il monte che gli sale in grembo,
Torno all'usato accordo.

Ai piedi stringe la salita
Un albereto stanco.

Dalla grata dei rami
Rivedo voli nascere...

AURA
1927

Den Himmel vernehmend
Morgendliches Schwert,
Und den Berg der ihm in den Schoß wächst,
Kehre ich zurück zum gewohnten Akkord.

Zu Füßen drückt die Steigung
Ein müdes Bäumchen.

Aus dem Gitter der Zweige
Sehe neu ich Flüge aufsteigen...

STELLE
1927

Tornano in alto ad ardere le favole.

Cadranno colle foglie al primo vento.

Ma venga un altro soffio,
Ritornerà scintillamento nuovo.

STERNE
1927

Wieder brennen in der Höhe die Märchen.

Werden fallen mit den Blättern im ersten Wind.

Doch ein anderer Hauch,
Und neues Funkeln kehrt zurück.

SOGNO
1927

Rotto l'indugio sotto l'onda
Torna a rapirsi aurora.

Con un volare argenteo
Ad ogni fumo insinua guance in fiamma.

Ai pagliai toccano clamori.

Ma intorno al lago già l'ontano
Mostra la scorza, è giorno.

Da sonno a veglia fu
Il sogno in un baleno.

TRAUM
1927

Ohne Zögern jetzt unter der Woge
Kehrt sich zu überwältigen die Morgenröte zurück.

In silbrigem Fliegen
Entflammt sie jedem Dunst die Wangen.

Die Strohschober berühren Schreie.

Doch schon zeigt rings um den See
Die Erle die Rinde, Tag ist's.

Von Schlaf zu Wachen war
Der Traum in einem Nu.

FONTE
1927

Il cielo ha troppo già languito
E torna a splendere
E di pupille semina la fonte.

Risorta vipera,
Idolo snello, fiume giovinetto,
Anima, estate tornata di notte,
Il cielo sogna.

Prega, amo udirti,
Tomba mutevole.

QUELLE
1927

Zu lang schon siechte der Himmel
Und wieder gleißt er
Und aus Pupillen sät er die Quelle.

Wieder zum Leben erwachte Viper,
Flinkes Idol, jugendlicher Fluß,
Seele, Sommer über Nacht zurückgekehrt,
Der Himmel träumt.

Bete, ich liebe es dich zu hören,
Wandelbares Grab.

DUE NOTE
1927

Inanella erbe un rivolo,

Un lago torvo il cielo glauco offende.

ZWEI NOTEN
1927

Gräser kräuselt ein Bächlein,

Einen düsteren See beleidigt der seegrüne Himmel.

DI SERA
1928

Nelle onde sospirose del tuo nudo
Il mistero rapisci. Sorridendo,

Nulla, sospeso il respiro, più dolce
Che udirti consumarmi
Nel sole moribondo
L'ultimo fiammeggiare d'ombra, terra!

ABENDS
1928

In den Wogen voller Seufzer deines Aktes
Raubst du das Geheimnis. Lächelnd,

Nichts, bei angehaltenem Atem, süßer
Als dich zu hören wie du
In der sterbenden Sonne
Das letzte Aufflammen von Schatten mir aufzehrst,
Erde!

ROSSO E AZZURRO
1928

Ho atteso che vi alzaste,
Colori dell'amore,
E ora svelate un'infanzia di cielo.

Porge la rosa più bella sognata.

ROT UND HIMMELBLAU
1928

Ich habe gewartet daß ihr euch erhöbet,
Farben der Liebe,
Und jetzt enthüllt ihr eine Himmelskindheit.

Sie reicht die schönste geträumte Rose.

GRIDO
1928

Giunta la sera
Riposavo sopra l'erba monotona,
E presi gusto
A quella brama senza fine,
Grido torbido e alato
Che la luce quando muore trattiene.

SCHREI
1928

Nach Anbruch des Abends
Ruhte ich auf dem eintönigen Gras,
Und fand Geschmack
An jener endlosen Begierde,
Trüber und beschwingter Schrei
Den das Licht, wenn es stirbt, zurückhält.

QUIETE
1929

L'uva è matura, il campo arato,

Si stacca il monte dalle nuvole.

Sui polverosi specchi dell'estate
Caduta è l'ombra,

Tra le dita incerte
Il loro lume è chiaro,
E lontano.

Colle rondini fugge
L'ultimo strazio.

RUHE
1929

Die Traube ist reif, das Feld gepflügt,

Von den Wolken löst sich der Berg.

Auf die staubigen Spiegel des Sommers
Gefallen ist der Schatten,

Zwischen den unsicheren Fingern
Ist ihr Schein hell,
Und fern.

Mit den Schwalben flieht
Die letzte Qual.

SERENO
1929

Arso tutto ha l'estate.

Ma torni un dito d'ombra,
Ritrova il rosolaccio sangue,
E di luna, la voce che si sgrana
I canneti propaga.

Muore il timore e la pietà.

HEITER
1929

Alles verbrannt hat der Sommer.

Doch nur ein Fingerbreit Schatten,
Schon füllt der Mohn sich wieder mit Blut,
Und des Mondes brechende Stimme
Breitet aus das Schilf.

Die Furcht stirbt und das Erbarmen.

SERA
1929

Appiè dei passi della sera
Va un'acqua chiara
Colore dell'uliva,

E giunge al breve fuoco smemorato.

Nel fumo ora odo grilli e rane,

Dove tenere tremano erbe.

ABEND
1929

Zu Füßen der Schritte des Abends
Rinnt ein Wasser, klar
Olivenfarben,

Und gelangt zum kurzen erinnerungslosen Feuer.

Im Rauch hör ich jetzt Grillen und Frösche,

Wo Gräser zart zittern.

Leggende
Legenden

IL CAPITANO
1929

Fui pronto a tutte le partenze.

Quando hai segreti, notte hai pietà.

Se bimbo mi svegliavo
Di soprassalto, mi calmavo udendo
Urlanti nell'assente via,
Cani randagi. Mi parevano
Più del lumino alla Madonna
Che ardeva sempre in quella stanza,
Mistìca compagnia.

E non ad un rincorrere
Echi d'innanzi nascita,
Mi sorpresi con cuore, uomo?

Ma quando, notte, il tuo viso fu nudo
E buttato sul sasso
Non fui che fibra d'elementi,
Pazza, palese in ogni oggetto,
Era schiacciante l'umiltà.

Il Capitano era sereno.

(Venne in cielo la luna)

Era alto e mai non si chinava.

(Andava su una nube)

DER KAPITÄN
1929

Ich war bereit zu jeder Abfahrt.

Hast du Geheimnisse, Nacht, hast du Erbarmen.

Wenn, Kind, ich auffuhr
Aus dem Schlaf, kam ich zur Ruhe wenn ich heulen
Hörte in der fernen Straße
Streunende Hunde. Sie schienen mir
Mehr als das Lämpchen der Madonna
Das stets in jenem Zimmer brannte,
Mystische Gesellschaft.

Und überraschte ich nicht in einem Verfolgen
Von Echos von vor aller Geburt
Beherzt mich als Mann?

Doch als, Nacht, dein Antlitz nackt war
Und geworfen auf den Stein
Nur eine Faser der Elemente ich war,
Irr, offenkundig in jedem Gegenstand,
War erdrückend die Niedrigkeit.

Der Kapitän war heiter.

(Am Himmel erschien der Mond)

Hochgewachsen war er und beugte sich nie.

(Stieg auf eine Wolke)

Nessuno lo vide cadere,
Nessuno l'udì rantolare,
Riapparve adagiato in un solco,
Teneva le mani sul petto.

Gli chiusi gli occhi.

(La luna è un velo)

Parve di piume.

Keiner sah ihn fallen,
Keiner hörte ihn röcheln,
In eine Furche gebettet erschien er wieder,
Hielt die Hände auf der Brust.

Ich schloß ihm die Augen.

(Der Mond ist ein Schleier)

Schien aus Federn.

PRIMO AMORE
1929

Era una notte urbana,
Rosea e sulfurea era la poca luce
Dove, come da un muoversi dell'ombra,
Pareva salisse la forma.

Era una notte afosa
Quando improvvise vidi zanne viola
In un'ascella che fingeva pace.

Da quella notte nuova ed infelice
E dal fondo del mio sangue straniato
Schiavo loro mi fecero segreti.

ERSTE LIEBE
1929

Es war eine städtische Nacht,
Rosig und schweflig war das wenige Licht
Wo, wie aus einem Sichregen des Schattens,
Emporzusteigen schien die Gestalt.

Es war eine schwüle Nacht
Als ich unerwartete Fangzähne sah, violett
In einer Achselhöhle die Frieden vorgab.

Seit jener neuen und unglücklichen Nacht
Und aus der Tiefe meines entfremdeten Bluts
Machten zu ihrem Sklaven mich Geheimnisse.

LA MADRE
1930

E il cuore quando d'un ultimo battito
Avrà fatto cadere il muro d'ombra,
Per condurmi, Madre, sino al Signore,
Come una volta mi darai la mano.

In ginocchio, decisa,
Sarai una statua davanti all'Eterno,
Come già ti vedeva
Quando eri ancora in vita.

Alzerai tremante le vecchie braccia,
Come quando spirasti
Dicendo: Mio Dio, eccomi.

E solo quando m'avrà perdonato,
Ti verrà desiderio di guardarmi.

Ricorderai d'avermi atteso tanto,
E avrai negli occhi un rapido sospiro.

DIE MUTTER
1930

Und das Herz, sobald es mit letztem Schlagen
Wird niedergerissen haben die Schattenmauer,
Mich zu führen, Mutter, bis vor den Herrn,
Wie einst wirst du mir da die Hand reichen.

Niederknieend, entschlossen,
Wirst du eine Statue sein vor dem Ewigen,
Wie er dich schon sah
Als du noch am Leben warst.

Zitternd wirst du die alten Arme heben,
Wie damals als du sterbend
Riefst: Mein Gott, hier bin ich.

Und erst wenn er mir wird vergeben haben,
Wird dir der Wunsch kommen mich anzusehen.

Du wirst dich erinnern wie sehr du mich erwartet hast,
Und in den Augen wirst du einen raschen Seufzer haben.

DOVE LA LUCE
1930

Come allodola ondosa
Nel vento lieto sui giovani prati,
Le braccia ti sanno leggera, vieni.

Ci scorderemo di quaggiù,
E del male e del cielo,
E del mio sangue rapido alla guerra,
Di passi d'ombre memori
Entro rossori di mattine nuove.

Dove non muove foglia più la luce,
Sogni e crucci passati ad altre rive,
Dov'è posata sera,
Vieni ti porterò
Alle colline d'oro.

L'ora costante, liberi d'età,
Nel suo perduto nimbo
Sarà nostro lenzuolo.

WO DAS LICHT
1930

Wie sich wiegend die Lerche
Im heiteren Wind über den jungen Wiesen
Wissen dich leicht die Arme, komm.

Wir werden vergessen diese Erdenwelt,
Und das Böse und den Himmel,
Und mein kriegerisches Blut,
Erinnerungsschwere Schritte von Schatten
Im Erröten neuer Morgen.

Wo kein Blatt mehr bewegt das Licht,
Träume und Sorgen zu anderen Ufern gezogen sind,
Wo Abend sich niedergelassen hat,
Komm, ich werde dich führen
Zu den goldenen Hügeln.

Die beharrliche Stunde wird uns, vom Alter Befreite,
In ihrem verlorenen Nimbus
Laken sein.

MEMORIA D'OFELIA D'ALBA
1932

Da voi, pensosi innanzi tempo,
Troppo presto
Tutta la luce vana fu bevuta,
Begli occhi sazi nelle chiuse palpebre
Ormai prive di peso,
E in voi immortali
Le cose che tra dubbi prematuri
Seguiste ardendo del loro mutare,
Cercano pace,
E a fondo in breve del vostro silenzio
Si fermeranno,
Cose consumate:
Emblemi eterni, nomi,
Evocazioni pure...

ERINNERUNG AN OFELIA D'ALBA
1932

Von euch, vor der Zeit gedankenschwer,
Wurde zu früh
Getrunken all das eitle Licht,
Schöne Augen gesättigt hinter den geschlossenen Lidern
Frei fortan von Schwere,
Und in euch unsterblich
Die Dinge die unter vorschnellen Zweifeln
Brennend ob ihres Wandels ihr verfolgtet,
Sie suchen Frieden,
Und auf dem Grunde schon bald eures Schweigens
Werden sie halten,
Aufgehobene Dinge:
Ewige Embleme, Namen,
Reine Beschwörungen...

1914–1915
1932

Ti vidi, Alessandria,
Friabile sulle tue basi spettrali
Diventarmi ricordo
In un abbraccio sospeso di lumi.

Da poco eri fuggita e non rimpiansi
L'alga che blando vomita il tuo mare,
Che ai sessi smanie d'inferno tramanda.
Né l'infinito e sordo plenilunio
Delle aride sere che t'assediano,
Né, in mezzo ai cani urlanti,
Sotto una cupa tenda
Amori e sonni lunghi sui tappeti.

Sono d'un altro sangue e non ti persi,
Ma in quella solitudine di nave
Più dell'usato tornò malinconica
La delusione che tu sia, straniera,
La mia città natale.

A quei tempi, come eri strana, Italia,
E mi sembrasti una notte più cieca
Delle lasciate giornate accecanti.

Ma il dubbio, ebbro colore di perla,
Come avviene nelle ore di tempesta
Spuntò adagio ai limiti,
E s'era appena messo a serpeggiare
Che aurora già soffiava sulla brace.

Chiara Italia, parlasti finalmente
Al figlio d'emigranti.

1914–1915
1932

Ich sah dich, Alexandria,
Morsch auf deinen geisterhaften Fundamenten,
Erinnerung mir werden
In einer schwebenden Umarmung von Lichtern.

Eben erst warst du geflohen und ich trauerte nicht
Der Alge nach die sanft dein Meer ausspeit,
Das höllisches Toben den Geschlechtern vermacht.
Auch nicht dem unendlichen und stumpfen Vollmond
Der trockenen Abende die dich bedrängen,
Und nicht, inmitten der heulenden Hunde,
Unter einem dunklen Zelt
Liebe und langem Schlaf auf den Teppichen.

Ich bin von anderem Blut und verlor dich nicht,
Doch in der Einsamkeit jenes Schiffs
Empfand ich schwermütiger als sonst
Die Enttäuschung daß du, Fremde,
Meine Geburtsstadt bist.

Wie fremd warst du mir in jenen Zeiten, Italien,
Und schienst mir blindere Nacht
Als die zurückgelassenen blendenden Tage.

Doch der Zweifel, trunkene Farbe der Perle,
wie's geschieht in stürmischer Stunde,
Erschien langsam an den Grenzen,
Und kaum hatte er begonnen sich zu schlängeln
Blies schon die Morgenröte auf die Glut.

Lichtes Italien, endlich sprachst du
Zu dem Sohn von Emigranten.

Vedeva per la prima volta i monti
Consueti agli occhi e ai sogni
Di tutti i suoi defunti;
Sciamare udiva voci appassionate
Nelle gole granitiche;
Gli scoprivi boschiva la tua notte;
Guizzi d'acque pudiche,
Specchi tornavano di fiere origini;
Neve vedeva per la prima volta,
In ultimi virgulti ormai taglienti
Che orlavano la luce delle vette
E ne legavano gli ampi discorsi
Tra viti, qualche cipresso, gli ulivi,
I fumi delle casipole sparse,
Per la calma dei campi seminati
Giù giù sino agli orizzonti d'oceani
Assopiti in pescatori alle vele,
Spiegate, pronte in un leggiadro seno.

Mi destavi nel sangue ogni tua età,
M'apparivi tenace, umana, libera
E sulla terra il vivere più bello.

Colla grazia fatale dei millenni
Riprendendo a parlare ad ogni senso,
Patria fruttuosa, rinascevi prode,
Degna che uno per te muoia d'amore.

Zum ersten Mal sah er die Berge
Gewohnt den Augen und den Träumen
All seiner Verstorbenen;
Leidenschaftliche Stimmen hörte er ausschwärmen
In granitenen Schlünden;
Du entdecktest ihm bewaldet deine Nacht;
Spritzer schamhafter Wasser,
Kehrten Spiegel zurück von wilden Ursprüngen;
Schnee sah er zum ersten Mal,
In letzten Schößlingen, schneidend jetzt,
Die das Licht der Gipfel säumten
Und seine ausgedehnten Reden banden
Zwischen Weinstöcken, ein paar Zypressen, den Oliven-
                                        bäumen,
Dem Rauch der verstreuten Hütten,
In der Ruhe der Felder ausgesät
Immer tiefer hinab bis zu den Horizonten von Ozeanen
Eingeschlummert in Fischern unter Segeln,
Ausgebreitet, bereit in einer anmutigen Bucht.

Jedes deiner Lebensalter erwecktest du in meinem Blut,
Hartnäckig, menschlich, frei erschienst du mir
Und auf Erden das schönste Leben.

Mit der schicksalhaften Anmut der Jahrtausende
Erneut sprechend zu jedem meiner Sinne,
Fruchtbares Vaterland, wurdest du wiedergeboren kühn,
Würdig daß man aus Liebe zu dir stirbt.

EPIGRAFE
PER UN CADUTO DELLA RIVOLUZIONE
1935

Ho sognato, ho creduto, ho tanto amato
Che non sono più di quaggiù.

Ma la bella mano che pronta
Mi sorregge il passo già inerme,
Mentre disanimandosi
Mi pesa il braccio che ebbe volontà
Per mille,
È la mano materna della Patria.

Forte, in ansia, ispirata,
Premendosi al mio petto,
Il mio giovane cuore in sé immortala.

EPIGRAPH
FÜR EINEN GEFALLENEN DER REVOLUTION
1935

Ich hab geträumt, hab geglaubt, hab so sehr geliebt,
Daß ich nicht mehr von dieser Welt bin.

Aber die schöne Hand die hilfreich
Stützt meinen schon wehrlosen Schritt,
Während verzagend
Mir schwer wird der Arm der Willenskraft hatte
Für tausend,
Ist die mütterliche Hand des Vaterlands.

Stark, voll Bangen, beseelt,
Sich pressend an meine Brust,
Macht sie unsterblich in sich mein junges Herz.

Inni
Hymnen

DANNI CON FANTASIA
1928

Perché le apparenze non durano?

Se ti tocco, leggiadra, geli orrenda,
Nudi l'idea e, molto più crudele,
Nello stesso momento
Mi leghi non deluso ad altra pena.

Perché crei, mente, corrompendo?

Perché t'ascolto?

Quale segreto eterno
Mi farà sempre gola in te?

T'inseguo, ti ricerco,
Rinnovo la salita, non riposo,
E ancora, non mai stanca, in tempesta
O a illanguidire scogli,
Danni con fantasia.

Silenzi trepidi, infiniti slanci,
Corsa, gelose arsure, titubanze,
E strazi, risa, inquiete labbra, fremito,
E delirio clamante
E abbandono schiumante
E gloria intollerante
E numerosa solitudine,

La vostra, lo so, non è vera luce,

Ma avremmo vita senza il tuo variare,
Felice colpa?

DU VERDAMMST MIT PHANTASIE
1928

Warum dauern nicht die Erscheinungen?

Berühre ich dich, Anmutige, erstarrst du entsetzt,
Legst bloß die Idee und, viel grausamer noch,
Fesselst im selben Augenblick
Mich, den nicht Enttäuschten, an andere Pein.

Warum erschaffst du, Geist, und verdirbst doch?

Warum höre ich auf dich?

Welch ewiges Geheimnis
Wird stets in dir mich begierig machen?

Ich verfolge dich, suche dich wieder,
Wiederhole den Aufstieg, ruhe nicht aus,
Und immer noch, ohne je zu ermüden, im Sturm
Oder Klippen entkräftend,
Verdammst du mit Phantasie.

Entsetzliche Stille, unendliche Aufschwünge,
Laufen, eifersüchtige Gluten, Zaudern,
Und Qualen, Lachen, unruhige Lippen, Toben,
Und heulender Fieberwahn
Und schäumende Hingabe
Und unduldsamer Ruhm
Und rhythmenreiche Einsamkeit,

Das eure, ich weiß es, ist nicht wahres Licht,

Doch hätten wir Leben ohne deine Verwandlungen,
Glückliche Schuld?

LA PIETÀ
1928

1
Sono un uomo ferito.

E me ne vorrei andare
E finalmente giungere,
Pietà, dove si ascolta
L'uomo che è solo con sé.

Non ho che superbia e bontà.

E mi sento esiliato in mezzo agli uomini.

Ma per essi sto in pena.
Non sarei degno di tornare in me?

Ho popolato di nomi il silenzio.

Ho fatto a pezzi cuore e mente
Per cadere in servitù di parole?

Regno sopra fantasmi.

O foglie secche,
Anima portata qua e là...

No, odio il vento e la sua voce
Di bestia immemorabile.

Dio, coloro che t'implorano
Non ti conoscono più che di nome?

M'hai discacciato dalla vita.

DIE BARMHERZIGKEIT
1928

1

Ich bin ein verwundeter Mensch.

Und ich möchte fortgehen
Und endlich anlangen,
Barmherzigkeit, wo man anhört
Den Menschen der allein ist mit sich.

Ich habe nichts als Hochmut und Güte.

Und ich fühle mich verbannt inmitten der Menschen.

Doch ihretwegen bin ich in Sorge.
Wäre ich nicht würdig in mich zurückzukehren?

Ich habe mit Namen die Stille bevölkert.

Habe ich Herz und Geist zerstückelt
Um in die Knechtschaft von Worten zu fallen?

Ich herrsche über Wahnbilder.

Oh welke Blätter,
Seele, hierhin getragen und dorthin...

Nein, ich hasse den Wind und seine Stimme
Einer unvordenklichen Bestie.

Gott, jene die zu dir flehen
Kennen sie dich nur noch dem Namen nach?

Du hast mich vom Leben verjagt.

Mi discaccerai dalla morte?

Forse l'uomo è anche indegno di sperare.

Anche la fonte del rimorso è secca?

Il peccato che importa,
Se alla purezza non conduce più.

La carne si ricorda appena
Che una volta fu forte.

È folle e usata, l'anima.

Dio, guarda la nostra debolezza.

Vorremmo una certezza.

Di noi nemmeno più ridi?

E compiangici dunque, crudeltà.

Non ne posso più di stare murato
Nel desiderio senza amore.

Una traccia mostraci di giustizia.

La tua legge qual è?

Fulmina le mie povere emozioni,
Liberami dall'inquietudine.

Sono stanco di urlare senza voce.

Wirst du mich vom Tod verjagen?

Vielleicht ist der Mensch auch unwürdig zu hoffen.

Ist auch die Quelle der Reue versiegt?

Was bedeutet noch die Sünde,
Wenn sie nicht mehr zur Reinheit führt.

Das Fleisch erinnert sich kaum
Daß es einst stark war.

Toll ist und verbraucht die Seele.

Gott, sieh an unsere Schwachheit.

Wir möchten eine Gewißheit.

Lachst du nicht einmal mehr über uns?

Und bemitleide uns denn, Grausamkeit.

Ich ertrage es nicht länger eingemauert zu sein
Ins Verlangen ohne Liebe.

Eine Spur zeig uns von Gerechtigkeit.

Dein Gesetz, welches ist's?

Zerschmettre meine armseligen Erregungen,
Befrei mich von der Unruhe.

Ich bin es müde ohne Stimme zu heulen.

2

Malinconiosa carne
Dove una volta pullulò la gioia,
Occhi socchiusi del risveglio stanco,
Tu vedi, anima troppo matura,
Quel che sarò, caduto nella terra?

È nei vivi la strada dei defunti,

Siamo noi la fiumana d'ombre,

Sono esse il grano che ci scoppia in sogno,

Loro è la lontananza che ci resta,

E loro è l'ombra che dà peso ai nomi.

La speranza d'un mucchio d'ombra
E null'altro è la nostra sorte?

E tu non saresti che un sogno, Dio?

Almeno un sogno, temerari,
Vogliamo ti somigli.

È parto della demenza più chiara.

Non trema in nuvole di rami
Come passeri di mattina
Al filo delle palpebre.

In noi sta e langue, piaga misteriosa.

2

Schwermütiges Fleisch
Wo die Freude einst pulste,
Halbgeschlossene Augen des müden Erwachens,
Siehst du, zu reife Seele,
Den der, in die Erde gefallen, ich sein werde?

Durch die Lebenden führt die Straße der Verstorbenen,

Wir sind die Schattenflut,

Sie sind das Korn das im Traum uns aufbricht,

Ihrer ist die Ferne die uns bleibt,

Und ihrer ist der Schatten der den Namen Gewicht gibt.

Die Hoffnung eines Haufens von Schatten
Und nichts anderes ist unser Los?

Und du wärest nichts als ein Traum, Gott?

Wenigstens ein Traum wollen wir,
Verwegene, ähnele dir.

Ausgeburt ist er der lichtesten Umnachtung.

Zittert nicht in Wolken von Zweigen
Wie Sperlinge des Morgens
Am Rand der Lider.

Ist in uns und siecht, geheimnisvolle Wunde.

3
La luce che ci punge
È un filo sempre più sottile.

Più non abbagli tu, se non uccidi?

Dammi questa gioia suprema.

4
L'uomo, monotono universo,
Crede allargarsi i beni
E dalle sue mani febbrili
Non escono senza fine che limiti.

Attaccato sul vuoto
Al suo filo di ragno,
Non teme e non seduce
Se non il proprio grido.

Ripara il logorio alzando tombe,
E per pensarti, Eterno,
Non ha che le bestemmie.

3

Das Licht das uns sticht
Ist ein immer feinerer Faden.

Mehr blendest du nicht, es sei denn du tötest?

Gewähr mir diese höchste Freude.

4

Der Mensch, eintöniges Universum,
Glaubt seine Güter zu erweitern
Und aus seinen fiebrigen Händen
Gehen ohne Ende nur Grenzen hervor.

Aufgehängt über der Leere
An seinem Spinnenfaden,
Fürchtet er und verführt nichts
Als den eigenen Schrei.

Gräber errichtend flickt er das Verschlissene,
Und um dich zu denken, Ewiger,
Bleiben ihm nur die Lästerungen.

CAINO
1928

Corre sopra le sabbie favolose
E il suo piede è leggero.

O pastore di lupi,
Hai i denti della luce breve
Che punge i nostri giorni.

Terrori, slanci,
Rantolo di foreste, quella mano
Che spezza come nulla vecchie querci,
Sei fatto a immagine del cuore.

E quando è l'ora molto buia,
Il corpo allegro
Sei tu fra gli alberi incantati?

E mentre scoppio di brama,
Cambia il tempo, t'aggiri ombroso,
Col mio passo mi fuggi.

Come una fonte nell'ombra, dormire!

Quando la mattina è ancora segreta,
Saresti accolta, anima,
Da un'onda riposata.

Anima, non saprò mai calmarti?

Mai non vedrò nella notte del sangue?

Figlia indiscreta della noia,
Memoria, memoria incessante,

KAIN
1928

Er läuft über die sagenhaften Sande
Und sein Fuß ist leicht.

Oh Hirte von Wölfen,
Du hast die Zähne des kurzen Lichts
Das unsere Tage sticht.

Schrecknisse, Aufschwünge,
Waldesröcheln, jene Hand
Die wie nichts in Stücke reißt alte Eichen,
Nach dem Bild des Herzens bist du geformt.

Und wenn tief ist das Dunkel der Stunde,
Der beschwingte Körper
Bist du zwischen den verzauberten Bäumen?

Und während ich vor Begierde berste,
Wechselt das Wetter, verdüstert streifst du umher,
Fliehst mich mit meinem Schritt.

Wie eine Quelle im Schatten, schlafen!

Wenn der Morgen noch verborgen ist,
Würdest du empfangen, Seele,
Von einer ausgeruhten Woge.

Seele, werde ich dich niemals zu beruhigen wissen?

Werde ich niemals sehen in der Nacht des Bluts?

Indiskrete Tochter des Überdrusses,
Gedächtnis, stetiges Gedächtnis,

Le nuvole della tua polvere,
Non c'è vento che se le porti via?

Gli occhi mi tornerebbero innocenti,
Vedreï la primavera eterna

E, finalmente nuova,
O memoria, saresti onesta.

Die Wolken deines Staubs,
Gibt es keinen Wind, der sie mit sich nähme?

Die Augen würden mir wieder unschuldig,
Den ewigen Frühling sähe ich

Und, endlich neu,
Oh Gedächtnis, wärest du aufrichtig.

LA PREGHIERA
1928

Come dolce prima dell'uomo
Doveva andare il mondo.

L'uomo ne cavò beffe di demòni,
La sua lussuria disse cielo,
La sua illusione decretò creatrice,
Suppose immortale il momento.

La vita gli è di peso enorme
Come liggiù quell'ale d'ape morta
Alla formicola che la trascina.

Da ciò che dura a ciò che passa,
Signore, sogno fermo,
Fa' che torni a correre un patto.

Oh! rasserena questi figli.

Fa' che l'uomo torni a sentire
Che, uomo, fino a te salisti
Per l'infinita sofferenza.

Sii la misura, sii il mistero.

Purificante amore,
Fa' ancora che sia scala di riscatto
La carne ingannatrice.

Vorrei di nuovo udirti dire
Che in te finalmente annullate
Le anime s'uniranno
E lassù formeranno,
Eterna umanità,
Il tuo sonno felice.

DAS GEBET
1928

Wie sanft muß vor dem Menschen
Gewesen sein der Lauf der Welt.

Der Mensch entlockte ihr Spott von Dämonen,
Nannte Himmel seine Unkeuschheit,
Gab als schöpferisch aus seine Illusion,
Hielt für unsterblich den Augenblick.

Das Leben ist ihm über alle Maßen schwer
Wie dort unten jener Flügel einer toten Biene
Der Ameise die ihn schleppt.

Vom Dauerhaften zum Vorübergehenden,
Herr, beständiger Traum,
Laß den Pakt sich erneuern.

Oh! heitere diese Kinder wieder auf.

Laß den Menschen wieder spüren
Daß, Mensch, bis zu dir du emporgestiegen bist
Durch das unendliche Leid.

Sei das Maß, sei das Mysterium.

Läuternde Liebe,
Laß noch einmal Stufenleiter zur Erlösung sein
Das trügerische Fleisch.

Ich möchte von neuem dich sagen hören
Daß in dir endlich vernichtet
Die Seelen sich vereinen
Und dort oben bilden werden,
Ewige Menschheit,
Deinen glücklichen Schlaf.

DANNAZIONE
1931

Come il sasso aspro del vulcano,
Come il logoro sasso del torrente,
Come la notte sola e nuda,
Anima da fionda e da terrori
Perché non ti raccatta
La mano ferma del Signore?

Quest'anima
Che sa le vanità del cuore
E perfide ne sa le tentazioni
E del mondo conosce la misura
E i piani della nostra mente
Giudica tracotanza,

Perché non può soffrire
Se non rapimenti terreni?

Tu non mi guardi più, Signore…

E non cerco se non oblio
Nella cecità della carne.

VERDAMMNIS
1931

Wie den rauhen Stein des Vulkans,
Wie den glattgeschliffenen Stein des Sturzbachs,
Wie die Nacht, einsam und nackt,
Warum, Seele, liest dich nicht auf
Aus Schleuder und Schrecknissen
Die feste Hand des Herrn?

Diese Seele
Die um die Eitelkeiten des Herzens weiß
Und heimtückisch weiß seine Versuchungen
Die der Welt Maß kennt
Und die Pläne unseres Geistes
Für hochfahrend hält,

Warum kann sie nichts ertragen
Als nur irdische Verzückungen?

Du siehst mich nicht mehr an, Herr...

Und ich suche nichts als Vergessen nur
In der Blindheit des Fleisches.

LA PIETÀ ROMANA
a Rafaele Contu
1932

In mezzo ai forsennati insorse calma
Ciascuno richiamando a voce dura,
E in giorni schietti cambiò tristi fati.

Nella casa provata
Portò la palma,
Rinfrancò i piangenti.

Come Roma la volle,
Formando senza tregua l'indomani,
È la pietà che rammentando i padri,
Ha la sorte dei figli nel pensiero.

Negli opifici libera speranze,
Le si dorano spighe nelle mani
E porta il proprio altare nel suo cuore.

DIE RÖMISCHE PIETAS
für Rafaele Contu
1932

Inmitten der Irrsinnigen erhob sie sich ruhig
Mahnend einen jeden mit harter Stimme,
Und in lautere Tage verwandelte sie traurige Geschicke.

In das leidgeprüfte Haus
Trug sie die Palme,
Richtete auf die Weinenden.

Wie Rom sie wollte,
Rastlos gestaltend das Morgen,
Die Pietas ist's die an die Väter erinnernd
In den Gedanken das Los der Kinder bewegt.

In den Werkstätten befreit sie Hoffnungen,
Ähren vergolden sich ihr in den Händen
Und in ihrem Herzen trägt sie den eigenen Altar.

SENTIMENTO DEL TEMPO
1931

E per la luce giusta,
Cadendo solo un'ombra viola
Sopra il giogo meno alto,
La lontananza aperta alla misura,
Ogni mio palpito, come usa il cuore,
Ma ora l'ascolto,
T'affretta, tempo, a pormi sulle labbra
Le tue labbra ultime.

ZEITGEFÜHL
1931

Und im rechten Licht,
Während nur ein violetter Schatten fällt
Auf das weniger hohe Joch,
Die Ferne offen auf das Maß,
Jeder meiner Herzschläge, wie es das Herz gewohnt,
Doch jetzt hör ich ihm zu,
Beeil dich, Zeit, auf die Lippen mir zu legen
Deine letzten Lippen.

La morte meditata
Der meditierte Tod

CANTO PRIMO
1932

O sorella dell'ombra,
Notturna quanto più la luce ha forza,
M'insegui, morte.

In un giardino puro
Alla luce ti diè l'ingenua brama
E la pace fu persa,
Pensosa morte,
Sulla tua bocca.

Da quel momento
Ti odo nel fluire della mente
Approfondire lontananze,
Emula sofferente dell'eterno.

Madre velenosa degli evi
Nella paura del palpito
E della solitudine,

Bellezza punita e ridente,

Nell'assopirsi della carne
Sognatrice fuggente,

Atleta senza sonno
Della nostra grandezza,

Quando m'avrai domato, dimmi:

Nella malinconia dei vivi
Volerà a lungo la mia ombra?

ERSTER GESANG
1932

Oh Schwester des Schattens,
Nächtlich je mehr das Licht Kraft hat,
Du verfolgst mich, Todin.

In einem unbefleckten Garten
Gebar dich das arglose Begehren
Und der Friede ging verloren,
Gedankenschwere Todin,
Auf deinem Mund.

Seit jenem Augenblick
Höre ich dich im Fließen des Geistes
Fernen vertiefen,
Nacheifernd voll Leid dem Ewigen.

Giftige Mutter der Zeiten
In der Angst des Herzschlags
Und der Einsamkeit,

Schönheit, bestraft und lachend,

Im Einschlummern des Fleisches
Fliehende Träumerin,

Schlaflose Athletin
Unserer Größe,

Sobald du mich gezähmt hast, sage mir:

Wird in der Schwermut der Lebenden
Lang währen der Flug meines Schattens?

CANTO SECONDO
1932

Scava le intime vite
Della nostra infelice maschera
(Clausura d'infinito)
Con blandizia fanatica
La buia veglia dei padri.

Morte, muta parola,
Sabbia deposta come un letto
Dal sangue,
Ti odo cantare come una cicala
Nella rosa abbrunata dei riflessi.

ZWEITER GESANG
1932

Aushöhlt die innersten Leben
Unserer unglücklichen Maske
(Klausur von Unendlichkeit)
Mit fanatischer Schmeichelei
Die finstere Wacht der Väter.

Tod, stummes Wort,
Sand einem Bett gleich abgelagert
Vom Blut,
Wie eine Zikade höre ich dich singen
In der trauerrandigen Rose der Spiegelungen.

CANTO TERZO
1932

Incide le rughe segrete
Della nostra infelice maschera
La beffa infinita dei padri.

Tu, nella luce fonda,
O confuso silenzio,
Insisti come le cicale irose.

DRITTER GESANG
1932

Einschneidet die geheimen Runzeln
Unserer unglücklichen Maske
Der unendliche Spott der Väter.

Du, im tiefen Licht,
Oh verwirrtes Schweigen,
Bist zudringlich wie die zornigen Zikaden.

CANTO QUARTO
1932

Mi presero per mano nuvole.

Brucio sul colle spazio e tempo,
Come un tuo messaggero,
Come il sogno, divina morte.

VIERTER GESANG
1932

Wolken nahmen mich bei der Hand.

Auf dem Hügel verbrenne ich Raum und Zeit,
Wie einer deiner Boten,
Wie der Traum, göttlicher Tod.

CANTO QUINTO
1932

Hai chiuso gli occhi.

Nasce una notte
Piena di finte buche,
Di suoni morti
Come di sugheri
Di reti calate nell'acqua.

Le tue mani si fanno come un soffio
D'inviolabili lontananze,
Inafferrabili come le idee,

E l'equivoco della luna
E il dondolio, dolcissimi,
Se vuoi posarmele sugli occhi,
Toccano l'anima.

Sei la donna che passa
Come una foglia

E lasci agli alberi un fuoco d'autunno.

FÜNFTER GESANG
1932

Du hast die Augen geschlossen.

Eine Nacht zieht herauf
Voll vorgetäuschter Löcher,
Toter Klänge
Wie von Korken
Von Netzen getaucht ins Wasser.

Deine Hände werden wie ein Hauch
Von unverletzbaren Fernen,
Unfaßbar wie die Ideen,

Und des Mondes Doppelsinn
Und das Geschaukel, überaus süß,
Willst du sie mir auf die Augen legen,
Rühren sie an die Seele.

Du bist die Frau die vorbeigeht
Wie ein Blatt

Und den Bäumen läßt du Herbstfeuer.

CANTO SESTO
1932

O bella preda,
Voce notturna,
Le tue movenze
Fomentano la febbre.

Solo tu, memoria demente,
La libertà potevi catturare.

Sulla tua carne inafferrabile
E vacillante dentro specchi torbidi,
Quali delitti, sogno,
Non m'insegnasti a consumare?

Con voi, fantasmi, non ho mai ritegno,

E dei vostri rimorsi ho pieno il cuore
Quando fa giorno.

SECHSTER GESANG
1932

Oh schöne Beute,
Nächtliche Stimme,
Deine Bewegungen
Schüren das Fieber.

Du allein, wahnsinniges Gedächtnis,
Konntest die Freiheit gefangennehmen.

Auf deinem unfaßbaren Fleisch
Und schwankend in trüben Spiegeln,
Welche Verbrechen, Traum,
Lehrtest du mich nicht begehen?

Euch gegenüber, Wahnbilder, halte ich mich niemals
zurück,

Und von euren Gewissensbissen ist voll mein Herz
Wenn es tagt.

L'Amore
Die Liebe

CANTO BEDUINO
1932

Una donna s'alza e canta
La segue il vento e l'incanta
E sulla terra la stende
E il sogno vero la prende.

Questa terra è nuda
Questa donna è druda
Questo vento è forte
Questo sogno è morte.

BEDUINENGESANG
1932

Eine Frau steht auf und singt
Sie verfolgt und verzaubert der Wind
Und auf die Erde streckt er sie nieder
Und der wahre Traum hat sie wieder.

Diese Erde ist bloß
Diese Frau ist Schoß
Dieser Wind ist Gebot
Dieser Traum ist Tod.

CANTO
1932

Rivedo la tua bocca lenta
(Il mare le va incontro delle notti)
E la cavalla delle reni
In agonia caderti
Nelle mie braccia che cantavano,
E riportarti un sonno
Al colorito e a nuove morti.

E la crudele solitudine
Che in sé ciascuno scopre, se ama,
Ora tomba infinita,
Da te mi divide per sempre.

Cara, lontana come in uno specchio...

GESANG
1932

Wieder sehe ich deinen trägen Mund
(Das Meer kommt ihm entgegen der Nächte)
Und die Stute der Lenden
In Agonie dir fallen
In meinen Armen die sangen,
Und einen Schlaf dich bringen
Zu neuer Farbe und zu neuen Toden.

Und die grausame Einsamkeit
Die in sich jeder entdeckt, wenn er liebt,
Unendliches Grab jetzt,
Trennt von dir mich für immer.

Geliebte, fern wie in einem Spiegel...

. . .
1932

Quando ogni luce è spenta
E non vedo che i miei pensieri,

Un'Eva mi mette sugli occhi
La tela dei paradisi perduti.

. . .
1932

Wenn jedes Licht erloschen ist
Und ich nur meine Gedanken sehe,

Breitet eine Eva mir über die Augen
Das Linnen der verlorenen Paradiese.

PRELUDIO
1934

Magica luna, tanto sei consunta
Che, rompendo il silenzio,
Poggi sui vecchi lecci dell'altura,
Un velo lubrico.

VORSPIEL
1934

Magischer Mond, so ausgezehrt bist du
Daß, die Stille zerreißend,
Über die alten Steineichen der Anhöhe
Einen Schleier du breitest, schlüpfrig.

QUALE GRIDO
1934

Nelle sere d'estate,
Spargendoti sorpresa,
Lenta luna, fantasma quotidiano
Del triste, estremo sole,
Quale grido ridesti?

Luna allusiva, vai turbando incauta
Nel bel sonno, la terra,
Che all'assente s'è volta con delirio
Sotto la tua carezza malinconica,
E piange, essendo madre,
Che di lui e di sé non resti un giorno
Neanche un mantello labile di luna.

WELCHEN SCHREI
1934

An den Sommerabenden,
Überrascht dich ergießend,
Träger Mond, tägliches Schattenbild
Der traurigen, äußersten Sonne,
Welchen Schrei weckst du wieder?

Anzüglicher Mond, unbedacht verstörst du
Im schönen Schlaf die Erde
Die der Abwesenden verzückt sich zugewandt hat
Unter deiner schwermütigen Liebkosung,
Und beklagt, als Mutter,
Daß von ihr und ihr selbst eines Tages nicht einmal
Bleiben wird ein vergänglicher Mantel aus Mondlicht.

AUGURI
PER IL PROPRIO COMPLEANNO
a Berto Ricci
1935

Dolce declina il sole.
Dal giorno si distacca
Un cielo troppo chiaro.
Dirama solitudine

Come da gran distanza
Un muoversi di voci.
Offesa se lusinga,
Quest'ora ha l'arte strana.

Non è primo apparire
Dell'autunno già libero?
Con non altro mistero

Corre infatti a dorarsi
Il bel tempo che toglie
Il dono di follia.

Eppure, eppure griderei:
Veloce gioventù dei sensi
Che all'oscuro mi tieni di me stesso
E consenti le immagini all'eterno,

Non mi lasciare, resta, sofferenza!

GLÜCKWÜNSCHE
ZUM EIGENEN GEBURTSTAG
für Berto Ricci
1935

Süß neigt sich die Sonne.
Vom Tag trennt sich
Ein allzu klarer Himmel.
Breitet Einsamkeit aus

Wie aus großer Entfernung
Ein Sichregen von Stimmen.
Gekränkt, falls sie schmeichelt,
Hat seltsame Kunst diese Stunde.

Ist es nicht erstes Erscheinen
Des schon freien Herbstes?
Mit nicht anderem Geheimnis

Eilt tatsächlich sich zu vergolden
Die schöne Zeit die raubt
Das Wahnsinns Gabe.

Und dennoch, dennoch möchte ich schreien:
Rasche Jugend der Sinne
Die du mich im Unklaren hältst über mich selbst
Und die Bilder dem Ewigen gewährst,

Verlaß mich nicht, bleibe, Leiden!

SENZA PIÙ PESO
a Ottone Rosai
1934

Per un Iddio che rida come un bimbo,
Tanti gridi di passeri,
Tante danze nei rami,

Un'anima si fa senza più peso,
I prati hanno una tale tenerezza,
Tale pudore negli occhi rivive,

Le mani come foglie
S'incantano nell'aria...

Chi teme più, chi giudica?

KEIN GEWICHT MEHR
für Ottone Rosai
1934

Für einen Gott der lache wie ein Kind,
Soviele Sperlingsschreie,
Soviele Tänze in den Zweigen,

Eine Seele hat kein Gewicht mehr,
Die Wiesen haben eine solche Zärtlichkeit,
Solche Scham lebt in den Augen wieder auf,

Die Hände wie Blätter
Verzaubern sich in der Luft...

Wer fürchtet mehr, wer urteilt?

SILENZIO STELLATO
1932

E gli alberi e la notte
Non si muovono più
Se non da nidi.

BESTIRNTE STILLE
1932

Und die Bäume und die Nacht
Bewegen sich nicht mehr
Nur aus Nestern.

IL DOLORE
DER SCHMERZ
1937–1946

Tutto ho perduto
Alles hab ich verloren
1937

TUTTO HO PERDUTO

Tutto ho perduto dell'infanzia
E non potrò mai più
Smemorarmi in un grido.

L'infanzia ho sotterrato
Nel fondo delle notti
E ora, spada invisibile,
Mi separa da tutto.

Di me rammento che esultavo amandoti,
Ed eccomi perduto
In infinito delle notti.

Disperazione che incessante aumenta
La vita non mi è più,
Arrestata in fondo alla gola,
Che una roccia di gridi.

ALLES HAB ICH VERLOREN

Alles hab ich verloren von der Kindheit
Und niemals mehr werd ich
Mich vergessen können in einem Schrei.

Die Kindheit hab ich begraben
In der Tiefe der Nächte
Und jetzt, unsichtbares Schwert,
Trennt sie mich von allem.

Ich erinnere mich meiner wie dich liebend
                            ich jauchzte,
Und nun – verloren bin ich
Im Unendlichen der Nächte.

Verzweiflung die unaufhörlich wächst
Ist das Leben mir nur noch,
Gefangen tief in der Kehle,
Ein Fels von Schreien.

SE TU MIO FRATELLO

Se tu mi rivenissi incontro vivo,
Con la mano tesa,
Ancora potrei,
Di nuovo in uno slancio d'oblio, stringere,
Fratello, una mano.

Ma di te, di te più non mi circondano
Che sogni, barlumi,
I fuochi senza fuoco del passato.

La memoria non svolge che le immagini
E a me stesso io stesso
Non sono già più
Che l'annientante nulla del pensiero.

WENN DU MEIN BRUDER

Kämst du lebend wieder mir entgegen,
Mit der ausgestreckten Hand,
Noch einmal könnte ich,
Von neuem in einem Aufschwung von Vergessen, drücken,
Bruder, eine Hand.

Doch von dir, von dir umgeben mich
Nur noch Träume, Schimmer,
Die Feuer ohne Feuer der Vergangenheit.

Das Gedächtnis entwickelt nur die Bilder
Und mir selbst bin ich selbst
Schon nur noch
Das vernichtende Nichts des Gedankens.

Giorno per giorno
Tag für Tag
1940–1946

1

«Nessuno, mamma, ha mai sofferto tanto...»
E il volto già scomparso
Ma gli occhi ancora vivi
Dal guanciale volgeva alla finestra,
E riempivano passeri la stanza
Verso le briciole dal babbo sparse
Per distrarre il suo bimbo...

2

Ora potrò baciare solo in sogno
Le fiduciose mani...
E discorro, lavoro,
Sono appena mutato, temo, fumo...
Come si può ch'io regga a tanta notte?...

3

Mi porteranno gli anni
Chissà quali altri orrori,
Ma ti sentivo accanto,
M'avresti consolato...

4

Mai, non saprete mai come m'illumina
L'ombra che mi si pone a lato, timida,
Quando non spero più...

1

«Keiner, Mama, hat je so gelitten...»
Und das Gesicht schon erloschen
Doch mit lebendigen Augen noch
Vom Kissen wandte er zum Fenster,
Und wieder erfüllten Sperlinge das Zimmer
Zu den Krumen hin die ausgestreut der Papa
Um zu zerstreuen sein Kind...

2

Jetzt werd ich nur im Traum noch küssen können
Die vertrauensvollen Hände...
Und ich spreche, arbeite,
Bin kaum verändert, fürchte, rauche...
Wie ist es möglich daß ich standhalte gegen soviel Nacht?

3

Und bringen mir auch die Jahre
Wer weiß welch andere Grauen,
Dich fühlte ich mir nah,
Du hättest mich getröstet...

4

Nie werdet ihr wissen, niemals, wie mich erleuchtet
Der Schatten der sich mir zur Seite stellt, schüchtern,
Wenn ich nicht mehr hoffe...

5

Ora dov'è, dov'è l'ingenua voce
Che in corsa risuonando per le stanze
Sollevava dai crucci un uomo stanco?...
La terra l'ha disfatta, la protegge
Un passato di favola...

6

Ogni altra voce è un'eco che si spegne
Ora che una mi chiama
Dalle vette immortali...

7

In cielo cerco il tuo felice volto,
Ed i miei occhi in me null'altro vedano
Quando anch'essi vorrà chiudere Iddio...

8

E t'amo, t'amo, ed è continuo schianto!...

9

Inferocita terra, immane mare
Mi separa dal luogo della tomba
Dove ora si disperde
Il martoriato corpo...
Non conta... Ascolto sempre più distinta
Quella voce d'anima
Che non seppi difendere quaggiù...
M'isola, sempre più festosa e amica
Di minuto in minuto,
Nel suo segreto semplice...

5

Wo ist jetzt, wo ist die arglose Stimme
Die im Lauf erschallend durch die Zimmer
Im Verdruß tröstete einen müden Mann?...
Die Erde hat sie ausgelöscht, sie beschützt
Eine sagenhafte Vergangenheit...

6

Jede andere Stimme ist ersterbendes Echo
Jetzt da eine mich ruft
Von den unsterblichen Gipfeln...

7

Im Himmel such ich dein glückliches Antlitz,
Und mögen nichts anderes meine Augen sehen in mir
Wenn auch sie wird schließen wollen Gott...

8

Und ich lieb dich, lieb dich, und es ist endlose Qual!...

9

Gräßliche Erde, grimmes Meer
Trennt mich vom Ort des Grabes
Wo jetzt sich auflöst
Der gemarterte Körper...
Er zählt nicht... Immer deutlicher hör ich
Jene Seelenstimme
Die auf Erden ich nicht zu beschützen vermochte...
Sie isoliert mich, immer heiterer, mehr und mehr Freundin
Von Minute zu Minute,
In ihrem einfachen Geheimnis...

10

Sono tornato ai colli, ai pini amati
E del ritmo dell'aria il patrio accento
Che non riudrò con te,
Mi spezza ad ogni soffio...

11

Passa la rondine e con essa estate,
E anch'io, mi dico, passerò...
Ma resti dell'amore che mi strazia
Non solo segno un breve appannamento
Se dall'inferno arrivo a qualche quiete...

12

Sotto la scure il disilluso ramo
Cadendo si lamenta appena, meno
Che non la foglia al tocco della brezza...
E fu la furia che abbatté la tenera
Forma e la premurosa
Carità d'una voce mi consuma...

13

Non più furori reca a me l'estate,
Né primavera i suoi presentimenti;
Puoi declinare, autunno,
Con le tue stolte glorie:
Per uno spoglio desiderio, inverno
Distende la stagione più clemente!...

10

Ich bin zurückgekehrt zu den Hügeln, den geliebten Pinien
Und des Rhythmus' der Luft heimatlicher Klang
Den ich nicht wieder hören werde mit dir
Zerreißt mich mit jedem Atemzug...

11

Dahin zieht die Schwalbe und mit ihr der Sommer,
Und auch ich, sag ich mir, werde dahingehen...
Doch bleibe von der Liebe die mein Herz zerreißt
Nicht einziges Zeichen eine kurze Trübung
Wenn aus der Hölle zu etwas Ruhe ich find...

12

Unter dem Beil der enttäuschte Zweig
Im Fallen beklagt sich kaum, weniger
Noch als das Blatt wenn die Brise es berührt...
Und es war die Furie die fällte die zarte
Gestalt und die fürsorgliche
Liebe einer Stimme verzehrt mich...

13

Nicht mehr bringt Begeisterungen mir der Sommer,
Und Frühling nicht mehr seine Ahnungen,
Du kannst dich neigen, Herbst,
Mit deinen törichten Ruhmesblättern:
Für ein entblößtes Verlangen breitet
Winter die mildeste Jahreszeit!...

14

Già m'è nelle ossa scesa
L'autunnale secchezza,
Ma, protratto dalle ombre,
Sopravviene infinito
Un demente fulgore:
La tortura segreta del crepuscolo
Inabissato...

15

Rievocherò senza rimorso sempre
Un'incantevole agonia dei sensi?
Ascolta, cieco: «Un'anima è partita
Dal comune castigo ancora illesa...»

Mi abbatterà meno di non più udire
I gridi vivi della sua purezza
Che di sentire quasi estinto in me
Il fremito pauroso della colpa?

16

Agli abbagli che squillano dai vetri
Squadra un riflesso alla tovaglia l'ombra,
Tornano al lustro labile d'un orcio
Gonfie ortensie dall'aiuola, un rondone ebbro,
Il grattacielo in vampe delle nuvole,
Sull'albero, saltelli d'un bimbetto...

Inesauribile fragore di onde
Si dà che giunga allora nella stanza
E, alla fermezza inquieta d'una linea
Azzurra, ogni parete si dilegua...

14

Schon ist in meine Knochen gekrochen
Die herbstliche Welkheit,
Doch unversehens verlängert
Von den Schatten kommt unendlich
Ein wahnsinniger Glanz:
Die geheime Folter der untergegangenen
Dämmerung...

15

Werde ich ohne Reue immer neu heraufbeschwören
Eine bezaubernde Agonie der Sinne?
Höre, Blinder: «Eine Seele ist dahingegangen
Von der gemeinsamen Strafe noch unversehrt...»

Wird es weniger mich niederschmettern nicht mehr zu hören
Die lebhaften Schreie ihrer Reinheit
Als zu spüren fast schon erloschen in mir
Das furchtbare Brausen der Schuld?

16

Zu den Blendungen gellend von den Scheiben der Fenster
Wirft Widerschein auf dem Tischtuch rechteckig Schatten,
Im unbeständigen Glanz eines Krugs kehren wieder
Schwellende Hortensien vom Beet, ein trunkener
                                    Mauersegler,
Das flammende Getürm der Wolken,
Auf dem Baum Sprünge eines Kindes...

Unerschöpfliches Tosen von Wellen,
Es fügt sich daß es dann bis ins Zimmer dringt,
Und vor der unruhigen Unbewegtheit einer blauen
Linie löst jede Wand sich auf...

17

Fa dolce e forse qui vicino passi
Dicendo: «Questo sole e tanto spazio
Ti calmino. Nel puro vento udire
Puoi il tempo camminare e la mia voce.
Ho in me raccolto a poco a poco e chiuso
Lo slancio muto della tua speranza.
Sono per te l'aurora e intatto giorno.»

17

Es ist mild und vielleicht kommst du hier vorbei
Und sagst: «Diese Sonne und soviel Raum
Mögen dir Ruhe schenken. Wandern im reinen Wind
kannst du hören die Zeit und meine Stimme.
Ich hab gesammelt in mir nach und nach und eingeschlossen
Den stummen Aufschwung deiner Hoffnung.
Ich bin dir die Morgenröte und unversehrter Tag.»

Il tempo è muto
Stumm ist die Zeit
1940–1945

IL TEMPO È MUTO

Il tempo è muto fra canneti immoti...

Lungi d'approdi errava una canoa...
Stremato, inerte il rematore... I cieli
Già decaduti a baratri di fumi...

Proteso invano all'orlo dei ricordi,
Cadere forse fu mercé...

                              Non seppe

Ch'è la stessa illusione mondo e mente,
Che nel mistero delle proprie onde
Ogni terrena voce fa naufragio.

STUMM IST DIE ZEIT

Stumm ist die Zeit zwischen reglosem Schilf...

Weitab von Landungsstegen irrte ein Kanu...
Erschöpft, regungslos der Ruderer... Die Himmel
Schon heruntergekommen zu Abgründen aus Rauch...

Gebeugt, vergebens, zum Rand der Erinnerungen,
Fallen vielleicht war Gnade...

                    Nicht wußte er

Daß dieselbe Illusion ist Welt und Sinn,
Daß im Mysterium der eigenen Wellen
Schiffbruch erleidet jede irdische Stimme.

AMARO ACCORDO

Oppure in un meriggio d'un ottobre
Dagli armoniosi colli
In mezzo a dense discendenti nuvole
I cavalli dei Dioscuri,
Alle cui zampe estatico
S'era fermato un bimbo,
Sopra i flutti spiccavano

(Per un amaro accordo dei ricordi
Verso ombre di banani
E di giganti erranti
Tartarughe entro blocchi
D'enormi acque impassibili:
Sotto altro ordine d'astri
Tra insoliti gabbiani)

Volo sino alla piana dove il bimbo
Frugando nella sabbia,
Dalla luce dei fulmini infiammata
La trasparenza delle care dita
Bagnate dalla pioggia contro vento,
Ghermiva tutti e quattro gli elementi.

Ma la morte è incolore e senza sensi
E, ignara d'ogni legge, come sempre,
Già lo sfiorava
Coi denti impudichi.

BITTERER AKKORD

Oder auch an einem Oktobernachmittag
Von den sanft schwingenden Hügeln
Inmitten dicht herabsinkender Wolken
Die Pferde der Dioskuren,
Zu deren Füßen verzückt
Haltgemacht hatte ein Kind,
Sie setzten über die Fluten

(Durch einen bitteren Akkord der Erinnerungen
Hin zu Schatten von Bananenbäumen
Und riesiger umherirrender
Schildkröten in Blöcken
Gewaltiger gleichmütiger Wasser:
Unter anderer Ordnung von Sternen
Zwischen ungewöhnlichen Möwen)

Im Flug bis zu der Ebene wo das Kind
Stöbernd im Sand,
Vom Licht der Blitze entflammt
Die Durchsichtigkeit der lieben Finger,
den nassen vom windgepeitschten Regen,
Die Elemente alle vier ergriff.

Doch der Tod ist farblos und ohne Sinne
Und, unkundig jeden Gesetzes, wie stets,
Streifte er es schon
Mit den schamlosen Zähnen.

TU TI SPEZZASTI

1

I molti, immani, sparsi, grigi sassi
Frementi ancora alle segrete fionde
Di originarie fiamme soffocate
Od ai terrori di fiumane vergini
Ruinanti in implacabili carezze,
– Sopra l'abbaglio della sabbia rigidi
In un vuoto orizzonte, non rammenti?

E la recline, che s'apriva all'unico
Raccogliersi dell'ombra nella valle,
Araucaria, anelando ingigantita,
Volta nell'ardua selce d'erme fibre
Più delle altre dannate refrattaria,
Fresca la bocca di farfalle e d'erbe
Dove dalle radici si tagliava,
– Non la rammenti delirante muta
Sopra tre palmi d'un rotondo ciottolo
In un perfetto bilico
Magicamente apparsa?

Di ramo in ramo fiorrancino lieve,
Ebbri di meraviglia gli avidi occhi
Ne conquistavi la screziata cima,
Temerario, musico bimbo,
Solo per rivedere all'imo lucido
D'un fondo e quieto baratro di mare
Favolose testuggini
Ridestarsi fra le alghe.

Della natura estrema la tensione
E le subacquee pompe,
Funebri moniti.

DU ZERSCHELLTEST

1

Zahlreich, ungeheuer, verstreut, grau die Steine
Bebend noch vor den geheimen Schleudern
Erstickter Urflammen
Oder vor den Schrecknissen jungfräulicher Fluten
Herabstürzend in unversöhnlichen Liebkosungen,
– Über dem Aufgleißen des Sandes starr
In einem leeren Horizont, erinnerst du nicht?

Und die Geneigte, die sich öffnete auf die einzige
Ansammlung des Schattens im Tal,
Araukarie, lechzend in riesenhaftem Wuchs,
Gewendet ins steile, karggeäderte Gestein
Mehr als die anderen Verdammten widerspenstig,
Frisch der Mund von Faltern und Gräsern
Wo sie von den Wurzeln sich weghob,
– Erinnerst du sie nicht fiebernde Stumme
Über drei Handbreit eines runden Kiesels
In perfektem Gleichgewicht
Magisch Erschienene?

Von Ast zu Ast leichtes Goldhähnchen,
Wundertrunken die gierigen Augen
Bezwangst du ihren gesprenkelten Wipfel,
Verwegen, musisches Kind,
Allein um erneut auf dem lichten Grund
Eines tiefen und ruhigen Meeresschlunds
Sagenhafte Meeresschildkröten
Wiedererwachen zu sehen zwischen den Algen.

Der Natur äußerste Spannung
Und unter Wasser der Pomp,
Todesmahnungen.

2

Alzavi le braccia come ali
E ridavi nascita al vento
Correndo nel peso dell'aria immota.

Nessuno mai vide posare
Il tuo lieve piede di danza.

3

Grazia, felice,
Non avresti potuto non spezzarti
In una cecità tanto indurita
Tu semplice soffio e cristallo,

Troppo umano lampo per l'empio,
Selvoso, accanito, ronzante
Ruggito d'un sole ignudo.

2

Wie Flügel hobst du die Arme
Und ließest neu aufkommen den Wind
Laufend unter dem Druck der reglosen Luft.

Niemand sah je zur Ruhe kommen
Deinen leicht tanzenden Fuß.

3

Anmut, glückliche,
Wie hättest du nicht zerschellen sollen
In so verhärteter Blindheit
Du, leichter Hauch und Kristall,

Zu menschlicher Glanz für das grausame,
Grimmige, wildfauchende
Waldgebrüll einer nackten Sonne.

Incontro a un pino
Begegnung mit einer Pinie
1943

INCONTRO A UN PINO

E quando all'ebbra spuma le onde punse
Clamore di crepuscolo abbagliandole,
In Patria mi rinvenni
Dalla foce del fiume mossi i passi
(D'ombre mutava il tempo,
D'arco in arco poggiate
Le vibratili ciglia malinconico)
Verso un pino aereo attorto per i fuochi
D'ultimi raggi supplici
Che, ospite ambito di pietrami memori,
Invitto macerandosi protrasse.

BEGEGNUNG MIT EINER PINIE

Und als am trunkenen Schaum die Wellen stach
Sie blendend der Dämmerung Geschrei,
Fand ich im Vaterland wieder zu mir
Von der Mündung des Flusses gelenkt die Schritte
(Schatten veränderte die Zeit,
Von Bogen zu Bogen gestützt
Schwermütig die schwingenden Wimpern)
Hin zu einer luftigen Pinie umwunden von den Feuern
Letzter flehender Strahlen
Die, umworbener Gast erinnerungsschweren Gesteins,
Unüberwunden sich verzehrend sie verlängerte.

Roma occupata
Besetztes Rom
1943–1944

FOLLI I MIEI PASSI

Le usate strade
– Folli i miei passi come d'un automa –
Che una volta d'incanto si muovevano
Con la mia corsa,
Ora più svolgersi non sanno in grazie
Piene di tempo
Svelando, a ogni mio umore rimutate,
I segni vani che le fanno vive
Se ci misurano.

E quando squillano al tramonto i vetri,
– Ma le case più non ne hanno allegria –
Per abitudine se alfine sosto
Disilluso cercando almeno quiete,
Nelle penombre caute
Delle stanze raccolte
Quantunque ne sia tenera la voce
Non uno dei presenti sparsi oggetti,
Invecchiato con me,
O a residui d'immagini legato
Di una qualche vicenda che mi occorse,
Può inatteso tornare a circondarmi
Sciogliendomi dal cuore le parole.

Appresero così le braccia offerte
– I carnali occhi
Disfatti da dissimulate lacrime,
L'orecchio assurdo, –
Quell'umile speranza
Che travolgeva il teso Michelangelo
A murare ogni spazio in un baleno
Non concedendo all'anima
Nemmeno la risorsa di spezzarsi.

TOLL MEINE SCHRITTE

Die gewohnten Straßen
– Toll meine Schritte, wie eines Automaten –
Die einst verzaubert sich bewegten
Mit meinem Lauf,
Können nun nicht mehr weiterlaufen in Anmut
Von Zeit erfüllt
Und enthüllen, verändert bei jeder meiner Launen,
Die nichtigen Zeichen die sie zum Leben erwecken
Wenn sie Maß an uns legen.

Und wenn hell bei Sonnenuntergang die Scheiben tönen
– Doch die Häuser haben daran keine Freude mehr –
Wenn aus Gewohnheit endlich ich innehalte
Enttäuscht wenigstens Ruhe suchend,
In den behutsamen Halbschatten
Der andachtsvollen Zimmer
Kann dann, wie zärtlich seine Stimme auch sein mag,
Nicht einer der verstreuten Gegenstände hier,
Altgeworden mit mir
Oder verbunden mit Resten von Bildern
Einstiger Wechselfälle meines Lebens,
Unvermutet neu mich umfangen
Und aus dem Herzen mir lösen die Worte.

So erfuhren die dargereichten Arme
– Die fleischlichen Augen
Vernichtet von verhehlten Tränen,
Absurd das Ohr –
Jene demütige Hoffnung
Die hinriß Michelangelo zu mauern jeden Raum
In einem Nu mit gespannter Kraft
Der Seele zugestehend
Nicht einmal die Möglichkeit zu zerschellen.

Per desolato fremito ale dava
A un'urbe come una semenza, arcana,
Perpetuava in sé il certo cielo, cupola
Febbrilmente superstite.

In verzweifeltem Brausen gab er Flügel
Einer Weltstadt wie eine Saat, geheimnisvoll,
Verewigte in sich den gewissen Himmel, Kuppel
Fiebrig überdauernd.

NELLE VENE

Nelle vene già quasi vuote tombe
L'ancora galoppante brama,
Nelle mie ossa che si gelano il sasso,
Nell'anima il rimpianto sordo,
L'indomabile nequizia, dissolvi;

Dal rimorso, latrato sterminato,
Nel buio inenarrabile
Terribile clausura,
Riscattami, e le tue ciglia pietose
Dal lungo tuo sonno, sommuovi;

Il roseo improvviso tuo segno,
Genitrice mente, risalga
E riprenda a sorprendermi;
Insperata risùscitati,
Misura incredibile, pace;

Fa, nel librato paesaggio, ch'io possa
Risillabare le parole ingenue.

IN DEN ADERN

In den Adern schon fast leere Gräber
Die immer noch galoppierende Begierde,
In meinen erstarrenden Knochen den Stein,
In der Seele das dumpfe Bedauern,
Die unbezähmbare Bosheit, löse auf;

Vom Gewissensbiß, grenzenloses Gebell,
Im unsagbaren Dunkel
Furchtbare Klausur,
Erlöse mich, und deine Wimpern, voll Erbarmen
Von deinem langen Schlaf, rüttle auf;

Dein rosiges unerwartetes Zeichen,
Gebärender Geist, steige wieder herauf
Und beginne erneut mich zu überraschen;
Unverhofft laß dir wieder auferstehen,
Unglaubliches Maß, Frieden;

Laß, in der ausgewogenen Landschaft, erneut
Mich buchstabieren die arglosen Worte.

DEFUNTI SU MONTAGNE

Poche cose mi restano visibili
E, per sempre, l'aprile
Trascinante la nuvola insolubile,
Ma d'improvviso splendido:
Pallore, al Colosseo
Su estremi fumi emerso,
Col precipizio alle orbite
D'un azzurro che sorte più non eccita
Né turba.

Come nelle distanze
La apparizioni incerte trascorrenti
Il chiarore impegnando
A limiti d'inganni,
Da pochi passi apparsi
I passanti alla base di quel muro
Perdevano statura
Dilatando il deserto dell'altezza,
E la sorpresa se, ombre, parlavano.

Agli echi fondi attento
Dello strano tamburo,
A quale ansia suprema rispondevo
Di volontà, bruciante
Quanto appariva esausta?
Non, da remoti eventi sobbalzando,
M'allettavano, ancora familiari
Nel ricordo, i pensieri dell'orgoglio:
Non era nostalgia, né delirio;
Non invidia di quiete inalterabile.

Allora fu che, entrato in San Clemente,
Dalla crocefissione di Masaccio
M'accolsero, d'un alito staccati

VERSTORBENE AUF BERGEN

Weniges nur bleibt mir sichtbar
Und, für immer, der April
Der die unlösliche Wolke mit sich schleppt,
Doch unversehens strahlt:
Blässe, beim Kolosseum
Aufgetaucht über äußersten Nebeln
Mit dem Absturz in die Höhlen
Einer Bläue die das Los nicht mehr erregt
Noch trübt.

Wie in den Entfernungen
Vorüberziehend die ungewissen Erscheinungen
Die Helle bindend
An Grenzen der Täuschung,
Verloren, wenige Schritte entfernt erschienen,
Die Vorübergehenden am Fuße jener Mauer
An Größe
Weitend die Wüste der Höhe,
Und die Überraschung wenn, Schatten, sie sprachen.

Aufmerksam auf die tiefen Echos
Des seltsamen Tamburins,
Welcher höchsten Angst antwortete ich
Willentlich, um so brennender
Je erschöpfter er erschien?
Nicht, auffahrend aus längst vergangenen Ereignissen,
Verlockten mich, vertraut noch
Im Erinnern, die Gedanken des Stolzes:
Nicht Sehnsucht war es, noch Raserei;
Nicht Neid auf unveränderliche Ruhe.

Da, im Innern von San Clemente,
Von Masaccios Kreuzigung
Empfingen mich, losgelöst von einem Hauch

Mentre l'equestre rabbia
Convertita giù in roccia ammutoliva,
Desti dietro il biancore
Delle tombe abolite,
Defunti, su montagne
Sbocciate lievi da leggere nuvole.

Da pertinaci fumi risalito
Fu allora che intravvidi
Perché m'accende ancora la speranza.

Während die ritterliche Wut
Verwandelt drunten in Gestein verstummte,
Erwacht hinter der Helle
Der aufgehobenen Gräber,
Verstorbene, auf Bergen
Aufgeblüht leicht aus zarten Wolken.

Aus hartnäckigen Nebeln wieder emporgestiegen
Ahnte ich da
Warum mich immer noch entflammt die Hoffnung.

MIO FIUME ANCHE TU

1

Mio fiume anche tu, Tevere fatale,
Ora che notte già turbata scorre;
Ora che persistente
E come a stento erotto dalla pietra
Un gemito d'agnelli si propaga
Smarrito per le strade esterrefatte;
Che di male l'attesa senza requie,
Il peggiore dei mali,
Che l'attesa di male imprevedibile
Intralcia animo e passi;
Che singhiozzi infiniti, a lungo rantoli
Agghiacciano le case tane incerte;
Ora che scorre notte già straziata,
Che ogni attimo spariscono di schianto
O temono l'offesa tanti segni
Giunti, quasi divine forme, a splendere
Per ascensione di millenni umani;
Ora che già sconvolta scorre notte,
E quanto un uomo può patire imparo;
Ora ora, mentre schiavo
Il mondo d'abissale pena soffoca;
Ora che insopportabile il tormento
Si sfrena tra i fratelli in ira a morte;
Ora che osano dire
Le mie blasfeme labbra:
«Cristo, pensoso palpito,
Perché la Tua bontà
S'è tanto allontanata?»

MEIN FLUSS AUCH DU

1

Mein Fluß auch du, verhängnisvoller Tiber,
Jetzt da Nacht schon verstört dahinfließt;
Jetzt da beharrlich
Und wie herausgebrochen, mühsam, aus dem Stein
Ein Stöhnen von Lämmern sich verbreitet
Verloren in den bestürzten Straßen;
Da vom Bösen die ruhelose Erwartung,
Das Schlimmste der Übel,
Da die Erwartung von unvorhersehbarem Bösen
Seele und Schritte hemmt;
Da unendliches Schluchzen, langwährendes Röcheln
Die Häuser unsichere Höhlen vereist;
Jetzt da dahinfließt Nacht schon zerrissen von Qual,
Da jeden Augenblick plötzlich verschwinden
Oder die Beleidigung fürchten soviele Zeichen
Zusammengekommen, göttliche Formen fast, zu strahlen
Durch Auferstehung menschlicher Jahrtausende;
Jetzt da schon erschüttert dahinfließt Nacht,
Und wieviel ein Mensch erdulden kann ich lern;
Jetzt jetzt, während versklavt
Die Welt erstickt an abgründiger Pein;
Jetzt da unerträglich die Folter
Zwischen den Brüdern in tödlichem Zorn sich entfesselt;
Jetzt da zu sagen wagen
Meine lästernden Lippen:
«Christus, gedankenschwerer Herzschlag,
Warum hat Deine Güte
Sich so sehr entfernt?»

2

Ora che pecorelle cogli agnelli
Si sbandano stupite e, per le strade
Che già furono urbane, si desolano;
Ora che prova un popolo
Dopo gli strappi dell'emigrazione,
La stolta iniquità
Delle deportazioni;
Ora che nelle fosse
Con fantasia ritorta
E mani spudorate
Dalle fattezze umane l'uomo lacera
L'immagine divina
E pietà in grido si contrae di pietra;
Ora che l'innocenza
Reclama almeno un'eco,
E geme anche nel cuore più indurito;
Ora che sono vani gli altri gridi;
Vedo ora chiaro nella notte triste.

Vedo ora nella notte triste, imparo,
So che l'inferno s'apre sulla terra
Su misura di quanto
L'uomo si sottrae, folle,
Alla purezza della Tua passione.

2

Jetzt da Schafe mit den Lämmern
Erstaunt sich zerstreuen und, in den Straßen
Die schon städtisch waren, einsam werden;
Jetzt da ein Volk
Nach den Rissen der Emigration
Die unsinnige Schändlichkeit
Der Deportationen erfährt;
Jetzt da in den Leichengruben
Mit verdrehter Phantasie
Und schamlosen Händen
Von den menschlichen Zügen der Mensch herabreißt
Das göttliche Bild
Und Erbarmen sich zusammenzieht in steinernem Schrei;
Jetzt da die Unschuld
Wenigstens ein Echo einklagt
Und wehklagt auch im verhärtetsten Herzen;
Jetzt da vergeblich sind die anderen Schreie;
Ich sehe jetzt klar in der traurigen Nacht.

Ich sehe jetzt in der traurigen Nacht, lerne,
Weiß daß die Hölle sich auf der Erde öffnet
Je mehr
Der Mensch, toll, sich entzieht
Der Reinheit Deines Leidens.

3

Fa piaga nel Tuo cuore
La somma del dolore
Che va spargendo sulla terra l'uomo;
Il Tuo cuore è la sede appassionata
Dell'amore non vano.

Cristo, pensoso palpito,
Astro incarnato nell'umane tenebre,
Fratello che t'immoli
Perennemente per riedificare
Umanamente l'uomo,
Santo, Santo che soffri,
Maestro e fratello e Dio che ci sai deboli,
Santo, Santo che soffri
Per liberare dalla morte i morti
E sorreggere noi infelici vivi,
D'un pianto solo mio non piango più,
Ecco, Ti chiamo, Santo,
Santo, Santo che soffri.

3

Eine Wunde schlägt in Dein Herz
Die Summe des Schmerzes
Den über die Erde ausstreut der Mensch;
Dein Herz ist der leidenschaftliche Sitz
Der nicht vergeblichen Liebe.

Christus, gedankenschwerer Herzschlag,
Gestirn fleischgeworden in der menschlichen Finsternis,
Bruder der Du Dich opferst
Immerwährend um neu zu erbauen
Menschlich den Menschen,
Heiliger, Heiliger der Du leidest,
Meister und Bruder und Gott der Du uns schwach weißt,
Heiliger, Heiliger der Du leidest
Um vom Tod zu erlösen die Toten
Und zu stützen uns unglückliche Lebende,
Ein Weinen das nur meines ist wein ich nicht länger,
Siehe, ich rufe Dich, Heiliger,
Heiliger, Heiliger der Du leidest.

ACCADRÀ?

Tesa sempre in angoscia
E al limite di morte:
Terribile ventura;
Ma, anelante di grazia,
In tanta Tua agonia
Ritornavi a scoprire,
Senza darti mai pace,
Che, nel principio e nei sospiri sommi
Da una stessa speranza consolati,
Gli uomini sono uguali,
Figli d'un solo, d'un eterno Soffio.

Tragica Patria, l'insegnasti prodiga
A ogni favella libera,
E ne ebbero purezza dell'origine
Le immagini remote,
Le nuove, immemorabile radice.

Ma nella mente ora avverrà dei popoli
Che non più torni fertile
La parola ispirata,
E che Tu nel Tuo cuore,
Più generosa quanto più patisci,
Non la ritrovi ancora, più incantevole
Quanto più ascosa bruci?

Da venti secoli T'uccide l'uomo
Che incessante vivifichi rinata,
Umile interprete del Dio di tutti.

Patria stanca delle anime,
Succederà, universale fonte,
Che tu non più rifulga?

WIRD ES DER FALL SEIN?

Gespannt immer in Angst
Und an der Todesgrenze:
Furchtbares Schicksal;
Doch, lechzend nach Gnade,
In Deiner so heftigen Agonie
Entdecktest du erneut,
Ohne je Frieden Dir zu gönnen,
Daß, im Anfang und in den tiefsten Seufzern
Von gleicher Hoffnung getröstet,
Die Menschen gleich sind,
Kinder eines einzigen, eines ewigen Hauchs.

Tragisches Vaterland, Du lehrtest es freigebig
Jede freie Sprache,
Und Reinheit des Ursprungs hatten davon
Die weit entrückten Bilder,
Die neuen, unvordenkliche Wurzel.

Doch wird im Geist jetzt eintreten der Völker
Daß nicht mehr von neuem fruchtbar wird
Das beseelte Wort,
Und Du in deinem Herzen,
Edler je mehr du leidest,
Noch immer nicht es wiederfindest, bezaubernder
Je verborgener es brennt?

Seit zwanzig Jahrhunderten tötet Dich der Mensch
Den unablässig du belebst wiedergeboren,
Demütiger Deuter des Gottes aller.

Müdes Vaterland der Seelen,
Wird es sich ergeben, allumfassende Quelle,
Daß du nicht mehr strahlst?

Sogno, grido, miracolo spezzante,
Seme d'amore nell'umana notte,
Speranza, fiore, canto,
Ora accadrà che cenere prevalga?

Traum, Schrei, zerbrechendes Wunder,
Samen der Liebe in der menschlichen Nacht,
Hoffnung, Blume, Gesang,
Wird es der Fall sein daß Asche überwiegt?

I ricordi
Die Erinnerungen
1942–1946

L'ANGELO DEL POVERO

Ora che invade le oscurate menti
Più aspra pietà del sangue e della terra,
Ora che ci misura ad ogni palpito
Il silenzio di tante ingiuste morti,

Ora si svegli l'angelo del povero,
Gentilezza superstite dell'anima...

Col gesto inestinguibile dei secoli
Discenda a capo del suo vecchio popolo,
In mezzo alle ombre...

DER ENGEL DES ARMEN

Jetzt da die verdüsterten Geister
Herberes Erbarmen heimsucht mit dem Blut und
der Erde,
Jetzt da mit jedem Herzschlag
Das Schweigen so vieler ungerechter Tode uns mißt,

Jetzt erwache der Engel des Armen,
Überlebender Adel der Seele...

Mit der unauslöschlichen Geste der Jahrhunderte
Steige er herab ans Haupt seines alten Volks,
Inmitten der Schatten...

NON GRIDATE PIÙ

Cessate d'uccidere i morti,
Non gridate più, non gridate
Se li volete ancora udire,
Se sperate di non perire.

Hanno l'impercettibile sussurro,
Non fanno più rumore
Del crescere dell'erba,
Lieta dove non passa l'uomo.

SCHREIT NICHT MEHR

Haltet ein die Toten zu töten,
Schreit nicht mehr, schreit nicht
Wenn ihr sie noch hören wollt,
Wenn ihr hofft nicht unterzugehen.

Unvernehmbar ist ihr Raunen,
Sie machen nicht mehr Geräusch
Als das Wachsen des Grases,
Froh wo der Mensch nicht vorübergeht.

I RICORDI

I ricordi, un inutile infinito,
Ma soli e uniti contro il mare, intatto
In mezzo a rantoli infiniti...

Il mare,
Voce d'una grandezza libera,
Ma innocenza nemica nei ricordi,
Rapido a cancellare le orme dolci
D'un pensiero fedele...

Il mare, le sue blandizie accidiose
Quanto feroci e quanto, quanto attese,
E alla loro agonia,
Presente sempre, rinnovata sempre,
Nel vigile pensiero l'agonia...

I ricordi,
Il riversarsi vano
Di sabbia che si muove
Senza pesare sulla sabbia,
Echi brevi protratti,
Senza voce echi degli addii
A minuti che parvero felici...

DIE ERINNERUNGEN

Die Erinnerungen, eine unnütze Unendlichkeit,
Doch allein und vereint gegen das Meer, unversehrt
Inmitten unendlichen Geröchels...

Das Meer,
Stimme einer freien Größe,
Doch Unschuld feindselig in den Erinnerungen,
Rasch im Verwischen der süßen Spuren
Eines treuen Gedankens...

Das Meer, seine halbherzigen Schmeicheleien
Wie grausam und wie sehr herbeigesehnt, wie sehr,
Und ihrer Agonie,
Immer gegenwärtig, immer erneuert,
Im wachsamen Gedanken die Agonie...

Die Erinnerungen,
Das vergebliche Sichergießen
Von Sand der sich bewegt
Gewichtslos auf dem Sand,
Kurze Echos langgezogen,
Stimmlose Echos der Abschiede
Von Minuten die glücklich schienen...

TERRA

Potrebbe esserci sulla falce
Una lucentezza, e il rumore
Tornare e smarrirsi per gradi
Dalle grotte, e il vento potrebbe
D'altro sale gli occhi arrossare...

Potresti la chiglia sommersa
Dislocarsi udire nel largo,
O un gabbiano irarsi a beccare,
Sfuggita la preda, lo specchio...

Del grano di notti e di giorni
Ricolme mostrasti le mani,
Degli avi tirreni delfini
Dipinti vedesti a segreti
Muri immateriali, poi, dietro
Alle navi, vivi volare,
E terra sei ancora di ceneri
D'inventori senza riposo.

Cauto ripotrebbe assopenti farfalle
Stormire agli ulivi da un attimo all'altro
Destare,
Veglie inspirate resterai di estinti,
Insonni interventi di assenti,
La forza di ceneri – ombre
Nel ratto oscillamento degli argenti.

Il vento continui a scrosciare,
Da palme ad abeti lo strepito
Per sempre desoli, silente
Il grido dei morti è più forte.

ERDE

Es könnte auf der Sichel ein Glanz
sich zeigen, und das Geräusch
Schrittweise wiederkehren und sich verlieren
Von den Grotten, und der Wind könnte
Mit anderem Salz röten die Augen...

Du könntest den untergetauchten Kiel
In die Weite sich entfernen hören,
Oder voll Zorn eine Möwe nach dem Spiegel
Hacken, weil ihr die Beute entkommen...

Vom Korn von Nächten und Tagen
Übervoll zeigtest du die Hände,
Von den thyrrenischen Ahnen sahst du
Delphine gemalt auf geheime
Körperlose Mauern, dann, lebend,
Den Schiffen hinterherfliegen,
Und Erde bist du noch aus Aschen
Rastloser Erfinder.

Behutsam könnte wieder schlummernde Schmetterlinge
Rauschen in den Olivenbäumen von einem Augenblick
                                        zum andern
Wecken,
Du wirst bleiben beseelte Wachen Verstorbener,
Schlaflose Einmischungen Abwesender,
Die Kraft von Aschen – Schatten
Im raschen Oszillieren des Silbers.

Mag der Wind auch weiterhin brausen,
Von Palmen zu Tannen das Getöse
Für immer betrüben, schweigend
Ist der Schrei der Toten doch stärker.

ANHANG

ZU DIESEM BAND

Der vorliegende Band 2 der Werkausgabe Giuseppe Ungaretti bietet Ungarettis Gedichtbände der mittleren Zeit: *Sentimento del tempo* (1919 bis 1935) und *Il Dolore* (1937–1946). Der italienische Text und die Übersetzung folgen der Ausgabe «letzter Hand» *Vita d'un uomo – Tutte le poesie*, Milano (Mondadori) 1969 (*I Meridiani*). Allerdings kann und darf eine ernsthafte Werkausgabe im Falle Giuseppe Ungarettis sich nicht darauf beschränken, einfach nur die «definitiven» Textfassungen darzubieten. Wie kaum ein zweiter Dichter hat Ungaretti von Veröffentlichung zu Veröffentlichung an seinen Gedichten weitergearbeitet, gefeilt, geändert, überarbeitet, manchmal nur geringfügig, bisweilen in einschneidender Weise. Das betrifft nicht nur die Veröffentlichung von Gedichten in Zeitschriften oder Anthologien, das trifft auch für die Gedichtbände selbst zu, die von Neuauflage zu Neuauflage Unterschiede aufweisen. Wie sehr Ungaretti selbst die Vorstufen und Varianten seiner Gedichte als wesentlichen Bestandteil seines Werkes ansah, geht aus dem Vorschlag hervor, den er 1942 Giuseppe De Robertis machte, seine Gedichte zusammen mit den Varianten zu publizieren, woraus dann der dritte Band der Werkausgabe wurde, die seit 1942 im Verlag Mondadori unter dem Titel *Vita d'un uomo* erscheint (*Poesie disperse*, con l'apparato critico delle varianti di tutte le poesie e uno studio di Giuseppe De Robertis, 1945 u. ff.). Der Apparat der Varianten ist auch integraler Bestandteil der Gesamtausgabe von 1969 (S. 585–860). Inzwischen sind auch kritische Ausgaben der *Allegria* und des *Sentimento* erschienen (1982 und 1988), die auch die Autographen zugänglich machen.

Naturgemäß kann eine nicht in Italien erscheinende Werkausgabe, die auf Übersetzungen angewiesen ist, keine kritische Ausgabe sein. Doch muß auch sie in gebührendem Umfang die Entwicklungsgeschichte der Gedichte und Zyklen sichtbar machen und im «Spiel der Varianten» nachvollziehen. Das bedeutet, daß die vorliegende Ausgabe dies zwar nicht vollständig und für sämtliche Gedichte leisten kann, daß jedoch für zentrale Gedichte und Gedichtkomplexe die wesentlichen Fassungen, Vorstufen, Varianten in Original und Übersetzung mitgeboten werden. Für den vorliegenden Band 2 betrifft dies im Hinblick auf den *Sentimento del tempo* zum einen den Komplex der frühesten Gedichte der Sektion «Prime», die zunächst 1923 die Ausgabe *Il Porto Sepolto* einleiten, und zum anderen die Gedichte, die zwischen 1925 und 1930 auf italienisch, teils begleitet von Ungarettis eigenen Übersetzungen ins Französische, oder in direkt auf französisch entstandenen Erstfassungen zuerst in führenden französischen Literaturzeitschriften veröffentlicht werden; es handelt sich hierbei um die «Appunti per una poesia» in *Commerce* IV (1925), die «Appunti per una poesia – Notes pour une poésie» in *Commerce* XII (1927), sowie die «Hymnes» in *La Nouvelle Revue Française* XVI, 183 (1928), die bewußt nicht zerrissen und über die Anmerkungen zu den einzelnen Gedichten verteilt werden, sondern im Zusammenhang im Anhang mitgeteilt werden, um die Struktur und Gesamtanlage der Gedichtfolgen hervortreten zu lassen. Im Hinblick auf *Il Dolore* betrifft dies zum einen die beiden einleitenden Gedichte auf den Tod des Bruders,

«Tutto ho perduto» und «Se tu mio fratello», die zuerst 1936 auf französisch entstanden sind, sowie die Gedichte, die 1944 zuerst als ein langes
Gedicht von 141 Versen zusammen mit Zeichnungen von Orfeo Tamburi
unter dem Titel *Piccola Roma* erschienen sind. In Ergänzung zum Apparat
der Varianten zu *Il Dolore* in der Mondadori-Ausgabe von 1969 wird in
den Anmerkungen außerdem die Erstfassung des Gedichts «Tu ti spezzasti» (aus dem Jahre 1939) mitgeteilt, die im August 1945 in der französischen Zeitschrift *L'Arche* erschien (unter dem Titel «Paesaggi»).
Aus dieser Aufzählung wird ein weiteres wesentliches Charakteristikum
der vorliegenden Ausgabe deutlich. Wie schon Band 1 lenkt auch der vorliegende Band sein Augenmerk ganz entschieden auf die Tatsache, daß
Ungaretti, schon seiner Herkunft nach als in Ägypten (in Alexandria)
geborener Sohn italienischer Emigranten aus Lucca, der zudem dort eine
französisch geprägte Schulbildung erhalten hat, zum Kosmopoliten bestimmt, immer auch ein Dichter zwischen den Kulturen, zwischen den
Ländern, zwischen den Sprachen gewesen ist, insbesondere zwischen zwei
Ländern und zwei Sprachen, nämlich Italien und Frankreich, dem Italienischen und dem Französischen. Schon Ungarettis erster Gedichtband
Allegria di naufragi in der Ausgabe von 1919 war durch die letzte Sektion
«La Guerre» zweisprachig, Ungaretti hat vor und nach dem Ersten Weltkrieg entscheidende Jahre in Paris verbracht, war mit den führenden
französischen Dichtern befreundet, erinnert sei vor allem an Apollinaire
und Jean Paulhan, er war mit einer Französin verheiratet und hat, wie
bereits angedeutet, vor allem in der zweiten Hälfte der zwanziger Jahre,
in geringerem Umfang auch in den Dreißigern immer wieder zentrale
Gedichte bzw. Gedichtkomplexe zuerst in Frankreich veröffentlicht, selbst
übersetzt, ja zum Teil sogar zuerst auf französisch geschrieben. Dem
wird im vorliegenden Band dadurch Rechnung getragen, daß er neben
den italienischen Texten auch sämtliche für den Zeitraum 1919–1946
relevanten französischen Texte Ungarettis enthält (die Eigenübersetzungen Ungarettis der «Notes pour une poésie» von 1927, die «Hymnes» von
1928, darunter mit «Hymne à la mort» auch ein Text, der nur auf französisch existiert, «Caïn», 1930 in *Le Roseau d'or* veröffentlicht, die französischen Erstfassungen der Gedichte «Tutto ho perduto», «Se tu mio fratello», insgesamt 16 Texte, dazu die wesentlichen Varianten). Fast alle
dieser Texte wurden 1939 auch in die von Jean Chuzeville besorgte erste
französische Ausgabe von Gedichten Ungarettis in Buchform (bereits unter
dem Titel *Vie d'un homme!*) aufgenommen. Indem in den nachfolgenden Anmerkungen die (geringfügigen) Varianten dieser Ausgabe vermerkt werden, ergänzt die vorliegende Ausgabe in dieser Hinsicht die kritische Ausgabe des *Sentimento*, die sie nicht aufgenommen hat. Der Apparat der Varianten zum *Sentimento* und zum *Dolore* in der Mondadori-Ausgabe von 1969
nimmt von diesem «französischen» Ungaretti überhaupt keine Notiz
(ebensowenig übrigens die neueren französischen Ausgaben der Gedichte
Ungarettis von Jean Lescure (1954) und Philippe Jaccottet (1973).
Die Anmerkungen verzeichnen so lückenlos wie bis zum jetzigen Zeitpunkt bekannt die Drucknachweise für jedes Gedicht des *Sentimento* und
des *Dolore* (in Zeitschriften und Anthologien; auf die Ausgaben beider
Gedichtbände wird nur dann verwiesen, wenn ein Gedicht nicht von der

ersten Ausgabe an in dem betreffenden Band enthalten ist; die Ausgaben des *Sentimento* und des *Dolore* sind jeweils in der Bibliographie verzeichnet). Die Anmerkungen verzeichnen darüber hinaus die Übersetzungen der Gedichte ins Französische (die für die Übersetzungen der vorliegenden Ausgabe konsultiert wurden) und, soweit vorhanden, ins Deutsche; sie enthalten außerdem von Fall zu Fall Hinweise zur Entstehungsgeschichte der Gedichte sowie wichtige Vorstufen und Varianten. Vorstufen werden in der Regel als vollständige Texte geboten und stets übersetzt. Den Anmerkungen zu den Gedichten der einzelnen Sektionen sind zum Teil jeweils zusammenfassende Erläuterungen zur Entstehung der jeweiligen Sektion bzw. von Gedichtgruppen, die in die jeweilige Sektion eingegangen sind, vorangestellt. Den Anmerkungen zum *Sentimento del tempo* sowie zu *Il Dolore* sind jeweils chronologische Bibliographien zur Entstehung beider Gedichtbände vorangestellt, die einen synoptischen Überblick über die Veröffentlichungslage vermitteln wollen. In Übersetzung werden außerdem Ungarettis Erläuterungen zum *Sentimento* sowie Alfredo Gargiulos Vorwort zum *Sentimento* mitgeteilt (beide übersetzt von Angelika Baader).

Ein Gutteil der Gedichte des vorliegenden Bandes wird erstmals ins Deutsche übersetzt. Während *Il Dolore* bis auf wenige Gedichte vor allem von Ingeborg Bachmann und Michael Marschall von Bieberstein ins Deutsche übersetzt worden ist (Giuseppe Ungaretti, *Gedichte*, italienisch und deutsch, Übertragung und Nachwort von Ingeborg Bachmann, Frankfurt/M. (Suhrkamp) 1961 (*Bibliothek Suhrkamp* 70); Giuseppe Ungaretti, *Gesammelte Gedichte*, Italienisch/Deutsch, Übertragung und Nachwort von Michael Marschall von Bieberstein, München, Zürich (Piper) 1988), ist der *Sentimento* der bislang am wenigsten ins Deutsche übersetzte Gedichtband Ungarettis; von 70 Gedichten sind von Ingeborg Bachmann (6) und Michael Marschall von Bieberstein (24) insgesamt 28 Gedichte (bei zwei Überschneidungen) übersetzt worden (die Übersetzung *Träume und Akkorde* von Erik Jayme und Joachim Lieser, Darmstadt [Die Villa Handpresse] 1960 war mir leider nicht zugänglich). Die Übersetzung der Sektion «La Fine di Crono» erschien in einer ersten Fassung in *Sirene* 1 (1988), S. 13–39; sie wurde für die vorliegende Ausgabe gründlich überarbeitet.

Ungaretti zu übersetzen ist ein verzweiflungsvolles Unterfangen. Die Gedichte stellen den Übersetzer auf Schritt und Tritt durch semantische und syntaktische Mehrdeutigkeiten vor Probleme, die vielfach kaum zu lösen sind, so daß eine Übersetzung im Falle Ungarettis mehr noch als bei anderen Dichtern lediglich der Versuch einer Annäherung an das Original sein kann, immer in dem Bewußtsein unternommen, daß dabei zwangsläufig vieles verloren gehen und geopfert werden muß. Dennoch wurde nicht nur versucht, semantisch und inhaltlich «korrekte» Übersetzungen der Gedichte zu geben, sondern auch sprachlich und rhythmisch die Übersetzungen so durchzuformen, daß sie als deutsche Gedichte neben den italienischen Originalen bestehen können. Zu beurteilen, wie weit dies gelungen oder auch nicht gelungen ist, mag dem Leser überlassen bleiben. Im übrigen gilt dies nicht in gleichem Maße für die Übersetzungen der Vorstufen und Varianten, die in erster Linie den pragmatischen Zweck verfolgen, dem Leser diese zu erschließen und es ihm so zu ermöglichen, das «Spiel der Varianten» zu verfolgen. Dieses «Spiel der Varianten» setzt sich auch in der Übersetzung der Vorstufen fort, indem diese manchmal bei identischen italienischen Passagen eine alternative Version anbietet. Während der Arbeit an den Gedichten, die sich über Jahre hinzog, hat sich, nach Phasen und «Anfällen» nachdichtender Entfernung von den Originalen, immer wieder gezeigt und bestätigt, daß es nicht nur möglich ist, eine möglichst große Nähe zum Original zu wahren, sondern daß dies bei einem Dichter, der so bewußt arbeitet wie Ungaretti, in den meisten Fällen auch zu den letztlich befriedigendsten Ergebnissen führt.

Zu besonderem Dank bin ich Angelika Baader verpflichtet für ihre gründliche und konstruktive Durchsicht der Übersetzungen. Ohne ihr Drängen auf stärkere Berücksichtigung der Etymologie der Wörter und ihre Hinweise auf Traditionen und geistesgeschichtliche Zusammenhänge, in denen die Gedichte stehen, wäre vieles noch stärker im Ungefähren stecken geblieben. Insofern war ihre konstruktive Kritik auch als Korrektiv im Sinne des selbstkritischen Überdenkens eigener Übersetzungsansätze wertvoll und fruchtbar. Weiterhin möchte ich meinem Verleger Peter Kirchheim dafür danken, daß er sich auf das Wagnis dieser Werkausgabe eingelassen hat, sowie für sein sorgfältiges Lektorat und die intensive Diskussion der Übersetzungen vor allem im Hinblick auf stilistische Fragen. Hilfreich beim Übersetzen war natürlich auch immer wieder die Beschäftigung mit den Varianten und Vorstufen. Außerdem wurden die existierenden Übersetzungen ins Deutsche und ins Französische eingesehen und konsultiert. Für die Anmerkungen wurde neben dem Apparat der Varianten in der Gesamtausgabe *Tutte le poesie* (1969) die kritische Ausgabe des *Sentimento del tempo* von Rosanna Angelica und Cristiana Maggi Romano ausgiebig und dankbar benutzt. Weiterführende Literaturangaben finden sich von Fall zu Fall in den Anmerkungen sowie in der Bibliographie, die den Anmerkungsteil abschließt.

Ich möchte meine Übersetzung und insbesondere die des *Dolore* dem Dichter Ludwig Greve widmen, der, kurz nach Beendigung der Arbeit an diesem Band, auf so tragische Weise gestorben ist.

Appunti per una poesia
Notizen für eine Dichtung
Notes pour une poésie

Commerce IV (Paris, Frühjahr 1925), S. 17–29
Commerce XII (Paris, Sommer 1927), S. 22–41

Appunti per una Poesia (1925)

. . . .
. . . .

NASCITA D'AURORA

CLIO

Aureolata, in ammanto docile,
dal seno, fuggitiva,
deridendo, e pare inviti,
un fiore di pallida brace
si toglie e getta, la nubile notte.

È l'ora che disgiunge il primo chiaro
dall'ultimo tremore.

Del cielo all'orlo, il gorgo
apre, livida, e spone.

IL CORO

Con dita smeraldine
ambigui moti tessono
un lino.

CLIO

E d'oro le ombre, tacitando alacri
inconsapevoli sospiri,
i solchi mutano in labili rivi.

IL CORO

Inquieto Apollo,
                    siamo desti!

CLIO

Dissimulandosi, è la prima volta
che aprirgli gli occhi può,
rosea, la pubertà.

AURORAS GEBURT – In der Aureole, in fügsamem Mantel, / vom Busen, flüchtig, / spottend, und als locke sie, / eine Blume von bleicher Glut / löst sich und schleudert die bräutliche Nacht. // Es ist die Stunde, die die erste Helle / vom letzten Beben trennt. // Am Rand des Himmels reißenden Strudel / öffnet fahl sie und breitet aus. // Mit smaragdenen Fingern / Weben doppelsinnige Bewegungen / ein Linnen. // Und golden die Schatten, erstickend lebhaft / unbewußte Seufzer, / verwandeln die Furchen in unstete Bäche. // Unruhiger Apollo, / wir sind erwacht! // Sich verbergend, ist es das erste Mal, / daß sie ihm die Augen öffnen kann, / rosig, die Pubertät. //

Esita!
        Saprà forse già servirsi
d'un dardo schivo?

                Già
bendare forse sa d'affanni?

            IL CORO
La fronte intrepida ergi!
                Destati!
In cobalto spira il sanguigno balzo.

            CLIO
L'azzurro inospite è alto!
Ora imbianca.

            IL CORO
                Spaziosa calma!
. . . .
. . . .

GIUGNO

            CLIO
È già, oscura e fonda,
l'ora d'estate che disanima.

            IL CORO
Già verso un'alta, lucida,
sepoltura, si salpa.

Sole ormai e stanche, oscillando
dal notturno meridio,
atre e frali, le rimembranze vocano.
. . . .
. . . .

Sie zögert! / Wird sie vielleicht sich schon zu bedienen wissen / eines
scheuen Pfeils? / Weiß sie ihn schon mit bangem Sehnen zu verbinden? //
Die furchtlose Stirn recke empor! / Wach auf! / Ins Kobalt strömt sich aus
der blutrote Sprung. / Das ungastliche Blau ist hoch! / Jetzt wird es weiß. //
Geräumige Ruhe!

JUNI – Es ist schon, dunkel und tief, / die Stunde des Sommers, die ver-
zagt macht! // Schon lichtet man hin zu einer hohen, leuchtenden / Grab-
stätte den Anker. / Einsam nun und müde, schwankend / aus dem nächt-
lichen Mittag, / unheilvoll und zerbrechlich, rufen die Erinnerungen.

ROMA

IL CORO
Il bronzo delle messi ronza, ape,
malinconiosa carne.

CLIO
E se scivola un lembo di frescura,
le si spicca la spalla,
com'una visciola.

IL CORO
Da quale nigrizia allattato,
plumbeo lago sbucciato,
nei colossei inceneri?

Ah! non è il deserto un ricordo
da custodirsi in cuore.

CLIO
In piazza Santa Croce lastricata
d'orbite spolpe, il palio corrono
stinchi abbagliati.

IL CORO
                    Come l'altomare
monotona stagione,
ma senza solitudine.
. . . .
. . . .

CLIO
Dalla spoglia di serpe
alla pavida talpa,
si gingillano i duomi.

Un brigantino biondo

ROM – Die Bronze der Ernten summt, Biene, / schwermütiges Fleisch. //
Und wenn ein Zipfel von Frische gleitet, / glänzt ihr die Schulter auf, / wie
eine Weichsel. // Von welcher Schwärze gestillt, / bleierner aufgeschürfter
See / äscherst du ein in den Kolosseen? // Ach! die Wüste ist keine
Erinnerung / die man im Herzen bewahrt. // Auf der Piazza Santa Croce,
gepflastert / mit abgenagten Höhlen, laufen / geblendete Schienbeine um
den Preis. // Wie die hohe See / eintönige Jahreszeit, / doch ohne Einsam-
keit. // Von der abgestreiften Schlangenhaut / zum furchtsamen Maul-
wurf, / tändeln die Dome. // Eine blonde Brigg

di stella in stella s'accomiata,
e s'acciglia sott'una pergola.

IL CORO

Nel cavo della mano,
come una fronte stanca,
s'è ridotta la notte.

....

....

SERA

CLIO

Indi passò, del giorno
in sulla fronte, l'ultimo pallore.

E il coro delle ninfe in fuga,
giunte alla conca ombrosa, modulò:

ECO

In sull'acqua del fosso, garrula,
vidi riflesso uno stormo di tortore.
Allo stellato grigiore s'unirono.

....

....

USIGNUOLO

ECO

Il battito d'ale d'una colomba
d'altri diluvi ascolto.

L'UOMO

Or non più tra l'arsa pianura
e il mare calmo m'apparterò, né umili
di remote età, udrò più sciogliersi, piano,

verabschiedet sich von Stern zu Stern / und verfinstert sich unter einer Weinlaube. // In die Höhlung einer Hand, / wie eine müde Stirn, / hat die Nacht sich zurückgezogen.

ABEND – Darauf zog, vom Tag / hinauf auf die Stirn, die letzte Blässe. // Und der Chor der Nymphen auf der Flucht, / angelangt an der finsteren Mulde, modulierte: // Auf dem geschwätzigen Wasser des Grabens / sah ich widergespiegelt einen Schwarm Turteltauben. / Dem gestirnten Grau vermählten sie sich.

DIE NACHTIGALL – Dem Flügelschlag einer Taube / von anderen Sintfluten lausche ich. // Nicht mehr jetzt zwischen der verbrannten Ebene / und dem ruhigen Meer werd ich mich absondern, und nicht mehr demütig / von entrückten Zeiten werd ich sich auflösen hören, leise,

nell'aria limpida, squilli.
                                    Né miro
più Diana agile che la luce nuda
(nel gelo si specchia e abbaglia, dove
lascia cadere il guardo, arroventa
la brama, e un infinita ombra rimane).

Torno da lontano, ed eccomi umano.
Come una polla l'odo germinare,
il rapace mare, e ora com'un nappo
di miele m'appare, che più non gusto
per non morire assetato (spietato
limìo!) e a notte una corolla pare
d'opale, e nemmeno su un seno palpita.

E questa è l'ora che annuvola e smemora.
. . . .
. . . .

LIDO

CLIO
L'algore dissuade l'apetto
di gracili arbusti sul ciglio
d'insidiosi bisbigli.

Conca lucente che all'anima ignara
il muto sgomento rovini
e porti la salma vana
alla foce dell'astro, freddo,
anima ignara che torni dall'acqua
vie ridente ritro

in der reinen Luft, gellende Töne. / Und nicht mehr betrachte ich / die
behende Diana, die das Licht entblößt / (im Eis spiegelt sie sich und blen-
det sich, wo / sie den Blick fallen läßt, bringt sie zum Glühen / die Be-
gierde, und ein unendlicher Schatten bleibt). // Ich kehre zurück aus der
Ferne, und jetzt bin ich menschlich. / Wie eine Quelle höre ich es auf-
sprießen, / das raubgierige Meer, und jetzt erscheint es mir / als ein
Becher mit Honig, den ich nicht mehr koste, / um nicht durstig zu sterben
(erbarmungsloses / Feilen!) und nachts scheint es eine Blütenkrone / aus
Opalen, und nicht einmal auf einer Brust erbebt es. // Und dies ist die
Stunde, die bewölkt und das Gedächtnis verliert. //

LIDO – Die Kälte widerrät dem Anschein / anmutigen Gesträuchs auf
der Wimper / hinterhältigen Geflüsters. // Leuchtende Mulde, die du der
unkundigen Seele einstürzen läßt die stumme Bestürzung / und trägst die
sterblich-nichtige Hülle / zur Mündung des Gestirns, kalt, / unkundige
Seele, die du zurückkehrst zum Wasser / und lachend wiederfindest /

l'oscuro,
        finisce l'anno in quel tremito.
....
....

IL CORO
Cristallo colmo di riflessi!

CLIO
I luminosi denti spengono
l'impallidita.

ECO
Dimentico del corpo ormai
e nel presago oblìo sparso
la salma stringo colle braccia fredde,
calda ancora,
        che già tutta vacilla
in un ascoso ripullulamento
d'onde.
....
....

INNO ALLA MORTE

L'UOMO
Amore, mio giovine emblema,
tornato a dorare la terra,
diffuso entre il giorno rupestre,
è l'ultima volta che miro
(appiè del botro, d'irruenti
acque sontuoso, d'antri
funesto) la sìca di luce
che pari alla tortora lamentosa
sull'erba svagata si turba.

das Dunkel, / endet das Jahr in jenem Zittern. // Kristall übervoll von Reflexen! // Die lichtvollen Zähne löschen aus / die Erbleichte. // Ich vergesse nun den Körper / und ins ahnungsvolle Vergessen verloren / presse ich die sterbliche Hülle mit den kalten Armen, / warm noch, / die schon heftig schaukelt / in einem erneuten verborgenen Ansturm / von Wellen.

HYMNE AN DEN TOD – Liebe, mein jugendliches Emblem, / wiedergekehrt zu vergolden die Erde, / eingestreut in den felsigen Tag, / zum letzten Mal betrachte ich (zu Füßen der Vertiefung, die mit ungestümen / Wassern prunkt, durch Höhlen / unheilvoll ist) die Spur von Licht / die der klagenden Lachtaube gleich / über dem verträumten Gras sich trübt. //

Amore, salute lucente,
mi pesano gli anni venturi.

Abbandonata la mazza fedele,
scivolerò nell'acqua buia
senza rimpianto.
                    Morte, arido fiume.

Immemore sorella, morte,
l'uguale mi farai del sogno
baciandomi.

                    Avrò il tuo passo,
andrò senza lasciare impronta.

Mi darai il cuore immobile
d'un iddio, sarò innocente,
non avrò più pensieri né bontà.

E così colla mente murata,
cogli occhi caduti in oblio,
con le braccia colme di nulla,
farò da guida alla felicità.
. . . .
. . . .

                    Parigi, febbraio 1920 – Roma, il 24 maggio 1925

Liebe, leuchtendes Heil, / schwer wiegen mir die künftigen Jahre. // Nachdem ich zurückgelassen den treuen Stock, / werde ich gleiten ins dunkle Wasser / ohne Bedauern. // Tod, ausgetrockneter Fluß. / Erinnerungslose Schwester, Tod, / Dem Traum gleich wirst du mich machen / mich küssend. // Ich werde deinen Schritt haben, / ich werde gehen, ohne einen Abdruck zu hinterlassen. // Du wirst mir das unbewegliche Herz / eines Gottes geben, ich werde unschuldig sein, / werde keine Gedanken mehr haben noch Güte. // Und so mit dem eingemauerten Geist, / mit den Augen gefallen ins Vergessen / mit den Armen übervoll von Nichts, / werde ich Führer sein zur Glückseligkeit.

                    Paris, Februar 1920 – Rom, den 14. Mai 1925

Appunti per una poesia
Notes pour une poesie
(1927)

SOGNO

O gioventù impietrata,
o statua persa nell'abisso umano...
E l'enorme tumulto
dopo tanto viaggio
a fiore di labbra
rode lo scoglio.

SONGE

O jeunesse de pierre,
Statue de l'abîme humain...
Le grand tumulte
Tant de voyages
A fleur de lèvres
Ronge le roc.

TRAUM – Oh versteinerte Jugend, / oh Statue verloren im menschlichen Abgrund... / Und der gewaltige Aufruhr / nach soviel Reise / kaum hörbar / zerfrißt er die Klippe.

TRAUM – Oh steinerne Jugend, / Statue des menschlichen Abgrunds.../ Der große Aufruhr / Soviel Reisen / zerfrißt den Fels / kaum hörbar.

LA FINE DI CRONO

Qualche grido s'allontana. Nel grembo
del firmamento s'è assopita
l'ora strana, impaurita.

Fuliggine lilla corona i monti,
fu l'ultimo grido a smarrirsi.

Astri, Penelopi innumeri...

In braccio il Signore li ha ritolti.

E riporge l'Olimpo, fiore
eterno di sonno.

Oh! cecità! notturna frana...

COLORE

Poi incontrò un lago torvo
che il cielo glauco fende.

Più in là un rio l'erba inanella.

DAS ENDE VON CHRONOS – Manch Schrei entfernt sich. Im Schoß /
des Firmaments ist eingeschlummert / die seltsame, erschreckte Stunde. //
Lila Ruß krönt die Berge, / war der letzte Schrei, der sich verlor. // Ge-
stirne, ungezählte Penelopen... // In den Arm hat der Herr sie wieder
genommen. // Und wieder bietet er den Olymp, ewige / Blume von Schlaf.
// Oh! Blindheit! nächtlicher Einsturz...

FARBE – Dann stieß er auf einen düsteren See / den der seegrüne Him-
mel durchschneidet. // Weiter entfernt ringelt ein Bach das Gras.

LA FIN DE CHRONOS

Plus d'un cri meurt.
Au sein du ciel
L'heure effrayée s'endort.

Les monts se couronnent d'une suie lilas,
Le reste se tait.

Astres, Pénélopes sans nombre,
Le Seigneur vous prend dans ses bras...

Voici l'Olympe encore,
Fleur éternelle de sommeil.

O cécité, éboulement des nuits...

COULEUR

Un lac s'assombrit sous l'injure
Du ciel glauque.

Le fil d'eau, plus loin,
Met des bagues à l'herbe.

DAS ENDE VON CHRONOS – Mehr als ein Schrei stirbt. / Im Schoß des Himmels / Schläft ein die erschreckte Stunde. // Die Berge krönen sich mit lila Ruß, / Das Übrige schweigt. // Gestirne, Penelopen ohne Zahl, / Der Herr nimmt euch in seine Arme... // Hier ist wieder der Olymp, / Ewige Blume von Schlaf. // Oh Blindheit, Einsturz der Nächte...

FARBE – Ein See verdüstert sich unter der Beleidigung / Des seegrünen Himmels. // Der Lauf des Wassers, weiter entfernt, / Steckt dem Gras Ringe an.

L'ISOLA

A una prode ove sera era perenne
di anziane selve assorte, scese,
e s'inoltrò,
e lo richiamò rumore di penne
ch'erasi sciolto dallo stridulo
batticuore dell'acqua torrida,
e a picco una larva, languiva
e rifioriva, vide,
e vide, rivoltatosi,
ch'era d'una ninfa, e dormiva
ritta, abbracciata a un olmo.

Errando il pensiero da quella
flamma vera al simulacro, riprese
la salita.

Giunse a un prato ove
l'ombra s'addensava negli occhi
delle vergini come,
calando la sera, appiè dell'ulivo.
Stillavano le fronde
una pioggia pigra di dardi.
Qua pecore s'erano appisolate
sotto il liscio tepore,
brucavano talaltre
la coltre luminosa.
Le mani del pastore erano un vetro
levigato da fioca febbre.

DIE INSEL – Zu einem Gestade, wo Abend herrschte immerwährend /
aus alten, versonnenen Wäldern, stieg er hinab, / und er drang weiter
vor, / und es lockte ihn Rauschen von Federn, / das sich gelöst hatte vom
schrillen / Herzschlag des glühenden Wassers, / und senkrecht einen
Schemen, er war ermattet / und erblühte neu, sah er, / und er sah, um-
gewandt, / es war der einer Nymphe, und schlief / aufrecht, umschlun-
gen um eine Ulme. // Irrend der Gedanke von jener / wahren Flamme
zum Schattenbild, machte er sich wieder an den Aufstieg. // Er gelangte
zu einer Wiese, wo / der Schatten sich verdichtete in den Augen / der
Jungfrauen wie, / herabsinkend der Abend, zu Füßen des Olivenbaums. //
Es tröpfelten die Zweige / einen trägen Regen von Pfeilen. / Hier waren
Schafe entschlummert / unter der milden lauen Luft, / es begrasten an-
dere / die lichtvolle Decke. / Die Hände des Schäfers waren ein Glas / ge-
schliffen von schwachem Fieber.

L'ILE

Il descendit au rivage, le soir des anciens bois s'étendait sans fin. Or une chute d'ailes, qui brisait le rythme de l'eau en feu, le ramena sur ses pas. Il vit alors un fantôme, languide et refleurissant; celui d'une nymphe, qui dormait en embrassant un ormeau.

Ses pensées allaient du fantôme â la flamme réelle. Il se remit à monter.

Il parvint à une prairie; l'ombre se pressait aux yeux des vierges, comme elle se presse, vers le soir, aux pieds des oliviers. Sous la clarté, que tamisaient les branches, plusieurs brebis songeaient; d'autres broutaient l'étoffe brillante. Une fièvre sourde polissait les mains du berger.

DIE INSEL – Er stieg zum Ufer hinab, der Abend der alten Wälder breitete sich endlos aus. Nun ließ ein Fall von Flügeln, der den Rhythmus des entflammten Wassers brach, ihn zurückkehren. Er sah dann einen Schemen, matt und wieder aufblühend; der einer Nymphe, der schlief, eine Ulme umarmend.
Seine Gedanken gingen vom Schattenbild zu der wahren Flamme. Er machte sich wieder an den Aufstieg.
Er gelangte zu einer Wiese; der Schatten drängte sich in den Augen der Jungfrauen, wie er sich gegen Abend zu Füßen der Olivenbäume drängt. Unter der Helligkeit, welche die Zweige dämpften, sannen mehrere Schafe; andere begrasten den glänzenden Stoff. Ein mattes Fieber schliff die Hände des Schäfers.

SOGNO

O navicella accesa,
corolla celestiale
che popoli d'un'eco
il vuoto universale...

E il nido che il murmure asconde
d'anime spoglie.

Volando ombroso e pavido
sulla sabbia lunare a passi nudi,
quell'alto amore ulcera
noi di quaggiù.

IL CAPITANO

Le stagioni passarono.
Fui pronto a tutte le partenze.

Quando ero bimbo e mi svegliavo
di soprassalto, mi calmavo udendo
urlanti nell assente via,
cani randagi. Mi parevano
più del lumino alla Madonna
che ardeva sempre in quella stanza,
una mistica compagnia.

Fui poi inseguito da un'eco
accorsa d'oltre nascita.

Quando la guerra m'ebbe ritessuto
e non fui, coricato sul sasso,
che una fibra della zona fangosa
la notte perse ogni velo.

TRAUM – Oh brennendes Schiffchen, / himmlische Blütenkrone, / die
du mit einem Echo bevölkerst / die allumfassende Leere... // Und das
Nest, das das Murmeln verbirgt / von entkörperten Seelen. // Argwöh-
nisch und scheu fliegend / über den Mondsand mit nackten Schritten /
macht jene hohe Liebe geschwürig / uns hier unten.

DER KAPITÄN – Die Jahreszeiten gingen vorüber. / Ich war bereit zu
jeder Abfahrt. // Als ich Kind war und aus dem Schlaf / auffuhr, be-
ruhigte ich mich, wenn ich hörte / heulend in der abwesenden Straße, /
streunende Hunde. Sie schienen mir / mehr als das Licht der Madonna, /
das stets in jenem Zimmer brannte, / eine mystische Gesellschaft. // Ich
wurde dann verfolgt von einem Echo, / herbeigeeilt von jenseits der
Geburt. // Als der Krieg mich wieder gewebt hatte / und ich nichts war,
ausgestreckt auf den Stein, / als eine Fiber der schlammigen Zone, / verlor
die Nacht jeden Schleier. //

SONGE

O navire en feu
Corolle de ciel
Qui peuples d'écho
Le vide univers...

Nid qui retiens un murmure
D'âmes dépouillées.

Ombrageux, timide, à pas nus,
Sur les sables de la lune
L'amour, à la chaire des jours
Laisse un sillage de plaie.

LE CAPITAINE

Tous les départs me virent prêt; je sais les secrets des saisons.

Quand j'étais enfant, la lumière de la Madone tremblotait jour et nuit
dans ma chambre. Mais ce qui me tenait compagnie, si je me réveillais
en sursaut, c'était, dans la rue absente, les cris libres des chiens.

Plus tard je fus traqué par un écho, venu d'outre-naissance.

Quand la guerre m'eut pétri et que je ne fus plus qu'une fibre de la zone
fangeuse, je vis sans voile la figure de la nuit.

TRAUM – Oh brennendes Schiff / Himmlische Blütenkrone, / Die du
mit Echo bevölkerst / das leere Universum... / Nest, das du zurückhältst
ein Murmeln / von entkörperten Seelen. // Argwöhnisch, scheu, mit nack-
ten Schritten, / Auf den Sanden des Mondes / Die Liebe, im Fleisch der
Tage / Hinterläßt sie eine Spur von Wunde.

DER KAPITÄN – Alle Aufbrüche sahen mich bereit; ich weiß die
Geheimnisse der Jahreszeiten.
Als ich Kind war, zitterte das Licht der Madonna Tag und Nacht in
meinem Zimmer. Doch was mir Gesellschaft leistete, wenn ich aus dem
Schlaf fuhr, das waren, in der abwesenden Straße, die freien Schreie der
Hunde.
Später wurde ich verfolgt von einem Echo, gekommen von jenseits der
Geburt.
Als der Krieg mich geknetet hatte und ich nur noch eine Fiber der schlam-
migen Zone war, sah ich ohne Schleier das Gesicht der Nacht.

Tutto era sterminato, l'umiltà
nella notte senza luna
e l'amore che nelle vene
quasi vuote, latrava.

Ma il Capitano era sereno.

(Venne in cielo la falce)

*Il Capitano era tanto alto
e mai non si chinava,*

(Andava su una nube)

Nel solco s'adagiò come uno stelo.

(La falce è un velo)

Gli chuisi gli occhi.

Parve di piume.

(O cielo spento)

AURA

Udendo il cielo,
spada mattutina, e il monte
che in grembo gli saliva,
torno all'usato accordo.
Uomo che speri senza pace,
appiè del monte scalzo
c'è un'ombra stanca.

E dalla grata delle fronde miro
spire di voli.

Aura, chiara urna…

Alles war unermeßlich, die Niedrigkeit / in der Nacht ohne Mond / und
die Liebe, die in den fast leeren / Adern bellte. // *Doch der Kapitän war
heiter.* / (Am Himmel erschien die Sichel) / *Der Kapitän war so hoch-
gewachsen / und er beugte sich nie.* / (Stieg auf eine Wolke) / *In die Furche
streckte er sich aus wie ein Stiel.* / (Die Sichel ist ein Schleier) / *Ich schloß ihm
die Augen.* / *Schien aus Federn.* / (Oh erloschener Himmel)

AURA – Den Himmel vernehmend, / morgendliches Schwert, und den
Berg, / der ihm in den Schoß wuchs, / kehre ich zurück zum gewohnten
Akkord. / Mensch, der du friedlos hoffst, / zu Füßen des barfüßigen Ber-
ges / gibt es einen müden Schatten. // Und aus dem Gitter der Zweige /
verfolge ich Windungen von Flügen. // Aura, helle Urne…

Tout était démesuré: l'humilité dans la nuit sans lune, l'amour qui criait dans les veines vides.

Mais le capitaine était calme.

(Une faux montait dans le ciel)

Le capitaine était grand,
Il ne se penchait pas.

(Un nuage passait au ciel)

Il fut renversé, droit dans le sillon.

(La faux était un voile)

J'ai fermé ses yeux.

L'aile ne fut jamais aussi légère
que ce grand corps étendu.

(O ciel éteint)

URNE

J'entends le ciel
Epée du matin, et la colline
Qui monte vers lui
Voici l'accord.

Homme qui espère sans paix
Au pied de la montagne nue
Une ombre lasse attend.

Des branches, les yeux peuvent suivre
Un tournoi d'ailes

Urne claire...

Alles war maßlos: die Niedrigkeit in der Nacht ohne Mond, die Liebe, die in den leeren Adern schrie.
Doch der Kapitän war ruhig. / (Eine Sichel stieg auf in den Himmel) / *Der Kapitän war groß, / Er beugte sich nie.* / (Eine Wolke erschien am Himmel) / Er wurde umgerissen, geradewegs in die Furche. / (Die Sichel war ein Schleier) / *Ich habe seine Augen geschlossen.* / Der Flügel war niemals so leicht wie dieser große ausgestreckte Körper. / (Oh erloschener Himmel)

URNE – Ich vernehme den Himmel / Schwert des Morgens, und den Hügel, / Der ihm entgegensteigt / Hier ist der Akkord. // Mensch, der friedlos hofft / Am Fuß des nackten Berges / Wartet ein müder Schatten. // Aus den Zweigen können die Augen folgen / Einem Turnier von Flügeln. // Helle Urne...

Hymnes

La Nouvelle Revue Française XVI, 183 (1.Dezember 1928), S.753–759

HYMNE A LA PITIÉ

Je suis un homme blessé.

J'aurais besoin de m'enfuir
là, où tu écoutes
Pitié, l'homme seul.

Je n'ai qu'orgueil et que bonté.

*

Je vis en exil chez les hommes,
et d'eux seuls je suis en souci.

Suis-je indigne d'entrer en moi?

*

J'ai peuplé de noms le silence,
j'ai dépécé cœur et esprit
pour m'enchainer aux mots

Et je règne sur les fantômes.

*

Feuilles sèches, âme qui s'en va
de-ci de-là…

Non, je hais le vent, et sa voix
de bête immémoriale.

*

O mon Dieu, tous ceux qui t'implorent
ne connaissent plus que ton nom.

HYMNE AN DIE BARMHERZIGKEIT – Ich bin ein verwundeter Mensch. // Ich hätte es nötig zu fliehen / dorthin, wo du anhörst, / Barmherzigkeit, den einsamen Menschen. // Ich habe nur Hochmut und Güte * Ich lebe in der Verbannung unter den Menschen, / und ihretwegen bin ich in Sorge. // Bin ich unwürdig, in mich einzutreten? * Ich hab mit Namen die Stille bevölkert, / ich hab Herz und Geist zerstückelt, / um mich an die Worte zu fesseln // Und ich herrsche über die Wahnbilder. * Trockene Blätter, Seele, die fortgeht / von hier von dort… // Nein, ich hasse den Wind, und seine Stimme / unvordenklicher Bestie. * Oh mein Gott, all jene, die zu dir flehen, / kennen nur noch deinen Namen.

Toi qui m'as chassé de la vie,
me chasseras-tu de la mort?

L'homme n'est-il même plus
digne d'espérer?

Périsse le monde, si tu te penches
au balcon bleu du paradis.

*

Tarie la source du remords?

Qu'importe le péché, s'il ne mène
à la pureté.

*

La chair se rappelle à peine
qu'elle était forte jadis,
la vieille âme est vague et folle.

Dieu, regarde notre faiblesse.

*

Nous voulons quelque certitude.

Tu ne ris même plus de nous?

Et plains-nous donc, cruauté,
nous voulons souffrir et chanter.

*

Je n'en peux plus, d'être muré
dans un désir sans amour.

Montre-nous donc quelques traces
de justice.

Du, der du mich vom Leben verjagt hast, / wirst du mich vom Tod verjagen? // Ist der Mensch nicht einmal mehr würdig zu hoffen? // Die Welt gehe zugrunde, falls du dich herabneigst / auf dem blauen Balkon des Paradieses. * Trocknet aus die Quelle der Reue? // Was bedeutet noch die Sünde, wenn sie nicht / zur Reinheit führt. * Das Fleisch erinnert sich kaum, / daß es stark war einst, / die alte Seele ist vage und toll. // Gott, sieh an unsere Schwachheit. * Wir wollen etwas Gewißheit. // Lachst du nicht einmal mehr über uns? // Und bedaure uns also, Grausamkeit, / wir wollen leiden und singen. * Ich ertrage es nicht mehr, eingemauert zu sein / in ein Verlangen ohne Liebe. // Zeige uns also ein paar Spuren / von Gerechtigkeit.

Où sont les lois? quelle est ta loi?
Et foudroie nos pauvres émois.

*

Accorde-moi le silence,
délivre-moi de l'inquiétude.

Je suis las de chanter sans voix.

Veux-tu m'apprendre à prier?

*

*   *

Et toi, chair mélancolique

Où jadis pullulait la joie.

Œil mi-clos de l'éveil las,
rêves-tu, âme trop mûre,
d'un nid de terre?

*

Le chemin des morts est en nous.

Nous sommes le fleuve des ombres.

Elles sont le grain qui éclate dans nos rêves,
elles ont la légèreté des vues lointaines.

La seule distance qui nous reste nous vient d'elles.

Leur ombre alourdit nos mots.

*

Wo sind die Gesetze? welches ist dein Gesetz? / Und zerschmettere unsere
armseligen Erregungen. * Gewähre mir das Schweigen, / Befrei mich von
der Unruhe. // Ich bin es müde, ohne Stimme zu singen. // Willst du mich
lehren zu beten? *** Und du, schwermütiges Fleisch // Wo einst die
Freude pulste. // Halbgeschlossenes Auge des müden Erwachens, / träumst
du, zu reife Seele, / von einem Erdnest? * Der Weg der Toten ist in uns. //
Wir sind der Strom der Schatten. // Sie sind das Korn, das aufbricht in
unseren Träumen, / sie haben die Leichtigkeit der weiten Blicke. // Die
einzige Entfernung, die uns bleibt, kommt uns von ihnen. // Ihr Schatten
macht schwer unsere Worte. *

Ne pouvons-nous espérer
qu'amas d'ombre?

N'es-tu qu'un songe,
Dieu?

Ma démence
plus claire l'enfante.

Il ne tremble pas au fil des paupières
comme les moineaux surgis
du secret des branches.

Il demeure et languit en nous,
plaie mystérieuse.

*

Nous perçons le réel
d'un fil de lumière
de plus en plus subtil.

Ne sais-tu plus éblouir
sans tuer?

Alors donne-nous
cette joie suprême.

*

Âme, pauvre âme, chair encore vorace
sous le tourment oblique...

Homme, morne univers,
tu crois élargir ton domaine
et sans cesse tes mains ne produisent
que bornes.

*

Können wir nur noch erhoffen / Haufen von Schatten? // Bist du nur ein
Traum, / Gott? // Meine lichteste / Umnachtung gebiert ihn. // Er zittert
nicht am Rand der Lider / wie die Sperlinge aufgetaucht / aus dem Ge-
heimnis der Zweige. // Er wohnt und siecht in uns, / geheimnisvolle
Wunde. * Wir durchstechen die Wirklichkeit / mit einem immer feineren /
Faden aus Licht. / Weißt du nicht mehr zu blenden, / ohne zu töten? //
Dann gib uns diese höchste Freude. * Seele, arme Seele, Fleisch noch
gefräßig / unter der versteckten Qual... // Mensch, eintöniges Univer-
sum, / du glaubst dein Gut zu erweitern / und unablässig bringen deine
Hände / nur Grenzen hervor. *

Suspendue sur l'abîme
à un fil toujours plus frêle,
elle ne craint tour à tour
et ne charme,
âme bercée, âme perdue,
que son cri.

*

Pour réparer l'usure,
nous dressons des tombeaux,
et pour te penser, Eternel,
nous n'avons que blasphèmes.

PRIÈRE

Que le monde avant l'homme
devait paraître doux.

J'ai osé inventer
et me nommer le monde.

L'homme en tire les démons,
mes créatures, qui me traquent
et qui m'attirent.

Homme, gerbe de reflets séditieux,
livre-toi à l'Être, pleure.

Je reconnais ma petitesse.

De ce qui passe à ce qui dure,
rétablis le rapport, Dieu,
songe immobile.

Egale à l'aile d'abeille
morte, que traîne une fourmi,
énorme est le poids de ma vie.

Aufgehängt über dem Abgrund / an einem immer zarteren Faden, / fürchtet sie und bezaubert abwechselnd, / gewiegte Seele, verlorene Seele, / nur ihren Schrei. * Um den Verschleiß auszubessern, / errichten wir Gräber, / und um dich zu denken, Ewiger, / haben wir nur Lästerungen.

GEBET – Wie mußte die Welt vor dem Menschen / süß erscheinen. // Ich habe gewagt zu erfinden / und mich zu nennen die Welt. // Der Mensch holt aus ihr die Dämonen, / meine Geschöpfe, die mich verfolgen / und die mich anziehen. // Mensch, Garbe rebellischer Reflexe, / liefere dich Gott aus, weine. // Ich erkenne meine Kleinheit. // Vom Vorüber-gehenden zum Dauerhaften / stelle die Beziehung wieder her, Gott, / unbewegter Traum. // Wie der Flügel einer toten / Biene, den eine Ameise schleppt, / ist gewaltig das Gewicht meines Lebens. //

Sois la mesure, sois le mystère.

Amour, amour, purifiant amour,

Dieu, fais encore que la chair
trompeuse soit l'échelle du salut.

Je voudrais à nouveau
t'entendre dire
qu'en toi enfin anéanties
les âmes s'uniront et formeront, là-haut,
éternelle humanité,
ton sommeil heureux.

HYMNE À LA MORT

Je viens vers toi, nuit.

Dans le nid de l'eau vous tremblez,
mains impalpables, fleurs blondes.

Chemin léger, onde sans bruit,
j'aurai tes regards oublieux.

J'ai quitté mon cœur,
perdu la pensée...

Tu m'as, comme un dieu,
libre dans tes bras.

TROIS NOTES

I
J'ai attendu votre lever,
et vous baignez enfin de rouge et de bleu
ma main qui se tend.

Sei das Maß, sei das Mysterium. // Liebe, Liebe, reinigende Liebe, //
Gott, laß noch einmal das trügerische / Fleisch die Stufenleiter des Heils
sein. // Ich möchte von neuem / dich sagen hören, / daß in dir endlich
vernichtet / die Seelen sich vereinen und bilden werden, dort oben, /
ewige Menschheit, / deinen glücklichen Schlaf.

HYMNE AN DEN TOD – Ich komme dir entgegen, Nacht. // Im Nest
des Wassers zittert ihr, / unfühlbare Hände, blonde Blüten. // Leichter
Weg, geräuschlose Woge, / deine vergeßlichen Blicke werde ich haben. //
Ich habe mein Herz verlassen, / verloren das Denken... // Du hast mich,
gottgleich, / frei in deinen Armen.

DREI NOTEN – I Ich habe euer Sicherheben erwartet, / und ihr badet
endlich in Rot und in Blau / meine Hand, die sich ausstreckt.

Ciel, couleurs d'amour,
votre enfant ce matin
tient à la main la plus belle
rose rêvée.

II
Vieilli sur les routes du soir,
je m'étendais sur l'herbe sombre,
et je goûtais ce désir sans fin,
cri trouble et ailé
que retient une lumière,
quand elle se meurt.

III
L'été a tout brûlé,
mais le coquelicot retrouve
son sang dans l'ombre,
et voix de lune
est la voix qui s'égrène,
et la tristesse de l'homme
n'est qu'un roseau,
l'oreille au guet,
mais il est sans crainte et sans pitié.

CAÏN
Le Roseau d'or, Quatrième série, Neuvième Numéro de
Chroniques, Paris (Librairie Plon) 1930

Il court d'un pied léger
Sur le sable fabuleux.

Berger des loups, tes dents
Ont la lueur brève
Qui perce nos cœurs.

Himmel, Farben von Liebe, / euer Kind hält heute morgen / in der Hand
die schönste / geträumte Rose.
II Gealtert auf den Straßen des Abends, / streckte ich mich aus auf dem
dunklen Gras, / und ich genoß dieses Verlangen ohne Ende, / trüber und
beschwingter Schrei, / den ein Licht zurückhält, / wenn es stirbt.
III Der Sommer hat alles verbrannt, / doch der Mohn findet wieder /
sein Blut im Schatten, / und Mondstimme / ist die Stimme, die bricht, /
und die Traurigkeit des Menschen / ist nur ein Schilfrohr, / gespitztes
Ohr, / doch er ist ohne Furcht und ohne Erbarmen.

KAIN – Er läuft mit leichtem Fuß / Über den sagenhaften Sand. // Hirte
der Wölfe, deine Zähne / Haben das kurze Licht / Das unsere Herzen
durchsticht.

Râle des forêts, crainte, élans,
Et cette main,
Qui casse comme paille les vieux chênes,
Est-ce moi, Caïn,
Ce cœur dévoré?

Est-ce toi, enfant d'ennui,
Cette ombre jeune qui tombe sur mes yeux?

Et quand l'heure est plus sombre
Mon frère tumultueux,
Ce corps rieur parmi les arbres charmés,
Est-ce toi, dont j'ai faim?

De son regard, à sa lèvre, à ses joues,
Une joie court blonde et bleue.

Quand ma vie éclate déjà de désir,
Plus vif qu'un lézard
Le temps change
Et tourne, ombrageux.

Du même pas qui me jette vers elle,
Elle me fuit.

*

A l'ombre ancienne de l'olivier,
Comme une source craintive,
Que ne puis-je m'endormir?

Dans le matin encore secret
Que ne puis-je t'accueillir
D'une onde apaisée?

*

Röcheln des Waldes, Furcht, Aufschwünge, / Und diese Hand, / Die wie Stroh die alten Eichen zerbricht, / Bin ich, Kain, / Dieses zerfressene Herz? // Bist du, Kind des Überdrusses, / Dieser junge Schatten, der auf meine Augen fällt? // Und wenn die Stunde dunkler ist / Mein stürmischer Bruder, / Dieser heitere Körper zwischen den verzauberten Bäumen, / Bist du's, nach dem ich hungere? // Von seinem Blick zu seiner Lippe, zu seinen Wangen / Läuft eine blonde und blaue Freude. // Wenn mein Leben schon vor Verlangen platzt, / Wechselt lebhafter als eine Eidechse / Das Wetter / Und läuft herum, mißtrauisch. // Mit demselben Schritt, der mich ihr entgegenschleudert, / Flieht sie mich. * Könnte ich nicht im alten Schatten des Olivenbaums / Wie eine furchtsame Quelle / Einschlafen? // Könnte ich nicht im noch geheimen Morgen / Dich empfangen / Mit einer beruhigten Woge? *

Mais au premier flot du matin
Tes yeux m'ont quitté.

Et la mémoire qui ne t'a point suivie,
Est-elle nourrice d'ennui?

Ne puis-je donc quitter mon âme,
Voir clair dans la nuit de mes veines!

Mémoire, mémoire, incessante,

Aucun vent n'emporte ta pluie de poussière!

＊

Oh! si mes yeux devenaient innocents,
Ils verraient un printemps sans déclin.

Au-delà de Caïn, je verrais la colombe

Venue du jardin éternel.

＊

Tu seras fidèle, mémoire enfin neuve,

Et ma voix se mêle au chant pur.

Doch in der ersten Woge des Morgens / Haben deine Augen mich ver-
lassen. // Und das Gedächtnis, das dir keineswegs gefolgt ist, / Ist es
Amme von Überdruß? // Ich könnte also nicht meine Seele verlassen, /
Klar sehen in der Nacht meiner Adern! // Gedächtnis, stetiges Gedächt-
nis, // Kein Wind nimmt mit sich deinen Regen von Staub! ＊ Oh! würden
meine Augen unschuldig, / Sie sähen einen Frühling ohne Neige. // Jen-
seits von Kain sähe ich die Taube // Gekommen vom ewigen Garten. ＊
Du wärest treu, endlich neues Gedächtnis, // Und meine Stimme mischt
sich in den reinen Gesang.

DEUX HYMNES

Si tu revenais encore vers moi vivant,
La main tendue, mon frère,
Je pourrai, de nouveau dans l'oubli,
Saisir ta main...
Mais à présent, ce qui de toi m'entoure,
N'est que rêves, songes, feux du passé...
La mémoire, hélas, déroule les seules images,
Et moi-même je ne suis déjà plus à moi-même
Que le néant des pensées qui me consument...

*

J'ai tout perdu, hélas, de mon enfance
Et jamais, jamais plus je ne pourrai, fou de joie,
M'oublier dans un cri...

J'ai enterré mon enfance au fond des nuits...
Son épée qui flamboie, cruelle à présent dans ma vie,
Me retranche de tout...

De moi, frère, je me souviens qui t'aimais,
Et dans la gorge je garde, seul héritage à jamais,
Un rocher de cris...

Rome, Décembre XV (1936)

ZWEI HYMNEN – Kämst du wieder mir entgegen, lebend, / Die Hand ausgestreckt, mein Bruder, / Könnte ich, von neuem im Vergessen, / Deine Hand ergreifen... / Doch was mich jetzt von dir umgibt, / Sind nur Träume, Chimären, Feuer der Vergangenheit... / Das Gedächtnis, ach, entwickelt nur die Bilder, / Und ich selbst bin schon nicht mehr für mich selbst / Als das Nichts der Gedanken, die mich verzehren...
Ich habe alles verloren, ach, von meiner Kindheit / Und niemals, niemals mehr werde ich, verrückt vor Freude, / Mich verlieren können in einem Schrei... // Ich habe meine Kindheit begraben auf dem Grund der Nächte... / Ihr Schwert, das aufflammt, grausam jetzt in meinem Leben, / Schneidet mich von allem ab... // Meiner, Bruder, erinnere ich mich, der ich dich liebte, / Und in der Kehle bewahre ich, einziges Erbe für immer, / Einen Fels von Schreien...

Rom, 15. Dezember 1936

ANMERKUNGEN

SENTIMENTO DEL TEMPO

Der *Sentimento del tempo* ist Ungarettis zweiter Gedichtband, der in langsamer «Destillation» zwischen 1920 und 1933 heranreift. Er ist eng verbunden mit Rom, mit der römischen Landschaft des Latium und entspricht Ungarettis zweiter «stagione poetica»; er ist, vor allem im ersten Teil, das Buch des Sommers und der Liebe. Nach den Jahren in Paris (1912–1914 und 1918–1920) sowie dem zwischen diesen beiden Pariser Perioden liegenden Ersten Weltkrieg, in dem an der Kriegsfront in Italien wesentliche Teile des ersten Gedichtbandes *L'Allegria* entstanden sind, zieht der Wüstensohn Ungaretti, der erst mit 24 Jahren zum ersten Mal europäischen Boden betrat, endgültig nach Italien und läßt sich 1921, nach seiner Heirat mit der Französin Jeanne Dupoix im Juni 1920, in Rom nieder. Dort erlebt er mit seiner Familie trotz erheblicher finanzieller Sorgen und Nöte eine sehr glückliche Zeit: in Rom werden seine beiden Kinder geboren – 1925 seine Tochter Ninon, 1930 sein Sohn Antonietto. Rom ist aber auch die Stadt, die Ungaretti zunächst außerordentlich fremd ist, und die er nicht ohne Schwierigkeiten in geduldigem Bemühen allmählich zu seiner Stadt macht, ein langer, mühsamer Prozeß, der eng verbunden ist mit der Entdeckung und Anverwandlung des Barock über das Schlüsselerlebnis der Kunst Michelangelos (cf. hierzu Ungarettis Ausführungen zum *Sentimento del tempo* im folgenden S. 281 ff.). Dies prägt vor allem den zweiten Teil des *Sentimento*, dessen Gedichte darüber hinaus auch von einem Zurückfinden zum Glauben, von einer starken religiösen Erfahrung gekennzeichnet sind (insbesondere in den «Inni»; cf. hierzu die Ausführungen zu dieser Sektion S. 323 ff.).

Der erste Teil des *Sentimento* jedoch (vor allem die 2. und 3. Sektion «La Fine di Crono» und «Sogni e Accordi») enthält Gedichte des Sommers und der Liebe, die die römische Landschaft zum Thema haben unter starker Einbeziehung mythologischer Elemente, die von nun an eine große Rolle in Ungarettis Lyrik spielen werden (insbesondere neben dem *Sentimento* in dem Gedichtband *La Terra Promessa*, der erstmals 1951 erscheint, dessen Anfänge aber ins Jahr 1935 zurückreichen). Diese mythologischen Elemente treten im zweiten Teil des *Sentimento* zugunsten einer stärker religiös geprägten Thematik zurück. Die Gedichte des ersten Teils sind Sommergedichte, sie beschreiben Sommerlandschaften; Ungaretti sagt in seinem Kommentar zum *Sentimento*, daß der Sommer damals ‹seine› Jahreszeit gewesen sei; darüber hinaus ist der Sommer für ihn auch «die Jahreszeit des Barock» (cf. Ungarettis Ausführungen zum *Sentimento del tempo*, S. 282). Die Landschaft ist die römische Campagna, in seinen Kurzkommentaren zu diesen Gedichten verweist Ungaretti immer wieder auf die Villa Gregoriana, Tivoli, den Wald von Marino, den See von Albano, die Villa Adriana (cf. die Anm. zu den einzelnen Gedichten). Die römische Landschaft, Latium, führte ihn auch ganz natürlich zu den antiken Mythen, die ihm, wie er selbst bekennt, halfen, seine Gemütszustände auf das Natürlichste zum Ausdruck zu bringen. Die Bedeutung der antiken Mythologie in diesem ersten Teil des *Sentimento* wird schon an den Titeln vieler Gedichte deutlich, wie «Apollo», Nascita d'aurora», «Giunone», «Fine di Crono», «Leda»; in seinem geplanten und nur teilweise ausgeführten «Poemetto» «La morte di Crono» bzw. «La fine di Crono», von dem Fragmente unter dem Titel «Appunti per una poesia» 1925 in der französischen Zeitschrift *Commerce* erschienen sind, hatte Ungaretti neben einem ‹Chor› auch mythologische Personen wie ‹Clio› und ‹Eco› als Sprecher eingeführt (cf. die Ausführungen zu der Sektion «La fine di Crono», S. 307 ff.).

Der *Sentimento del tempo* markiert darüber hinaus auch eine ganz entscheidende Veränderung in Ungarettis Stil. Der knappe lakonische Stil der *Allegria*-Gedichte verändert sich im *Sentimento* zugunsten klassischer Versmaße und größerer lyrischer Formen. Klassische italienische Versmaße wie der Elfsilber tauchen jetzt in Ungarettis Lyrik auf, er liest die klassischen Dichter wieder wie Jacopone, Dante, Petrarca, Leopardi (die beiden letzteren damals nach eigener Aussage seine Lieblingsdichter) und andere. Bei ihnen lauscht er vor allem dem *Gesang* ihrer Dichtung nach, auf der Suche nach dem italienischen Gesang in seiner Konstanz durch die Jahrhunderte. Nicht zufällig tragen seine Gedichte immer wieder Titel wie «Canto», «Cantetto», «Canzone», auch «Coro» (cf. die «Cori descrittivi di stati d'animo di Didone» [teilweise übrigens vertont von Luigi Nono] der *Terra Promessa* oder die «Ultimi cori per la terra promessa» des *Taccuino del Vecchio*). Eine ausgeprägte musikalische Spannung kennzeichnet auch bereits die oft extrem kurzen Verse der *Allegria*, die sich teilweise mittels Enjambement zu Elfsilbern, Neunsilbern, Siebensilbern oder Fünfsilbern zusammenschließen (cf. hierzu Leone Piccioni in seiner Einleitung zu der Anthologie *Per conoscere Ungaretti*, S. 25/26, sowie Giuseppe De Robertis, «Sulla formazione della poesia di Ungaretti», in: *Vita d'un uomo – Tutte le poesie* [1969], S. 405–421, aus dem Jahr 1945, ursprünglich der Einleitungsessay des Bandes *Poesie disperse*, der erstmals die Varianten zu den Gedichten der *Allegria* und des *Sentimento* publizierte). In den Gedichten des *Sentimento* fügen sich die klassischen Versmaße wie der Elfsilber nun «wieder auf normale Weise zusammen: das heißt, die Wörter ordneten sich nicht untereinander oder getrennt durch Inseln des Schweigens, sondern nebeneinander.» (Cf. Ungarettis Bemerkungen zum *Sentimento* und zum Elfsilber im folgenden S. 290).

In der «Ausgabe letzter Hand» *Vita d'un uomo – Tutte le poesie* von 1969 im Verlag Mondadori, die er noch selbst mitgestaltete und beaufsichtigte, hat Ungaretti seinen meist sehr knappen Anmerkungen zu einer Reihe von Gedichten des *Sentimento del tempo* (S. 536–540; eingearbeitet in deutscher Übersetzung in die folgenden Anmerkungen zu den einzelnen Gedichten) einen längeren Kommentar zu seinem zweiten Gedichtband vorangestellt. Es handelt sich hierbei um eine weitgehend wörtliche «Rückübersetzung» ins Italienische von Ausführungen zum *Sentimento* im Verlauf einer Reihe von Gesprächen, die er 1953 mit Jean Amrouche im französischen Rundfunk führte. Verblüffend ist bei näherem Zusehen, mit welcher Selbstverständlichkeit Ungaretti dabei immer wieder auch

Jean Amrouches Gesprächsbeiträge bruchlos in seinen eigenen neuen
italienischen Diskurs aus dem Französischen übernimmt und integriert
(die Rundfunkgespräche waren 1969 noch nicht veröffentlicht, sie wurden
erst 1972 von Philippe Jaccottet unter dem Titel *Propos improvisés* bei Galli-
mard herausgegeben; die dem italienischen Kommentar zum *Sentimento*
zugrundeliegenden französischen Passagen finden sich dort S. 92–115):

Zeitgefühl

Was die Tradition anbelangt – da nun auch der Zeitpunkt gekommen ist,
wo wir uns mit ihr zu befassen haben –, so handelte es sich um eine schritt-
weise Eroberung ihrer Wertsetzungen über all die Jahre hinweg, in denen
die – wenn das Wort hier gestattet ist – überaus langwierige «Destillation»
meines *Zeitgefühls* ihren Anfang nimmt.

Zum Zeitpunkt meiner Ankunft in Rom, wo ich vorhatte, mich nieder-
zulassen, hatte ich mich bereits in Europa umgesehen, und damals war
Rom noch anders. Zuletzt sollte es tatsächlich «meine» Stadt werden,
aber gerade erst angekommen, machte die Stadt auf mich den Eindruck,
als würde ich mich nie an sie gewöhnen können. Ihre Denkmäler, ihre
Geschichte, all das, was sie vielleicht oder ganz bestimmt sogar an «Gro-
ßem» besaß, hatte absolut nichts Vertrautes für mich. Erst als ich soweit
war, begreifen zu können, was das Barock ist, oder, anders gesagt, was es
mit dem Barock auf sich hat und was ihm im Innersten zugrundeliegt,
erst da wurde die Stadt zu meiner Stadt. Auf dessen Grundlagen näm-
lich basiert auch Rom: es ist eine durch und durch barocke Stadt. Und
die Schwierigkeiten, die ich anfänglich zu überwinden hatte, lagen darin,
daß ich zu erkennen suchte, inwiefern es in dieser Stadt so etwas wie eine
Einheit geben könnte. Ein Großer, Michelangelo nämlich, hat mir den
Weg dahin gewiesen: denn er ist derjenige, dem das römische Barock sein
Dasein verdankt. Bei den Thermen des Diokletian, der Kirche Santa
Maria degli Angeli, dem Kapitol mit dem Tarpejischen Felsen wie auch
beim *Jüngsten Gericht* der Sixtinischen Kapelle haben wir es mit Werken zu
tun, in denen Michelangelo alles zusammenmengt – wo er die Natur und
Platon und die Plotin-Schüler seiner eigenen Zeit hineinmengt, voll Ver-
zweiflung Christus gewahr wird und, zur gleichen Zeit und mit derselben
Verzweiflung, auch das Fleisch: dergleichen Elemente, die noch in ihrer
Verschmelzung eine beständige Wunde, einen bleibenden Riß vergegen-
wärtigen, hat Michelangelo in seinem Werk zusammengeschmolzen. Und
von Stund an, seitdem sein Erdenaufenthalt dort an sein Ende kam, lassen
sie sich überall in Rom wieder ausfindig machen.

Der Schmerzensmann* ist der tiefversunken über Gerechtigkeit und Er-
barmen meditierende Mensch – absoluter Widerspruch, Dialektik der
Gegensätze. Die furchterregende Gerechtigkeit des *Jüngsten Gerichts* der
Sixtinischen Kapelle wird durch die *Pietà*-Skulpturen herausgefordert,

* «Uomo di pena» nennt sich Ungaretti im Gedicht «Pellegrinaggio»
(‹Wallfahrt›) des Zyklus *L'Allegria (Die Freude)*; cf. auch Ungarettis Anm.
zu diesem Zyklus in Bd. 1 dieser Ausgabe, in deren Kontext der hier ab-
gedruckte Text gehört [Anm. d. Ü.]

die in eben jener äußersten Gebärde selbst ihren Ausdruck finden, in der
LEIDEN und KREUZIGUNG des menschgewordenen GOTTES-
SOHNES oder, wenn man so will, des aus unverdientem, bereitwillig hin-
genommenem Leiden zu GOTT erhöhten Menschensohnes Bestätigung
finden. Durch Christus, Gott und Mensch, Richter und Opfer zugleich,
geschieht es, daß in dem unermeßlichen Geheimnis, mittels dessen Gott
sich zugleich enthüllt und verbirgt, Gerechtigkeit und Erbarmen zwei
Lesarten ein und desselben göttlichen Textes sind.

Michelangelo hat mir also das Geheimnis des Barock offenbart: kein ab-
straktes Wissen, das sich in logischen Propositionen definieren ließe; ein
Geheimnis vielmehr, das mit dem inneren Leben zusammenhängt. Und
– wenn überhaupt – so sollte es gerade die innigste Vertrautheit sein im
Umgang mit eben jenem Barock, das mir kurz zuvor noch so fremd ge-
wesen war, die mich dazu gebracht hat, mich mit all dem Differenten, den
inneren Spannungen, dem Beigebrachten abzufinden, das mit seinem
eigensten Wesen zu verschmelzen der Mensch imstande sein kann. Im
Laufe der Jahre, bis 1932, nimmt meine Dichtung hauptsächlich bei der
Betrachtung der Landschaft Gestalt an: beim Betrachten von Rom im
Wandel der Jahreszeiten, von Rom oder der römischen Campagna. Wer
die Gedichte des *Zeitgefühls* nach und nach durchgeht, wird merken, daß
fast alle Gedichte des ersten Teils Sommerlandschaften beschreiben;
damals war der Sommer meine Jahreszeit. Ich liebte ihn, liebe ihn noch
immer, aber aus meinen Gliedern hat er sich zurückgezogen, und er ge-
hört nicht mehr zu mir. Lauter Sommerlandschaften: maßlos ungestüm,
in reiner Luft, mit den Wesensmerkmalen des Barock versehen, die ich
mir angeeignet hatte: denn schließlich ist der Sommer die Jahreszeit des
Barock. Das Barock ist etwas, das in die Luft gegangen ist, sich in tausend
Bröckchen aufgebröselt hat: etwas Neues, aus jenen Bröckchen neu Zu-
sammengesetztes, das erneut zu Unversehrtheit, zum Wahren findet. Der
Sommer macht das gleiche wie das Barock: er zerstückelt, und er macht
wieder ganz. Später erst, mit dem *Verheißenen Land*, werden auch die
Herbste zur Sprache kommen, und wenn es hier und dort in den Gedich-
ten – in *Kein Gewicht mehr* beispielsweise – noch Anklänge an den Frühling
gibt, so sind dies Ausnahmen – damals zählte nur der Sommer. In jenen
Jahren gelang es mir nur dann, die Natur festzuhalten, wenn sie der Sonne
ausgeliefert war und den Travertin ausbrannte, den Stein, mit dem Rom
erbaut worden ist, der den Jahreszeiten folgt und sie verkörpert; ein
Stein, der im Sommer entsetzlich ausgelaugt ist. Dann, im Herbst, fängt
er Feuer, und wenn der Winter da ist, wird er stumpf. Ein äußerst wand-
lungsfähiger Stein, je nach Lichteinwirkung: in mondlosen Nächten
macht er den Eindruck eines Kupferstichs. Ein lebendiger Stein, und die
Wesensmerkmale dieses Steins waren mir ungleich vertrauter als die Rui-
nen oder die Umrisse der Bauwerke; vertrauter als die Geschichte mit
ihren Monumenten.

Als ich mich an die Arbeit am *Zeitgefühl* machte, hatte ich zwei Lieblings-
dichter: Leopardi (immer noch) und Petrarca. Was mir diese beiden
Dichter bedeuten konnten? – Leopardi hat in seiner Dichtung voller Ver-
zweiflung einer Untergangsstimmung Raum verschafft; er spürte, daß
die Lebensdauer einer bestimmten Kulturepoche – der Kulturepoche, der

er sich verbunden fühlte – an ihrem Endpunkt angelangt war: an dem Punkt, wo eine Kulturform im Begriff ist, sich von Kopf bis Fuß umzugestalten. Irgend etwas ging zu Ende und mit ihm, im gleichen Zeitraum, verschwanden auch Formen. Eine Sprache nahm Kenntnis von ihrem eigenen Alterungsprozeß.

Petrarca hatte sich in einer anderen Lage befunden; er fand sich einer antiken – klassischen – Literatur gegenüber, die es, um lebenden Sprachen Wurzeln zu verschaffen, in deren Bewegtheit einzupflanzen galt. Es handelte sich nicht darum, zu einer geschichtlichen Kontinuität zurückzufinden, sondern ganz einfach eine neue Sprache auf bewährtem Terrain zu verankern. Die Ausrichtung war hier eine andere: Petrarca fand sich – und nur so ist zu verstehen, wie Rom es fertigbrachte, meine Stadt zu werden – in Gegenwart von Ruinen, und sein Gedächtnis, das Gedächtnis eines Mannes, den es durch eine Wieder-Inbesitznahme antiker Welterfahrung aufklären wollte, dieses Gedächtnis hatte ihm nichts von jenem Antiken mehr zu bieten als nur Ruinen, verstümmelte Teilaspekte.

Als Leopardi das Gefühl des kulturellen Niedergangs für sich akquiriert, ist das, was er vor Augen hat, etwas, dessen Schwungkraft im Laufe seiner Selbsterneuerung stufenweise immer nur an Energie verloren hat. Auf der einen Seite also eine Dichtung, die die Auswirkung von Verstümmelung ist, und ihr gegenüber eine Dichtung, die die Auswirkung des Wissens darum ist, daß die von dieser Verstümmelung ausgehende Erneuerung authentisch war und einem Zustand Vorschub geleistet hatte, der sich nur unter beständigem Energieverlust und mit Richtung auf den Tod erneuert haben würde. Das war es, was ich bei der Betrachtung Roms lernte, wo derartige Gefühlsstimmungen in den Ruinen wie auch in den erinnerungsträchtigen Bauwerken gegenwärtig waren und spürbar bezeugten, daß so viele Dinge vergangen bzw. immer mehr am Absterben waren.

Im *Zeitgefühl* findet sich eine geradezu systematische Rückwendung zur Mythologie, die in der *Freude* in keiner Weise hätte existent sein können. Zwar werden im zweiten Teil des *Zeitgefühls* keine Apollos oder Junos mehr vorkommen, aber da ich nun einmal in Rom, in Latium lebte, wie hätte es da angehen sollen, daß mir die Mythen, die antiken Mythen, nicht vertraut geworden wären? Ich begegnete ihnen unablässig auf Schritt und Tritt, und wo es darum ging, meine Gemütszustände aufs Natürlichste zur Darstellung zu bringen, da kamen sie mir zu Hilfe. Sie waren nichts weiter als Stichwörter aus dem Wörterbuch, eigens herbeigeeilt, die Phantasmen heraufzubeschwören, die mir in der Stadt, in der ich lebte, so häufig erschienen. Es handelte sich nicht um rhetorische Figuren, sondern um eine Art von Aneignung der Mythen, die mir dann so vertraut wurden, daß sie mich dazu brachten, ein Gedicht wie *Juno* zu schreiben, wo sich wer weiß was für eine erotische Rückbesinnung verbirgt. Man muß das Barock auch von seiner metaphysischen bzw. religiösen Seite her betrachten, in seinem Verhältnis zum Menschen also, der gleichzeitig der begeisterten Feier seiner phantastischen schöpferischen Unfehlbarkeit und dem Gefühl für das Heikle der eigenen Lage preisgegeben ist. Beide Aspekte sind Grundbedingungen des Lebens: Schöpfung und Zerstörung, Leben und Tod. Was anderes konnte Dichtung schon sein, als die unerschöpfliche und niemals zur Auflösung gelangende

Suche nach dem Grund für all dies? Jedenfalls neigte meine Dichtung über der kontemplierenden Betrachtung des Barock nach und nach dazu, sich dem Problem des Glaubens zuzuwenden.

Tatsächlich ist das *Zeitgefühl* ein Buch, das sich in zwei Momente zerlegen läßt. Zuerst ist es die Inbesitznahme einer Stadt, die ich deshalb erst zur meinen machen mußte, weil meine Geburtsstadt eine fremdländische Stadt ist; und dazu sollte Rom vor allem dadurch werden, daß es sich im Wandel seiner Jahreszeiten und, mehr noch, in der Übermacht seiner Sommer meinem Gefühlsleben anverwandelte. Es gibt dann einen zweiten Teil im *Zeitgefühl*, und auch hier steht Rom noch im Zentrum meines Nachdenkens. Rom wird in meiner Dichtung zu der Stadt, in der meine religiöse Erfahrung sich mit einem unerwarteten Initiationscharakter versehen findet. Sicher, im Grunde ist natürlich meine ganze Dichtung von Anfang an religiös. Ich hatte schon immer über die Probleme des Menschen und sein Verhältnis zum Ewigen, über die Probleme des Vergänglichen und der Geschichte nachgedacht; infolge der schlimmen Krise, mit der wir uns herumzuschlagen haben, bin ich dann erneut darauf zurückgekommen, über die gleichen Probleme einmal mehr und gründlicher nachzudenken. Und auch hierbei sollte mir das Barock behilflich sein.

Eine Stadt wie Rom war in all den Jahren, während derer ich am *Zeitgefühl* schrieb, eine Stadt, in der man noch ein Gefühl für das Ewige haben konnte, und beim Anblick gewisser antiker Überreste will es einen selbst heute nicht aus dem Sinn gehen. In Gegenwart des Kolosseums, dieses übergroßen Tamburins mit seinen blicklosen Augenhöhlen, überkommt einen ein Gefühl von Leere – in Rom hat man das Gefühl von Leere. Und ist nur natürlich, daß man, wo man dieses Gefühl von Leere verspürt, gleichzeitig Grauen vor der Leere empfindet. Diese Anhäufung von Einzelteilen, die aus allen Himmelsrichtungen zusammengekommen sind, um nur ja das kleinste Bißchen an Platz, Freiraum zu belassen, um ja alles auszufüllen, um ja nichts, aber auch gar nichts an Freiem übrigzulassen. Von jenem Grauen vor der Leere ist in Rom unendlich viel mehr zu verspüren als in irgendeinem anderen Teil der Erde – selbst in der Wüste nicht, davon bin ich überzeugt: denn was aus dem Horror vacui hervorgeht, ist nicht die Notwendigkeit, den Raum mit einem beliebigen Grundstoff vollständig wiederauszufüllen, sondern das ganze Drama der Kunst Michelangelos.

Als ich oben sagte, daß das Barock das Gefühl von Leere hervorruft bzw. daß die Ästhetik des römischen Barock vom Grauen vor der Leere ihren Anstoß bekommen hatte, da führte ich das Kolosseum an. Ich fürchte, ich habe mich dabei nicht klar ausgedrückt. Das barocke Grauen rührt von der unerträglichen Vorstellung eines seelenlosen Körpers her – ein Skelett ruft Grauen vor der Leere hervor.

Wenn Michelangelo in seinem letzten Werk, der *Pietà Rondanini*, Christus darstellt, so ist dieser Christus ein unbeseelter, leerer Körper, und alles, was Michelangelo in einer solchen Auswirkung der Gerechtigkeit zu erkennen vermag, ist Grauen. Für ihn ist die *Pietà* nicht in der MUTTER zu sehen, die ihr Kind, koste es was es wolle, wieder zum Leben erwecken möchte. Die *Apokalypse* hatte ihm Christus als den Richter ausgewiesen, und er stellte ihn in einer Auslegung heiliger Schriften dar. Es war die Idee des furchterregenden Christus, die der Gedanke des Todes ihm nahelegte. Michelangelo brachte es nicht fertig, den Tod zuzulassen, und auch kein anderer der großen Künstler, die nach ihm kommen sollten, wird dazu in der Lage sein. Der Gedanke der Wiederauferstehung ist ein Gedanke, den man sich schwerlich wird zu eigen machen können. Michelangelo war ein guter Christ, aber ... – War Michelangelo wahrhaftig ein Christ? Eine Frage, die keiner wird beantworten können; LEERE und Raum sind alles andere als identische Begriffe. In jedweder Form beispielsweise, derer sich der Mensch mithilfe von Dichtung, Architektur oder Malerei bemächtigt haben mag, noch im Innern der Form also, die er erfunden und ausgebildet hat, gibt es stets eine Art Abgrund, der ihn anzieht. Immer gibt es in seinem Werk, wie in ihm selbst auch, eine Abwesenheit, und jene Abwesenheit erzeugt Schwindelgefühle und Erschrecken. Und der Mensch, der Mensch antwortet auf diesen Taumel, der sozusagen die materielle, räumliche Definition der Abwesenheit von Sein ist, seinerseits mit einer fieberhaften Aktionsbereitschaft, und zwar insbesondere was sein Tun als Dichter, als Künstler anbelangt. Tatsächlich denke ich hierbei an Petrarca. Petrarca geht aus vom Gedanken der Abwesenheit: Laura ist ein abwesendes Universum: ein Universum, das erst wiedererlangt werden muß. Man erreicht dies im Rückgriff auf die Dichtung, indem man unsere Sprachen die Erfahrung der antiken, klassischen Sprachen wiedereinholen läßt. Doch Abwesenheit ist eine Sache, und Leere eine andere. Entweder es gibt eine lebendige Form, die abwesend ist, oder aber es gibt keine lebendige Form, nur Leere. Das macht einen Unterschied, es ist eine andere Art von Auffassung.

Vor kurzem war oben von der Leere die Rede, weil die Leere innerhalb der künstlerischen Inspiration mit Michelangelo – und dann auch im Barock, dessen Urheber Michelangelo ist – in Erscheinung tritt. An dieser Stelle soll dagegen der Gedanke der Abwesenheit genauer ausgeführt werden. Der Gedanke der Abwesenheit, wie Petrarca ihn entwirft, ist etwas ganz anderes, eine Welt, weit entfernt in Zeit und Raum, die im Blattwerk von Gefühl, Gedächtnis und Phantasie wieder hörbar lebendig wird. Vor allem ist er ein Aufbrechen der Finsternis des Gedächtnisses.

Der Eindruck einer radikalen Abwesenheit des Seins ist in Wirklichkeit vielleicht der Eindruck göttlicher Abwesenheit? Und nur Gott allein kann die Leere unterdrücken, ER, der das SEIN ist, ER, der die VOLLKOMMENHEIT ist? Das Gefühl der Abwesenheit Gottes in uns, das in jenem Grauen vor der Leere, in jenem Taumel, in jenem Entsetzen nicht auf symbolische Weise, sondern in Wirklichkeit vorstellig wird? Michelangelo und einige andere Menschen hatten im Italien des ausgehenden 15. Jahrhunderts bis hin zum 18. Jahrhundert jenes Gefühl des Grauens vor der Leere, d.h. des Grauens vor einer gottlosen Welt.

Das *Zeitgefühl* ist also gleichzeitig die unerbittliche Üppigkeit der Sonne, die Jahreszeit ungestümer Heftigkeit, und gleichzeitig auch, im zweiten Teil des Buches, das Eingeschlossensein des Menschen in seine eigene Gebrechlichkeit. Dieser Mensch, der ich bin: ein in seiner eigenen Freiheit Gefangener, weil er, wie jedes andere Lebewesen auch, mit der Sühne einer dunklen Schuld geschlagen ist, hat nicht umhin gekonnt, im *Zeit-*

gefühl – und genauso auch in jedem anderen Augenblick seiner Dichtung
bis zum heutigen Tag – die Gegenwart eines Traums von Unschuld
erstehen zu lassen: einer vor-adamitischen Unschuld, jene Unschuld des
Universums vor dem Menschen. Ein Traum, bei dem man nicht weiß,
welch andere Art der Taufe uns von ihm erlösen und uns zugleich die
Verfolgungen des Gedächtnisses von den Schultern nehmen könnte.

Der Neuausgabe des *Sentimento del tempo* von 1936 stellt Ungaretti folgende
«Nota» voran (cf. Ed. crit., S. XCIX–C; in der Ausgabe *Vita d'un uomo –
Tutte le poesie* [1969] findet sich die gekürzte Fassung der *Sentimento*-Aus-
gabe von 1943; S. 540/41):

«Für den Neudruck dieses Bandes (herausgekommen 1933 in einer Luxus-
ausgabe in den *Quaderni di Novissima* und in einer gewöhnlichen Ausgabe
bei Vallecchi) habe ich da und dort, um nicht eine äußerst schlechte
Angewohnheit von mir zu verlieren, einige Änderungen in der Form vor-
genommen. Darüber hinaus habe ich sieben Gedichte hinzugefügt, die
zwischen 1932 und 1935 geschrieben wurden. Sie schließen meine zweite
Zeit menschlicher Erfahrung ab, so wie die erste *L'Allegria* abgeschlossen
hatte. Die Arbeiten, denen ich mich jetzt widme: die *Quartine dell'Autunno*
und *La Fedeltà di Palinuro* und die mein Festhalten an dem, was ich immer
als die einzige Richtung der Poesie angesehen habe, bekräftigen, werden
für mich, so hoffe ich, einen weiteren Fortschritt bedeuten.
Die Erstausgabe des *Sentimento del Tempo* ist (wie seinerzeit der Druck des
ersten Teils der *Allegria*: *Il Porto Sepolto*) mit außergewöhnlichen Dis-
kussionen aufgenommen worden. In beiden Fällen wurde mir sogar die
Ehre zuteil, daß fast ausschließlich extra zu dem Zweck, mich zu be-
kämpfen, Zeitschriften gegründet wurden.
Zu den Hunderten von Aufsätzen, Angriffen, lobenden und tadelnden
Artikeln habe ich eine Statistik erstellt. Die Statistik ist die Wissenschaft
unserer Zeit, und selbst in unserem Bereich kann sie zu nützlichen Betrach-
tungen über das Gewohnheitsmäßige dienen.
50% also der Kritiken, der guten wie der schlechten, bestanden aus Beob-
achtungen und Urteilen, die so aufs Geratewohl zusammengewürfelt
waren, daß sie in bezug auf ihre Autoren nichts als ein völliges Fehlen
jeder Logik verrieten oder aber eine vollkommene Nichtkenntnis des
Buches, das sie rezensierten.
Bei anderen dient alles als Grund, die ewigen Probleme der Kunst: Inhalt
und Form, Gefühl und Verstand etc. auf einen Streit um des Kaisers Bart
zu reduzieren. Es war für mich keine geringe Kränkung zu erleben, wie
auch mein Buch zum Vorwand von derartigen Tagedieben genommen
wurde. Das Schönste war, daß ich von den Anhängern eines von ihnen –
eines jämmerlichen Dichters, der in einer unvergleichlichen «liberty»
den Salat mit dem Ende der Welt vermengt – den Vorwurf des «Symbo-
lismus» zu hören bekam.
Eine dritte Gruppe hat mir meine Gallizismen vorgeworfen: ‹pena›,
‹anziane› etc. Um eine schmerzliche Anspannung auszudrücken, die zu-
gleich eine physische Anspannung und eine moralische Anspannung ist,
hat der italienische Wortschatz nur das Wort ‹pena›; wenn man, um

davon zu sprechen, daß eine Person oder eine Sache von einem langwährenden Vorüberziehen von Jahreszeiten Zeugnis ablegt, ‹anziane› verwendet, gebraucht man dieses Adjektiv in einer Bedeutung, die nur in den ‹italienischen› Wörterbüchern verzeichnet wird.

Doch 10% der Kritiken haben mir geholfen, mich in vielen schlechten Angewohnheiten zu bessern, klarer in mir zu sehen, besser meine Entwicklungsmöglichkeiten und meine Grenzen zu fühlen. Für das, was diese Kritiken mir Gutes getan haben, verzeihe ich gerne jenen anderen, inklusive jenen gewissen so Hochgeschätzten, die das eine oder andere meiner Gedichte genommen und es mir in zwanzig oder hundert anderen von ihnen selbst verwässert haben und die mir nicht dankbar sind, daß ich sie nicht zu imitieren weiß und mich still verhalte, wenn ich nichts zu sagen habe.

Ich möchte noch auf einen letzten Punkt die Aufmerksamkeit des Lesers lenken. Wie *L'Allegria* ist der *Sentimento* in Abschnitte eingeteilt. Das ist nicht einfach eine Laune. Jeder der verschiedenen Teile dieser beiden Bücher bildet einen Gesang in seiner organischen Komplexität – mit seinen Dialogen, seinen Dramen, seinen Chören – einmalig und unteilbar. So die *Hymnen* – die eine religiöse Krise zum Ausdruck bringen, die wahrhaftig durchlitten wurde von Millionen Menschen und von mir, in einem der dunkelsten Jahre der Nachkriegszeit –; um nicht falsch verstanden zu werden, dürfen sie nicht voneinander getrennt werden; so die *Legenden*, etc.; so, in der *Allegria*: *Il Porto Sepolto*, *Girovago* oder jeder andere Teil des Buches.

Ich beharre auf diesem letzten Punkt. Die Erinnerung an mein anfangs gegebenes Versprechen neuer Werke erlaubt mir, zu dem Schluß zu kommen, daß, wenn meine erste Anstrengung die gewesen ist, die Natürlichkeit und die Tiefe und den Rhythmus im Sinn jedes einzelnen Wortes wiederzufinden, wenn ich anschließend versucht habe, eine Übereinstimmung zwischen unserer traditionellen Metrik und den heutigen Ausdrucksbedürfnissen zu finden, es nur natürlich ist, daß ich nun – im Besitz eines Konstruktionsmittels, von dem ich glaube, daß es jetzt gut gehärtet und vollkommen geschmeidig ist – hoffe, mich ernsthafteren Schwierigkeiten stellen zu können.»

In der Ausgabe letzter Hand *Vita d'un uomo – Tutte le poesie* (1969) finden sich ergänzend folgende Sätze (S. 541/42):

«Einige Änderungen sind auch danach [in den Ausgaben des *Sentimento* nach 1936. M. v. K.-H.] vorgenommen worden.

Das Vorwort von Alfredo Gargiulo ist zutiefst mit dem Schicksal dieses Buches verbunden, und ich glaubte es den neuen Lesern schuldig zu sein, durchzusetzen, daß es den Neuauflagen jeweils wiederum vorangestellt werde.

Es ist mir überdies ein Bedürfnis, daran zu erinnern, daß als Zeichen der brüderlichen Zuneigung, die mich mit dem Meister verband, seit der Mondadori-Ausgabe von 1943, als Er noch am Leben war, der *Sentimento* als Widmung stets Seinen Namen trägt.

Vorwort zum *Zeitgefühl* von Alfredo Gargiulo

In Anbetracht des vorliegenden Bandes, der die künstlerische Reife Ungarettis bezeugt, möchte ich noch einmal die Zustimmung in Erinnerung rufen, die seiner Dichtung bereits in ihren Anfängen zuteil geworden ist. Ihrem tiefsten Bestreben nach war sie eine Dichtung von nie gekannter Unmittelbarkeit; und als solche, in erstaunlicher Weise verwirklicht durch diesen bislang völlig unbekannten jungen Mann, wurde sie auch sofort anerkannt. Unmittelbarkeit, dem Leben Verhaftetsein – mehr davon, als in der nackten Menschlichkeit des «Schmerzensmannes»[1] zutage trat, hätte niemand je zu fordern gewagt. Allerdings verstand man in der Lyrik unter Unmittelbarkeit nichts anderes als die Konzentration auf das Wesentliche; und nur das ist es, was letztendlich, wenn alle Momente einer kruden Anhänglichkeit ans Leben auf eine untergeordnete Ebene zurückgedrängt worden sind, in der Dichtung des frühen Ungaretti ausdrücklich willkommen geheißen wird, weshalb uns diese den Eindruck einer wiedergewonnenen lyrischen «Primitivität» vermittelt.
Aber rühren aus jener Zeit nicht auch all jene Begriffe her, denen sich ein Hinweis auf die Intensität der Konzentration entnehmen läßt? So spricht man etwa vom «Unaussprechlichen», vom «Stand der Gnade», von «Betörung». Weniger charakteristisch, aber dennoch erwähnenswert, die Begriffe «Wunder» und «Magie». So gesehen, ist die wahrhaft außergewöhnliche Aufmerksamkeit, die man den Besonderheiten des Ausdrucks in diesem neuen Gesang zuteil werden ließ, nicht verwunderlich. Die Konzentration auf das «Unaussprechliche» rechtfertigte die Entwicklung äußerst gedrängter Darstellungsweisen. Es scheint, als hätte das Wort eine Art ursprünglicher Jungfräulichkeit wiedererlangt. Es geht dabei um Fragen der Rhythmik, der Pausen und, mehr noch vielleicht, der «evokatorischen» Lautwerte. Um die Eindringlichkeit von letzteren zu bezeichnen, sprechen einige gar von einem «Gebilde, das aus dem Klang ersteht.»
Es sind dies Fakten, die durch die Ausführungen des Dichters selbst allenthalben Bestätigung erfahren haben und demzufolge als allgemeingültig in die Prämissen der Literaturwissenschaft eingegangen sind. Es ist überdies offenkundig, daß ein bündiger Diskurs eine Vertiefung der eigenen Prämissen einbegreift; oder, anders gesagt, jede dieser frühen Beobachtungen stellte eine Art Keimzelle dar, die dazu bestimmt war, sich nach und nach zu entwickeln. Es gibt keine literaturwissenschaftliche Arbeit zu Ungaretti, die von dieser vorgegebenen Linie abweichen würde.
Insbesondere die jüngsten Gedichte des Autors, die Momentaufnahmen, bar aller «Gelegenheit», mithin direkte Äußerungen darstellen, haben einer noch präziseren Auffassung der schon von Anfang an in Betracht gezogenen Unmittelbarkeit bzw. Wesentlichkeit Raum gegeben. Als ein typisches Beispiel hierfür können die *Hymnen* in diesem Band gelten. Schon als Ungaretti geschrieben hatte: «Finde ich / in diesem meinem Schweigen / ein Wort / ist es gegraben in mein Leben / wie ein Abgrund»,[2] wurde

1 Cf. Anm. d. Ü. S. 281
2 In: «Commiato» (‹Abschied›) im Zyklus *L'Allegria (Die Freude)*. [Anm. d. Ü.]

eine Reihe von Begriffen zur Definition herangezogen: «Bekenntnisse», «Gegenwart der Person», «lebendige Stimme», die ihrerseits wiederum für ebenso viele Weisen stehen, die Unmittelbarkeit zu bezeichnen, die authentischer Lyrik eigen ist: jene Subjektivität, die gerade aufgrund ihrer Unverfälschtheit ganz in «gegenwartsbezogener Lebenswirklichkeit» aufgeht.

Andererseits jedoch entwickelt sich die Dichtung Ungarettis entschieden in Richtung auf «objektive» oder «analoge» Übertragungen (siehe v. a. die ersten Teile des Bandes). Und weil diesen gemeinhin eher größere und komplexere metrische Formen entsprachen – von hier erklärt sich die Dominanz des Elfsilbers –, fügt es sich, daß jetzt die Aufmerksamkeit mehr denn je auf die Beschaffenheit der «Mittel» ausgerichtet ist. In aller Deutlichkeit kommt nun zum Vorschein, welch tiefgehende Erneuerung der traditionellen Metren die «netten kleinen Verse» der ersten Schaffensperiode mit ihrer Hervorhebung der Pausen und der Einzelsilben (sei es, was die Betonung, sei es, was Längen und Kürzen anbelangt) bereits bezeichneten. Hier, wo das «Unaussprechliche» zuweilen Umrisse einer bewunderungswürdigen plastischen Anmut annimmt, wird eine eingehendere Betrachtung der «evokatorischen» Lautwerte leicht gemacht.

Und somit haben sich, was Ungaretti betrifft, mit der Zeit auch die Zusammenhänge, die letztlich die «Situation» des Künstlers bestimmen, ganz deutlich abgezeichnet. Es erübrigt sich, den Widerhall, den der «Schmerzensmann», die entblößte Seele im Angesicht des Mysteriums (letzte «Bekenntnisse») und, sofern die starke Bildlichkeit gestattet ist, die «Landschaften» der «Analogie-Gedichte» in unserem Geist bewirken, eigens herauszustellen. Mit Recht ist auf die äußerste Bewußtheit des Ausdrucks bei Ungaretti hingewiesen worden, worunter auch das kritische Bewußtsein zu verstehen wäre, das während der letzten Jahrzehnte mit der Ausbildung unserer bedeutendsten Prosa einhergegangen ist. Zur Eröffnung einiger Gesänge bei Ungaretti ist man versucht zu sagen, daß wir uns ihnen mit der Empfindung hingeben, wir könnten in solch ungewohnter Höhenlage mit nahezu normalen Atemzügen Luft schöpfen.

In einem größeren Zusammenhang betrachtet, ist nicht zu sehen, wo und durch wen in gleicher Weise wie in Italien durch Ungaretti ein entsprechender Zustand der Naivität und Reinheit verwirklicht worden wäre, den zu erreichen zweifellos höchstes Bestreben moderner Lyrik ist. Und was das Verhältnis zur Tradition anbelangt, so spricht die radikale Erneuerung der Formen für sich – mit Leopardi und Petrarca als spontanen Bezugspunkten.

Die folgenden Bemerkungen Ungarettis zum *Sentimento del tempo* sind Teil eines Rundfunkkommentars, den Ungaretti für eine Serie von Sendungen unter dem Titel «Ungaretti letto e commentato da Ungaretti», gesendet im Frühjahr/Sommer 1963 und erschienen in zwei Folgen in *La Fiera letteraria* XVIII, 37 u. 38 (September 1963), aufnahm (*Vita d'un uomo – Saggi e interventi*, a cura di Mario Diacono e Luciano Rebay, Milano [Mondadori] 1974, S. 823/24, 827/28):

[Sentimento del tempo]

«Das Fließen der Zeit, der Wandel der Zeit, die Kürze der Dauer der Zeit und das, was von der Zeit bleibt, was der Hauch der Poesie ist. Die mythologischen Elemente, die ich nicht mehr zitiert und die ich niemals zitiert habe – weil es sie vorher nicht gab –, die ich niemals als kulturelle Elemente zitiert habe, sondern als Gegenwärtigkeit der langen Geschichte des Landstrichs, in dem ich lebte, nämlich Rom und das Latium.

Ich möchte, daß man beachtet, wonach die Kunst in jenen Jahren auf der Suche war: Apollinaire schreibt *La Jolie Rousse* und fühlt, daß der Augenblick gekommen war, dem Zwist zwischen Tradition und Erfindung, zwischen Ordnung und Abenteuer ein Ende zu machen; *La Jeune Parque* von Paul Valéry erstaunt durch die Musik des Wortes, die sich aus Wundern der Metrik zur reinen Architektur erhebt; Strawinsky beginnt das Ungestüm zu beherrschen, indem er auf das Beispiel der großen Komponisten des 17. und 18. Jahrhunderts zurückgreift; Picasso entdeckt Pompeji, Raffael und Ingres und findet zu klassischer Eleganz; Carrà sucht nun, als er den Futurismus überwunden hat, nachdem er sich einen Augenblick lang dem metaphysischen Abenteuer De Chiricos zugewandt hatte, in Giotto das Wesen seiner Malerei. Die Organe, die bei uns die Notwendigkeit einer Rückkehr der Literatur und der bildenden Künste zu einer Suche nach Stilen verkünden, die nicht die Vorbilder der Vergangenheit ignorieren, sind für die Literatur «La Ronda» und für die bildenden Künste «Valori Plastici». Doch in jenen Jahren gab es niemanden bei uns, der nicht den Wert der Versdichtung leugnete. Bei uns glaubte man nicht, daß es künftig noch möglich wäre, in Versen zu schreiben. Man verlangte Prosa, Prosadichtung. Mir dagegen schien es, als wiese mir das Gedächtnis als einzigen Rettungsanker allein den Gesang, und demütig las ich wieder Jacopone, Dante, Petrarca, Guittone, Tasso, Cavalcanti, Leopardi, in ihrem Gesang nach einem Hinweis suchend, der den meinen wieder zum Erblühen bringen könnte.

Es war nicht der Neunsilber, der Elfsilber, der Siebensilber bei diesem oder jenem, den ich suchte: es war der Elfsilber, es war der Neunsilber, es war der Siebensilber des italienischen Gesangs; es war der italienische Gesang in seiner Konstanz durch die Jahrhunderte hindurch, durch Stimmen hindurch, die so unterschiedlich im Ton, so sehr bedacht auf die eigene Neuheit sind und so einzigartig darin, wie jede von ihnen Gedanken und Gefühle zum Ausdruck bringt. Es war mein Herzschlag, den ich im Einklang mit dem Herzschlag meiner Ahnen eines verzweifelt geliebten Landes fühlen wollte.»

[Der Elfsilber]

«Den Elfsilber gibt es schon am Ende der *Allegria*. Es ist wahr, daß das Ende der *Allegria* von jenen Gedichten gebildet wird, denen ich den Titel *Prime* gebe und die Gedichte sind, die sich den Gedichten verbinden, welche diesen Band beginnen. Der Elfsilber entsteht plötzlich, er entsteht 1919, er entsteht sofort nach dem Krieg. Meine Sorge damals während des Krieges, eine Sorge, die ich auch den Umständen zu verdanken hatte, es möge mir gelingen, in der kürzestmöglichen Zeit das Maximum dessen, was gesagt werden kann, zu sagen – also so sparsam wie nur möglich im Gebrauch der Wörter –, diese Sorge war nämlich ein Moment, das ich hinter mir gelassen hatte. Kurz, ich hatte, ich verfügte über mehr Zeit. Und dann, wieder Elfsilber zu schreiben, mußte gelernt werden. Also auch jene Erfahrung, den Elfsilber in seine Teile aufzugliedern – wie es in der Allegria geschehen ist –, um jedes Wort in seiner vollständigen und intensiven, unersetzbaren Bedeutung zu vernehmen, jenes Aufgliedern, jenes Zerbrechen des Elfsilbers, brauchte ich nicht mehr zu machen. Es war eine Erfahrung, die ich gemacht hatte, getrieben von den Umständen, wenn man so will, doch ich hatte sie gemacht. Folglich fügte sich der Elfsilber wieder auf normale Weise zusammen: das heißt, die Wörter ordneten sich nicht untereinander oder getrennt durch Inseln des Schweigens, sondern nebeneinander.

An einem bestimmten Punkt war die Vokalität in meinem Gesang sehr leicht, rein und klar geworden. Das war nicht neu für meine Dichtung. Schon in der *Allegria* neigte ich dazu. Diese melodischen Ergebnisse brachten manche Kritiker auf den Vergleich mit Griechenland. Ich könnte versucht sein zu glauben, daß sie nicht unrecht haben, wenn ich bedenke, daß jene Versuche von mir als Vorbild für berühmte Übersetzungen aus dem Griechischen dienten.»

Chronologische Bibliographie zu *Sentimento del tempo* (Zeitschriften, Anthologien, Ausgaben)

La Ronda III, 1/2 (Roma, Januar/Februar 1921):
  «Paesaggio» (S.70)
Giuseppe Ungaretti, *Il Porto Sepolto*, presentato da Benito Mussolini, con pregi di Francesca Gamba, La Spezia (Stamperia Apuana) 1923 (handnumerierte Ausgabe in einer Auflage von 500 Ex.):
  enthält als Eröffnungsgedicht «Sirene» (S.15), sowie in der ersten Sektion «Elegie e madrigali» (S.17–42) folgende hinsichtlich des *Sentimento* relevanten Gedichte: «Le stagioni» (S.21–24); «Alla noia» (S.25/26); «Trame lunari» (S.27/28; geht nicht in den *Sentimento* ein, sondern wird 1945 in die *Poesie disperse* aufgenommen [cf. in der vorliegenden Werkausgabe Bd.1]); «Silenzio in Liguria» (S.29/30); «Paesaggio» (S.31/32); «O notte» (S.33/34); «oceanici silenzi» (S.35, die letzten drei Verse des Gedichts «O notte» als eigenständiges Gedicht ohne Titel)
Primo tempo, Prima serie, Numeri 7/8 (Torino 1923):
  «Le stagioni» (S.182/83); «Alla noia» (S.184)
Il Convegno (Milano, 25.März 1924):
  «Sera» (≙ «Ricordo d'Affrica»)
Poeti d'oggi (1900–1925), a cura di G.Papini e P.Pancrazi, 2ª edizione riveduta e accresciuta, Firenze (Vallecchi) 1925:
  «Le stagioni» (S.642/43; voraus gehen aus *Allegria di naufragi*: «Sono una creatura», «I fiumi»)
Commerce IV (Paris, Frühjahr 1925):
  Generaltitel: «Appunti per una poesia»
  «Nascita d'aurora» (V.1–15: «Nascita d'aurora», V.17–22: «Aprile», V.16, 23–27: «Apollo», S.17–19)
  «Giugno» (≙ «Le stagioni», V.20–26; S.20);
  «Roma» (V.1/2, 6–16: «D'agosto», V.3–5: «Un lembo d'aria», V.17–25: «Ogni grigio», S.21/22)
  «Sera» (≙ «Le stagioni», V.37–43), S.23;
  «Usignuolo» (V.1/2: «Una colomba», V.3–19: «Ricordo d'Affrica», S.24/25)
  «Lido» (V.1–11: «Lido», V.13–20: «Leda», S.26/27)
  «Inno alla morte» (S.28/29)
  (nicht begleitet von einer französischen Übersetzung der Gedichte)
L'Italiano (Bologna, 15.November 1926):
  «Inno alla morte»
Commerce XII (Paris, Sommer 1927):
  Generaltitel: «Appunti per una poesia – Notes pour une poésie» (die italienischen Texte sind begleitet von französischen Versionen, die von Ungaretti selbst stammen und in Details von den italienischen Texten abweichen):
  «Sogno» (≙ «Statua») – «Songe» (S.22/23);
  «La fine di Crono» – «La fin de Chronos» (S.24/25);
  «Colore» (≙ «Due note») – «Couleur» (S.26/27);
  «L'isola» – «L'île» (S.28/29);

«Sogno» (V.7–10: «Eco», die V.1–4 erscheinen unter dem Titel «Sogno» 1945 wieder in den *Poesie disperse* [cf. in der vorliegenden Werkausgabe Bd.1]; die V.5/6 gehen ein in das Gedicht «Ultimo quarto», V.5: «Songe», (S.32/33); «Il capitano» – «Le capitaine» (S.34–39); «Aura» – «Urne» (S.40/41)

La Fiera Letteraria (Milano, 16.Oktober 1927):
Generaltitel: «Appunti per una poesia»
«Nascita d'aurora»; «Ombra»; «Sera» (≙ «Ogni grigio», V.1–6); «Pace» (≙ «Ogni grigio», V.7–9); «Sogno»; «Stelle e luna» (≙ «Stelle»); «Apollo»; «Fonte»

La Nouvelle Revue Française XVI, 183 (Paris, 1.Dezember 1928):
Generaltitel: «Hymnes»
«Hymne à la pitié» (S.753–757); «Prière» (S.757/58); «Hymne à la mort» (S.758/59); «Trois notes» (französische Erstfassungen der Gedichte «Rosso e azzurro» (I), «Grido» (II) und «Sereno» (III), S.759)

Solaria (Firenze, Dezember 1928):
«Sirene»

L'Italiano (Bologna, 31.Dezember 1928):
«Sirene»

Lunario siciliano II, 2 (Roma, Mai 1929):
«Alla noia»

L'Italia letteraria (Roma 1929):
19.Mai: «Il capitano»
16.Juni: «La madre» (Faksimile des Autographs)
27.Oktober: Generaltitel: «Paesi e Inni»
 «L'isola»; «Quiete»; «Lago luna alba notte»;
 «Stanchezza di Leda» (≙ «Leda»); «Sera»

Solaria (Firenze, Januar 1930):
«O notte»

L'Italia letteraria (Roma, 17.August 1930):
«Dove la luce…»

Scrittori nuovi – Antologia italiana contemporanea, a cura di E.Falqui e E.Vittorini, prefazione di G.B.Angioletti, Lanciano (G.Carabba) 1930, S.629–639:
«O notte» (S.631/32); «Le stagioni» (S.632/33); «Sirene» (S.634); «Ricordo» (≙ «Ricordo d'Affrica», S.634/35); «Nascita d'aurora» (S.635); «Sera» (S.635); «L'isola» (S.636); «Inno alla morte» (S.636/37); «Alla noia» (S.737/38)

Le Roseau d'or, Quatrième série, Neuvième Numéro de *Chroniques*, Paris (Librairie Plon) 1930:
«Caïn»

Fronte (Roma, Juni 1931 – XI):
Generaltitel: «Cinque Canti» (≙ Canti 1–5 der späteren Sektion «La morte meditata» des *Sentimento*):
«Canto primo»; «Canto secondo»; «Canto terzo» (≙ «Canto quarto» in «La morte meditata»); «Canto quarto» (≙ «Canto quinto» in «La morte meditata»); «Canto quinto» (≙ «Canto terzo» in «La morte meditata»)

L'Italia letteraria (Roma 1931):
14.Juni: «Canto quarto» (zusammen mit «Giugno» aus *Allegria di naufragi*)
6.September: Generaltitel: «Tre Canti»
«Canto VI» (≙ «Canto sesto» in «La morte meditata»); «Canto VII» (≙ «Sentimento del tempo»); «Canto VIII» (≙ «Dannazione»)
La Gazzetta del popolo (Torino 1931):
2.September: «Silenzio sul litorale» (≙ «Silenzio in Liguria»)
30.September: «Le stagioni» (mit einer erläuternden Notiz von Ungaretti unter dem Titel «Argomento»)
La Gazzetta del popolo (Torino, 2.März 1932):
«Canto beduino»; «Canto»; «Traduzione» (aus: Lionardo Vigo, *Raccolta di canti popolari siciliani*, Catania 1870); «...»; «Silenzio stellato»
Il Selvaggio IX, 1 (Roma, 31.März 1932):
«La madre»
L'Italia letteraria (Roma, 24.April 1932):
Generaltitel: «Tre inni di Giuseppe Ungaretti»
«La pietà»; «Caino»; «La preghiera»
Corriere padano (Ferrara, 17.Juli 1932):
«Sirene»
La Gazzetta del popolo (Torino, 28.September 1932):
Generaltitel: «Due poesie di Ungaretti»
«Il capitano»; «Danni con fantasia»
Espero I (Genova 1932):
November: «Memoria d'Ofelia d'Alba»
Dezember: «Sirene»
La Cabala (Roma, März 1933):
«Di luglio»
L'Italia letteraria (Roma, 4.Juni 1933):
«La pietà romana»
Quadrivio I, 1 (Roma, 3.August 1933):
«1914–1915»
Almanacco letterario, Milano (Bompiani), 1933:
«Quiete» (S.130); «Di sera» (S.130)
Il vero Giotto IX (Roma, tip. «Ars Nova», 1933):
Generaltitel: «Tre momenti»
I. «Aurora, festoso amore, d'un eco» (≙ «Eco»);
II. «Piuma di cielo» (≙ «Ultimo quarto»);
III. «O gioventù impietrita» (≙ «Statua»)
Il fiore della lirica italiana dalle origini a oggi, a cura di E.Falqui e A.Capasso, Lanciano (G.Carabba) 1933, S.373–384: «O notte» (S.373); «Le stagioni» (S.374–376); «Ricordo d'Affrica» (S.377/78); «Inno alla morte» (S.379/80); «Nascita d'aurora» (S.381); «Fine di Crono» (S.382); «Dove la luce...» (S.383); «Dannazione» (S.384)
Giuseppe Ungaretti, *Sentimento del tempo*, con un saggio di Alfredo Gargiulo, Firenze (Vallecchi) 1933 (*Poeti d'oggi*): diese erste Ausgabe des *Sentimento* enthält insgesamt fünf neue vorher noch nicht publizierte Gedichte (alle innerhalb der Sektion «La fine di crono»): «Notte di

marzo» (S.49); «Giunone» (S.57); «Con fuoco» (S.69); «Fine» (S.75); «Pari a se» (S.77);
die folgenden Gedichte erscheinen erstmals als eigenständige Texte mit eigenen Titeln: «Una colomba» (≙ «Usignuolo», V.1/2; S.37); «Aprile» (≙ «Nascita d'aurora», V.17–22 in *Commerce* [1925] bzw. «Apollo», V.2–7 in *La Fiera letteraria* [1927]; S.51); «D'agosto» (≙ «Roma», V.1/2, 6–16 in *Commerce* [1925]; S.59); «Si muova» (≙ «Roma», V.3–5, S.61); «Ogni grigio» (≙ «Roma», V.17–25, bzw. «Sera» und «Pace» in *La Fiera letteraria* [1927]; S.63); «Ti svelerà» (≙ «Le stagioni», V.9–37 in der Fassung der *Gazzetta del Popolo* [1931]; S.65); «Leda» (≙ «Lido», V.13–20 in *Commerce* [1925]; S.73); «Primo amore» (≙ «Il capitano, V.6–13 in der Fassung in *L'Italia letteraria* [1929]; S.117);
folgende Gedichte erhalten ihren endgültigen Titel: «Silenzio in Liguria» (zwischenzeitlich «Silenzio sul litorale» in *La Gazzetta del popolo* [1931]; S.25); «Ricordo d'Affrica» (vorher «Usignuolo», *Commerce* [1925]; «Sera», *Il Convegno* [1924]; «Ricordo», *Scrittori nuovi* [1930]; S.33); «Eco» (≙ «Tre momenti I», *Il vero Giotto* [1933]; S.81); «Statua» (≙ «Tre momenti III»; S.85); «Stelle» (≙ «Stelle e luna», *La Fiera letteraria* [1927]; S.91); «Due note» (≙ «Colore», *Commerce* [1927]; S.97); «Rosso e azzurro» (italienische Fassung von «Trois notes I», *La Nouvelle Revue Française* [1928]; S.101); «Grido» (italienische Fassung von «Trois notes II»; S.103); «Sereno» (italienische Fassung von «Trois notes III»; S.107); «Dannazione» (≙ «Canto VIII», *L'Italia letteraria* [1931]; S.143); «Sentimento del tempo» (≙ «Canto VII», *L'Italia letteraria* [1931]; S.145).
die Sektion «La morte meditata» ist unterteilt in zwei Untersektionen: «Sentimento della memoria» und «Sentimento del sogno», jede aus drei «Canti» bestehend
Giuseppe Ungaretti, *Sentimento del tempo*, con un saggio di Alfredo Gargiulo, Roma (Quaderni di Novissima) 1933 (numerierte Ausgabe in einer Auflage von 141 Ex.; identisch mit der Ausgabe von Vallecchi)
L'Universale IV, 6 (Firenze, 25.März 1934):
«Senza più peso»
La Gazzetta del popolo (Torino, 14.November 1934):
«Quale dolore?» (≙ «Quale grido»)
Circoli V, 1 (Genova, 13.März 1935):
«Auguri per il proprio compleanno» (S.31)
Antologia di poeti fascisti, a cura di Camillo Mariani dell'Anguillara e Olindo Giacobbe, Roma (Istituto Grafico Tiberino) 1935:
«1914–1915» (S.13–15); «Epigrafe per un caduto della rivoluzione» (S.70); «La pietà romana» (S.107)
Poètes italiens contemporains..., par G.Natoli e A.Ricklin, Paris (Les belles lettres) 1936 (*Publications de la Faculté des lettres de l'Université de Strasbourg*, Textes d'étude 6): «L'isola» (S.75–77); «Dove la luce» (S.78)
Giuseppe Ungaretti, *Sentimento del tempo*, con un saggio di Alfredo Gargiulo e una nota dell'autore, Roma (Edizioni di Novissima) 1936 (numerierte Ausgabe in einer Auflage von 1186 Ex.):
neu aufgenommen werden folgende Gedichte: «1914–1915» (S.81);

«Preludio» (S.118, das einzige vorher noch nicht publizierte Gedicht); «Quale grido» (S.119); «Auguri per il proprio compleanno» (S.120); «Senza più peso» (S.122); «La pietà romana» (S.101); das Gedicht «Si muova» bekommt seinen endgültigen Titel «Un lembo d'aria» (S.44); das Gedicht «Sentimento del tempo» rückt in die Sektion «La morte meditata» als eigene Untersektion vor die beiden Untersektionen «Sentimento della memoria» und «Sentimento del sogno»

Mesures (Paris, 15.Januar 1937):

Generaltitel: «Sirènes»

«Sirènes» (S.18); «Luna» (≙ «Ultimo quarto»; S.20); «Notte di marzo» (S.22); «Fonte» (S.24); «Sereno» (S.26); zusammen mit französischen Übersetzungen von Jean Chuzeville

Antologia di Solaria, Firenze (Parenti) 1937:

«Sirene» (S.481/82)

Giuseppe Ungaretti, *Vie d'un homme*, traduit de l'Italien et préfacé par Jean Chuzeville, Paris (Gallimard) 1939 (*Métamorphoses* VI):

enthält unter dem Titel «Livre second» eine Auswahl von 49 Gedichten des *Sentimento* (S.69–149) mit folgenden Sektionen: «Sirènes» (1919–1924), S.71–77; «La fin de Chronos» (1925–1927), S.81–90; «Notes et accords» (1927–1929), S.91–104; «Légendes» (1929–1932), S.105–115; «Hymnes» (1928–1936), S.117–131; «Connaissance du temps» (1932), S.133–139, mit den Untersektionen «Sentiment de la mémoire» und «Sentiment du rêve», gefolgt von dem Gedicht «Sentiment de la nuit» (≙ «Hymne à la mort», *La Nouvelle Revue Française* [1928]); «Chants d'amour» (1932–1935), S.141–149;

darunter folgende Gedichte in Ungarettis eigenen französischen Fassungen: «L'île» (S.81); «La fin de Chronos» (S.89); «Écho» (S.93); «Statue» (S.95); «Urne» (S.96); «Couleur» S.98), «Ciel» (S.99); «Le capitaine» (S.107/08); «Hymne à la pitié» (S.119–123); «Caïn» (S.124/25) und das Gedicht «Sentiment de la nuit» (S.139, von dem es keine italienische Fassung gibt);

außerdem in der Übersetzung von Pierre Jean Jouve die «Canti» 1 und 5 der Gruppe «La morte meditata» (S.135/36, 137/38)

Cavallino, einzige Nummer, Venezia (Edizione del Cavallino), März 1940:

«Fonte»

Beltempo, Almanacco delle lettere e delle arti, Roma (Edizioni della Cometa) 1940:

«Quale dolore?» (≙ «Quale grido», S.159)

Il Tesoretto, Almanacco dello «Specchio», Milano (Mondadori) 1942:

«O notte» (S.365); «Ricordo» (≙ «Ricordo d'Affrica», S.366); «Canto» (S.367)

Giuseppe Ungaretti, *Vita d'un uomo*, Poesie II 1919–1935 *Sentimento del tempo*, con un saggio di Alfredo Gargiulo, Milano (Mondadori) 1943 (*I Poeti dello «Specchio»*):

die Sektion «La morte meditata» ist nicht mehr (wie in den Ausgaben von 1933 und 1936) unterteilt, die 6 «Canti» sind nun durchnumeriert von «Canto primo» bis «Canto sesto»; das Gedicht «Luna» erhält seinen endgültigen Titel «Ultimo quarto»

Giuseppe, Ungaretti, *Vita d'un uomo, Poesie* III *Poesie disperse*, con l'apparato
critico delle varianti di tutte le poesie e uno studio di Giuseppe de Ro-
bertis («Sulla formazione della poesia di Ungaretti»), Milano (Mon-
dadori) 1945 (*I poeti dello* «*Specchio*»)

Giuseppe Ungaretti, *Vie d'un homme*, suivie de *La Douleur, La Terre promise*,
traduit de l'italien et préfacé par Jean Chuzeville, Lausanne (Mermod)
1953

Giuseppe Ungaretti, *Les cinq livres*, texte français établie par l'Auteur et
Jean Lescure, Paris (Les Editions de Minuit) 1954, S. 145–238: *Senti-
ment du temps*:
  enthält das Gedicht Ungarettis, das es nur auf französisch gibt: «Sen-
  timent de la nuit» (≙ «Hymne à la mort», *La Nouvelle Revue Française*
  [1928] bzw. «Sentiment de la nuit», *Vie d'un homme* [1939]; S. 222)

Giuseppe Ungaretti tradotto da Pierre Jean Jouve, Milano (Scheiwiller) 1960

Giuseppe Ungaretti, *Vita d'un uomo 2, Poesie II Sentimento del tempo* 1919 bis
1935, con una premessa di Alfredo Gargiulo, Milano (Mondadori)
1961, 1966 ff.

Giuseppe Ungaretti, *Vita d'un uomo, Tutte le poesie*, a cura di Leone Piccioni,
Milano (Mondadori) 1969 (*I Meridiani*):
  Sentimento del tempo S. 99–196; Note di Ungaretti S. 529–542; Alfredo
  Gargiulo, «Premessa al ‹Sentimento del tempo›», S. 423–425; Va-
  rianti a cura di Giuseppe di Robertis, aggiornamento di Mario Dia-
  cono, S. 669–747

Ungaretti, traduit par lui-même et J. Lescure, Paris (Institut Culturel
Italien) 1970

Giuseppe Ungaretti, *Vie d'un homme* – Poésie 1914–1970, traduit de l'ita-
lien par Philippe Jaccottet, Pierre Jean Jouve, Jean Lescure, André
Pieyre de Mandiargues, Francis Ponge et Armand Robin, préface de
Philippe Jaccottet, Paris (Editions de Minuit/Gallimard, S. 113–210);
1973 (auch als Taschenbuch in der Collection *Poésie* 147, S. 113 bis
204):
  38 Gedichte des *Sentimento* in der Übersetzung von Jean Lescure, 28 in
  der Übersetzung von Philippe Jaccottet und 4 übersetzt von Pierre
  Jean Jouve

Giuseppe Ungaretti, *Vita d'un uomo* – *106 poesie 1914–1960*, introduzione
di Giovanni Raboni, Milano (Mondadori) 1985 (*Gli Oscar Poesia* 9),
S. 79–147 (eine Auswahl von 45 Gedichten)

Per conoscere Ungaretti, Antologia delle opere a cura di Leone Piccioni,
Milano (Mondadori) 1986 (*Gli Oscar Poesia*), S. 109–143 (eine Auswahl
von 45 Gedichten des *Sentimento*, nicht identisch mit der in der voran-
gehenden Anthologie)

Giuseppe Ungaretti, *Sentimento del tempo*, Edizione critica a cura di Ro-
sanna Angelica e Cristiana Maggi Romano, Milano (Fondazione Ar-
noldo e Alberto Mondadori) 1988 (*Testi e strumenti di filologia italiana*,
Testi 9)

PRIME / ERSTE

Die Gedichte dieser einleitenden Sektion des *Sentimento del tempo* erscheinen,
mit Ausnahme von «Ricordo d'Affrica», das erst im März 1924 in *Il Con-
vegno* erstmals erscheint, innerhalb einer neuen Sektion von Gedichten,
die unter dem Titel «Elegie e madrigali» den von Ettore Serra 1923 her-
ausgegebenen Band *Il Porto Sepolto* eröffnet (es folgen die beiden umfang-
reichen Sektionen «Allegria di naufragi» und «Il porto sepolto»). Als
isoliertes Einleitungsgedicht ist der Sektion «Elegie e madrigali» das
Gedicht «Sirene» vorangestellt; die genannte Sektion enthält neben den
Gedichten, die 1933 in die erste Sektion des *Sentimento* eingehen, im An-
schluß noch folgende Gedichte aus *Allegria di naufragi*: «Lucca», «La
galleria dopo mezzanotte», «Odo la primavera», «La donna scoperta».
Die Ausgabe von 1923 unter dem Titel *Il Porto Sepolto* ist somit nicht nur
einfach eine Neuausgabe von Ungarettis erstem Gedichtband, sondern
bereits eine erste Erprobung neuer poetischer Ausdrucksweisen des zwei-
ten Gedichtbandes innerhalb des ersten (cf. a. Ed. crit., «Introduzione»,
S. XVI–XVIII).
Die neuen Gedichte folgen in der Sektion «Elegie e madrigali» in einer
anderen Reihenfolge aufeinander als in der späteren Sektion «Prime» des
Sentimento. Das Gedicht «Le stagioni» eröffnet die Folge der neuen Ge-
dichte, datiert «Parigi, febbraio 1920/Roma, ottobre 1922», womit der
räumliche und zeitliche Bogen gespannt ist, innerhalb dessen die übrigen
neuen Gedichte aufeinander folgen: «Alla noia» («Roma, il 19 luglio
1922»), «Trame lunari» («Roma, il 29 giugno 1922»; dieses Gedicht
wird nicht in den *Sentimento* aufgenommen und erst 1945 unter den *Poesie
disperse* wiederveröffentlicht), «Silenzio in Liguria» («Roma, il 31 maggio
1922»), «Paesaggio» («Parigi, novembre 1920»), «O notte» («Parigi,
dicembre 1919»; die letzten drei Verse sind abgetrennt als eigenes Ge-
dicht). Mit Ort und Datum des letzten Gedichts schließt sich der Kreis,
so daß die Anordnung der neuen Gedichte einer zirkulären Struktur folgt,
aus der die nachfolgenden «alten» Gedichte (mit Ausnahme von «La
galleria dopo mezzanotte» [1914] alle aus dem Jahr 1919) und das der
Sektion isoliert vorangestellte Gedicht «Sirene» («Roma, il 15 aprile
1923») ausgeschlossen bleiben. Diese Kreisstruktur wird gestützt durch
interne Echos zwischen den Gedichten auf der Ebene des Wechsels der
Tageszeiten: «Le stagioni» schließt mit der herannahenden Nacht («Indi
passò, del giorno/in sulla fronte, l'ultimo pallore»), mit der Nacht beginnt
das folgende Gedicht «Alla noia» («Notti fluenti ma senza desio»); von
der Mondnacht ist in «Trame lunari» die Rede. «Silenzio in Liguria»
stellt die Geburt des Tages dar, im letzten Vers ist von «mattina» die
Rede, und «Mattina» eröffnet «Paesaggio», das wiederum mit seinem
letzten Teil «Notte» überleitet zum letzten Gedicht der Gruppe «O
notte». Im *Sentimento* (1933) folgen die Gedichte, inzwischen mehrmals
entscheidend überarbeitet, in chronologisch aufsteigender Reihenfolge
aufeinander: 1919: «O notte»; 1920: «Paesaggio», «Le stagioni»; 1922:
«Silenzio in Liguria», «Alla noia»; 1923: «Sirene»; dazu kommt «Ri-
cordo d'Affrica» (1924). Diese Eröffnungssektion des neuen Bandes *Sen-
timento del tempo* trägt denselben Titel wie die neue Schlußsektion der Neu-
ausgabe der *Allegria* von 1931, in welche die drei Prosagedichte eingehen,

die 1923 (zusammen mit «La galleria dopo mezzanotte») die Sektion
«Elegie e madrigali» beschlossen («Lucca», «Odo la primavera»
[≙ «Ironia»], «La donna scoperta»). Das zeitliche und räumliche Neben-
einander von Gedichten aus der Schlußsektion des ersten und der Eröff-
nungssektion des zweiten Gedichtbandes in der Sektion «Elegie e madri-
gali» des Bandes *Il Porto Sepolto* von 1923 verleiht dieser die Bedeutung
eines Ortes, an dem alte und neue Erfahrung, alte und neue poetische
Ausdrucksweisen miteinander konfrontiert werden und sich kreuzen (cf.
Ed. crit., «Introduzione», S.XXII).

Der Titel «Elegie e madrigali» verweist wohl auf Ungarettis Rückbesin-
nung auf die Tradition und seine Suche nach dem italienischen «Gesang»
und seinen metrischen Formen und Modellen (cf. Ungarettis Bemerkun-
gen S.290), wofür die neuen Gedichte dieser Sektion beredtes Zeugnis
ablegen (cf. insbesondere «Sirene», «Alla noia»; die Erstfassungen sind
in den folgenden Anmerkungen zu diesen Gedichten abgedruckt). Das
«Prosagedicht» «Paesaggio» führt die Prosaformen aus der *Allegria di
naufragi* in der Sektion «Finali di commedia» (zum Teil wiederaufgenom-
men in «Elegie e madrigali») fort. Der Titel «Elegie e madrigali» ver-
weist auch auf die *Madrigali dell'estate* von D'Annunzio, der auch in den
neuen Gedichten dieser Sektion seine Spuren hinterlassen hat, die wieder-
um verflochten sind mit Anklängen auch an Mallarmés *L'Après-midi d'un
faune* (den Ungaretti übrigens 1946 übersetzt hat; zu «faunesken» An-
klängen bei Ungaretti cf.a. Lucia Lazzerini, «Silenzio in Liguria: vittoria
di un'incerta mattina», in: *Paragone*, Letteratura, n.360–362 [Febraio
Aprile 1980], S.122–127).

An Mallarmés *Après-midi* erinnert auch der Wechsel von nicht-kursiven
und kursiven Passagen in einigen der neuen Gedichte (insbesondere in
«Le stagioni», aber auch in «O notte»), der einen Register-, einen expli-
ziten oder impliziten Sprecherwechsel anzeigt. Ein weiteres Vorbild hier-
für war für Ungaretti auch Paul Valéry, für den, laut Ungaretti, die
Poesie (und dasselbe gilt Ungaretti zufolge auch für Leopardi) «aus einem
dramatischen Dialog zwischen dem Sein und dem Erkennen» («da un
dialogo drammatico tra l'essere e il conoscere») entsteht (cf. hierzu «Va
citato Leopardi per Valéry?», in *Vita d'un uomo – Saggi e interventi* [1974],
S.104–110; der Text stammt aus dem Jahr 1926). Zwei Jahre später, in
den «Appunti per una poesia» (1925) wird Ungaretti explizit ‹Personen›
als Sprecher einführen, was den Wechsel der Schriftarten überflüssig
macht (cf. die einführenden Bemerkungen zur folgenden Sektion «La fine
di Crono», S.307 ff.).

Die folgenden Bemerkungen sind Teil eines Rundfunkkommentars, den
Ungaretti für eine Serie von Sendungen unter dem Titel «Ungaretti letto
e commentato da Ungaretti» (1963) aufnahm (*Vita d'un uomo – Saggi e
interventi* [1974], S.825/26):
«Vielleicht wird in den Gedichten, die folgen, die Landschaft inniger mit
der Dichtung verbunden, eine bestimmte Landschaft sein. In dem Gedicht
«O notte» wird es vielleicht auch eine Nacht gewesen sein, die man im
Kalender suchen kann, jedenfalls ist es die Nacht mit meinen Gefühlen jenes
Augenblicks, natürlich war es das Jahr 1919. Die Landschaft könnte die

von Rom sein, weil ich in jenem Jahr in Rom war, doch es ist jedenfalls noch keine sehr präzise Landschaft. Und dasselbe gilt für «Le stagioni».
«Silenzio in Liguria» ist dagegen ein Gedicht, das in Ligurien geschrieben wurde. In Ligurien fand in jenen Monaten des Jahres 1922 eine Konferenz statt, von der man sich alles nur erdenklich Gute erwartete, und aus der dann nichts hervorgegangen ist: es war die Konferenz, an der, zum ersten Mal nach der Revolution, die Russen teilnahmen. Und ich war in Ligurien, wo ich den Pressedienst für eine französische Agentur machte. Ich wohnte auf einem Schiff, weil im Hotel keine Zimmer frei waren. In «Ricordo d'Affrica» denke ich, versteht sich, an Afrika, an meine afrikanische Kindheit. In den anderen ist die Landschaft natürlich die von Rom, wie es bereits die Landschaft zwischen Rom und Paris in den Gedichten der *Allegria* war, denen ich den Titel «Prime» gegeben habe.
Mir ist aufgefallen, vorher war es mir nicht aufgefallen, daß es im *Sentimento* zwei Gedichte gibt, die Titel tragen, die ich schon in der *Allegria* benutzt hatte. «Alla noia» im *Sentimento* beispielsweise evoziert ein Gedicht, das in der *Allegria* «Noia» hieß, und «Ricordo d'Affrica» evoziert ein anderes in der *Allegria*, das genau denselben Titel trägt. Wer diese vier Gedichte genauer betrachtet, wird feststellen, wie verschieden die Behandlung der Themen von einem Buch zum andern ist. «Noia» in der *Allegria* ist einfach der Ausdruck eines impressionistischen Eindrucks, während «Alla noia» im *Sentimento* ein schon zum Symbol erhobenes Thema ist.
Im Hinblick auf «Ricordo d'Affrica» ist, da es sich im einen wie im andern Fall um Gedächtnis handelt, das bereits funktioniert, um Gedächtnis, das im Begriff ist, im *Sentimento* das vorherrschende Motiv der Inspiration zu werden, der Abstand zwischen beiden Texten weniger sichtbar. Auf jeden Fall gibt es einen Abstand. Auch hier gibt es die Erhöhung zum Symbol im ersten Text noch nicht, oder es gibt sie nur in jenen Grenzen, welche die Abstraktion, die sich einem speziell vom Gedächtnis diktierten Gedicht verdankt, mit sich bringt.»

O NOTTE / OH NACHT
Il Porto Sepolto (1923), S.33/34, 35 («oceanici silenzi»); *Solaria* (1930); *Scrittori nuovi* (1930), S.631/32; *Il fiore della lirica italiana* (1933), S.373; *Il Tesoretto* (1942), S.365; Ed. crit. (1988), S.5–13; frz. Ü.: J.Chuzeville, J.Lescure; dt. Ü.: M.Marschall v. Bieberstein; Friedhelm Kemp, in: *Sirene* 2 (1988), S.162 (cf. S.158–163: «Übersetzen als Prozeß»)
Die erste Manuskriptfassung dieses Textes wurde von Ungaretti, datiert «7 febbraio 1920» und mit dem Titel «Docilità e invidia», an Soffici aus Paris geschickt mit den Worten: «Nach dem Buch ist es das erste, was ich schreibe.» Es handelt sich hier um die allererste Überlieferung eines Gedichts des späteren *Sentimento* (zuerst ediert in G.Ungaretti, *Lettere a Soffici 1917–1930*, a cura di Paola Montefoschi e Leone Piccioni, Firenze [Sansoni] 1981, S.75; cf. a.Ed. crit., S.5/6). In einer späteren Manuskriptfassung und in *Il Porto Sepolto* ist das Gedicht datiert «Parigi dicembre 1919». Gewidmet ist es ursprünglich André Breton und Alfredo Gargiulo.
DOCILITÀ E INVIDIA – dall'ansia ampia dell'alba / svelata arboratura // secco tormento di allibiti abbandoni // foglie sorelle foglie / ascolto

il tuo lamento // risalgo la strada / predata dai venti // autunni mortali dolcezze // o gioventù calda stagione / non mi hai lasciato che ricordi / secche foglie / questa musica forzata / quest'attesa di morire // alti cieli della gioventù / paese limpido / libera calma / remotissime età / perse in questa curva malinconia // la morte sperde le lontananze / come l'oceano specchia le luci celesti // oceanici silenzi / pianure tremule // fratello oceano / la vita del poeta è trapunta / come te a sera / di nidi d'illusioni // ma t'invido l'immobile maestà / che ti culla

‹FÜGSAMKEIT UND MISSGUNST – aus dämmerndem Tag / entschleiertes Mastwerk // trockene Folter bestürzter Verlassenheiten // Blätter, geschwisterliche Blätter / ich höre dein Klagen an // ich gehe die Straße wieder hinauf / erbeutet von den Winden // Herbste sterbliche Freuden // oh Jugend warme Jahreszeit / du hast mir nur Erinnerungen gelassen / trockene Blätter / diese verzerrte Musik / diese Erwartung zu sterben // hohe Himmel der Jugend / klares Land / freie Ruhe / sehr weit zurückliegende Lebensalter / verloren in dieser gekrümmten Schwermut // der Tod nimmt alle Fernen / wie der Ozean die himmlischen Lichter spiegelt // Ozeanische Schweigen / zitternde Ebene // Bruder Ozean / das Leben des Dichters ist übersät / wie du am Abend / von Nestern von Illusionen // doch ich neide dir die unbewegte Majestät / die dich wiegt›

Il Porto Sepolto V. 1–7 identisch // autunni / moribonde dolcezze // *o gioventù / è appena l'ora del distacco / e già dilegui* // o gioventù / folta stagione / alti cieli della gioventù / paese limpido / libera calma // *età remota* // perso in questa curva malinconia // la morte sperde le lontananze – oceanici silenzi / astrali nidi d'illusione / o notte

‹(...) // Herbste / todgeweihte Freuden // *oh Jugend / es ist kaum die Stunde der Trennung / und schon schwindest du* // oh Jugend / tiefe Jahreszeit // hohe Himmel der Jugend / klares Land / freie Ruhe // *weit zurückliegendes Lebensalter* // verloren in dieser gekrümmten Schwermut // der Tod nimmt alle Fernen – ozeanische Schweigen / astrale Nester von Illusion / oh Nacht›
In *Il Porto Sepolto* sind die letzten drei Verse als eigenes Gedicht abgetrennt.

Solaria: dall'ansia ampia dell'alba / gli alberi salgono / già seminudi // abbandoni fatali / secco tormento // foglie sorelle foglie / ascolto il tuo lamento // salgo la strada predata dai venti // autunni / moribonde dolcezze // o gioventù / passata è appena l'ora del distacco / è già sono deserto // o gioventù / folta stagione // alti cieli della gioventù / libero slancio / età remota // perso in questa curva malinconia // la notte sperde le lontananze // stelle riapparsi nidi d'illusione

‹aus dämmerndem Tag angstfahl weit / erheben sich die Bäume / halbnackt schon // unheilvolle Verlassenheiten / trockene Folter // Blätter geschwisterliche Blätter / ich höre deinem Klagen zu // ich gehe die Straße hinauf Beute der Winde // Herbst / todgeweihte Freuden // oh Jugend / vorbei ist kaum die Stunde der Trennung / und schon bin ich Wüste // oh Jugend / tiefe Jahreszeit // hohe Himmel der Jugend / freier Aufschwung / weit zurückliegendes Lebensalter // verloren in dieser gekrümmten Schwermut // die Nacht nimmt alle Fernen // Sterne wiedererschienene Nester von Illusion›

PAESAGGIO / LANDSCHAFT

La Ronda III, 1/2 (Jan./Febr. 1921), S.70; *Il Porto Sepolto* (1923), S.31/32; Ed. crit. (1988), S.14–19; frz. Ü.: J.Lescure; dt. Ü.: M.Marschall v. Bieberstein

La Ronda (entspricht mit geringfügigen Abweichungen dem Text in *Il Porto Sepolto*):

MATTINA // Ha in capo un diadema di freschi pensieri e tutta risplende nell'acqua fiorita // Ondeggia sull'acqua flessuosa il carnato primaverile delle ninfe rinate

MERIGGIO // Oggi che s'illuminano di ombre flebili le distanti montagne // e s'empie il deserto di desolante mistero // prendono sonno le statue nella folta estate

SERA // L'ombra rosata del corpo gentile si modula d'un infinita malinconia nello smeraldo impassibile del mare

NOTTE // Tutto si è esteso si è attenuato si è confuso // Si ascoltano i sibili dei treni partiti // Come quelle voci l'anima è vaga // Si rincorrono sogni fatui // Si dimette la ferocia // e, giacchè non ci sono testimoni, ci appare, di sfuggita, anche il nostro vero viso, stanco e deluso.

‹MORGEN // Hat auf dem Haupt ein Diadem aus frischen Gedanken und gleißt im blühenden Wasser // Es wogt auf dem biegsamen Wasser die frühlingshafte Rötung der wiedergeborenen Nymphen

MITTAG // Heute da mit wehmütigen Schatten sich erleuchten die entfernten Berge // und die Wüste sich füllt mit trostlosem Mysterium // fallen in Schlaf die Statuen im tiefen Sommer

ABEND // Der rosige Schatten des zierlichen Körpers moduliert sich mit unendlicher Schwermut im gleichmütigen Smaragdgrün des Meeres

NACHT // Alles ist weit geworden hat sich abgeschwächt verschwimmt // Man hört die Pfiffe der abgefahrenen Züge // Wie jene Stimmen ist die Seele unbestimmt // alberne Träume verfolgen sich / Die Wildheit tritt zurück // und, da es keine Zeugen gibt, erscheint, flüchtig, auch unser wahres Gesicht, müde und enttäuscht›

Der Text ist datiert in *Il Porto Sepolto* «Parigi novembre 1920» und gewidmet Lorenzo Montano und Giorgio de Chirico.

Sentimento (1933):

SERA // Mentre una bella ragazza nuda si vergogna in un mare verde bottiglia, ella non è più che fiamma, brace, nulla e un ambra. Per un momento, in lei è palese il consumarsi senza fine di tutto.

‹ABENDSTUNDE // Während ein schönes nacktes Mädchen vor Scham errötet in einem flaschengrünen Meer, ist sie nur noch Flamme, Glut, Nichts und Bernstein. Für einen Augenblick ist offenkundig in ihr das Sichverzehren ohne Ende aller Dinge.›

LE STAGIONI / DIE JAHRESZEITEN

Il Porto Sepolto (1923), S.21–24; *Primo tempo* (1923), S.182/83; *Poeti d'oggi* (1925), S.642/43; *Commerce* IV (1925): V.20–26: «Giugno» (S.20); V.37–43: «Sera» (S.23); *Scrittori nuovi* (1930), 632/33; *La Gazzetta del popolo* (30.9.1931); *Il fiore della lirica italiana* (1933), S.374–376; Ed. crit. (1988), S.20–39; frz. Ü.: J.Lescure, Ph.Jaccottet

Anm. Ungarettis (*Vita d'un uomo – Tutte le poesie* [1969], S.536): «Die

Landschaft wechselt zwischen Rom und Tivoli, mit den großen Wasserfällen der Villa Gregoriana (die geschwätzigen Wasser).»
In *Il Porto Sepolto* ist das Gedicht datiert «Parigi febbraio 1920 / Roma ottobre 1922» und gewidmet Riccardo Bacchelli und Elémir Bourges; die arabische Numerierung 1–4 der vier Teile fehlt. Die V. 20–26 und 37–43 der Erstfassung in *Il Porto Sepolto* sind unter den Titeln «Giugno» und «Sera» Teil der «Appunti per una poesia» in *Commerce* IV (1925).
Il Porto Sepolto: V. 1–10: identisch mit definitiver Fassung; V. 11–18: Impaziente rivale, / povero fantino, eccoti impegnato, / a perdifiato. // *Iridi voraginose fiorivano / sulla tua strada alata / l'arcano dialogo scandivano, //* È mutevole il vento, / illusa adolescenza. // V. 19–23 identisch mit V. 16 bis 20 (= Strophen 1–3 von Teil 2 der definitiven Fassung) // Sole ormai e stanche oscillando / dal notturno meridio / atre e frali le rimembranze vocano: // *Non ordirò le tue malinconie / ma in sulla chiarità / del fosso in sull'altura / l'ombra si desterà. / E la superna veemenza / in sul declivio dell'aurora / coronerà di bacche accese / la chioma docile e sonora / ma l'aggrinzito fusto / non scrollerà.* // V. 37–43 cf. «Appunti per una poesia»: «Sera» // Ora anche il sogno tace. // Fu quella l'ora più demente. // Nuda, l'antica quercia, ma tuttora / abbarbiciata è, sveglia, al suo macigno.
‹(...) // Ungeduldiger Nebenbuhler, / armer Rennreiter, engagiert bist du nun, / außer Atem. // *Abgründige Iris erblühten / auf deiner beschwingten Straße / skandierten den geheimnisvollen Dialog,* // Wankelmütig ist der Wind, / getäuschte Jugendzeit. // (...) // Einsam nun und müde schwankend / aus dem nächtlichen Mittag / unheilvoll und zerbrechlich rufen die Erinnerungen: // *Ich werde nicht deine schwermütigen Gedanken anstacheln / doch die Helligkeit hinauf / des Grabens die Anhöhe hinauf / wird der Schatten erwachen. / Und die hohe Heftigkeit / den Abhang der Morgenröte hinauf / wird mit entflammten Beeren krönen / das fügsame und tönende Haar / doch der runzlige Stamm wird nicht schwingen.* // Jetzt schweigt auch der Traum. // Es war jene die wahnsinnigste Stunde. // Nackt, die alte Eiche, doch immer noch / verwurzelt ist sie, wach, in ihren Fels.›
In der *Gazzetta del popolo* ist der Teil 2 des Gedichts ausgetauscht gegen neue Verse, die dann unter dem Titel «Ti svelerà» als eigenständiges Gedicht wieder herausgelöst und als solche in den *Sentimento* (1933) aufgenommen werden (cf. Anm. zu «Ti svelerà», S. 313 ff.). Diese Fassung des Gedichts in der *Gazzetta del popolo* ist begleitet von folgendem Kommentar Ungarettis:
«Argument: Ein Mensch, der die Vierzig überschritten hat, unternimmt es, seine erste Zeit zu betrachten, in welcher das Leben in den Traum versunken ist; Iris, himmlische Botin, ist noch frei, ist die Verwalterin der Rede, in jedem Lebensalter geheimnisvoll, zwischen Mensch und Natur. Im zweiten Gesang handelt es sich um den Frühling, dramatische Jahreszeit, für den Menschen Zeit schwarzen Lichts in den Adern; es ist das Lebensalter des Dichters, und auch dieses hat seinen Traum, Traum, versunken ins Leben; er, der Traum, ist eine Jugend, die ihn überrumpelt; und der verheißenste, der herbeigesehnteste, der unvergeßlichste, ähnelt dieser Traum, an den heißesten Tagen, jenen Augenblicken, zwischen dem Ende der Nacht und dem Beginn des Morgens, frischester Kühle. Der dritte Gesang bringt den Herbst zum Ausdruck; die Jugend, letztes

Feuer, erscheint schlagartig als ein ferner Traum, ein grauer Flug, der einen Widerschein hat und sich verliert; Traum und Leben trennen sich für immer. Im letzten Teil hat der Mensch seine Einsamkeit eingeholt; die Landschaft ist kalt und bloß; und in der Erde, sagt die Eiche, sind Wurzeln, die den Jahreszeiten widerstehen. Was das Licht betrifft, so sollte jeder Dichter seines haben; Petrarca hat jenes der Toscana und der Provence, ein Licht, das von Sonett zu Sonett nur ein leichtes Vorüberziehen von Helldunkel verlangt; wenn meines viele Spiegel hat, wenn es dürstet nach Wasser und Mond, wenn es ein Schraubstock ist, wenn ich die Jahre, in denen man am empfänglichsten für Eindrücke ist, auf der Schwelle der Wüste verbracht habe, ist es meine Schuld?» (Ed. crit., S. 32–33, Anm. 2) (Cf. a. «Abbozzo di un commento a *Le stagioni*», Ed. crit., S. 333–336)

SILENZIO IN LIGURIA / STILLE IN LIGURIEN
Il Porto Sepolto (1923), S. 29/30; *La Gazzetta del popolo* (2.9.1931): «Silenzio sul litorale»; Ed. crit. (1988), S. 40–46; frz. Ü.: J. Chuzeville, J. Lescure
Anm. Ungarettis (*Vita d'un uomo – Tutte le poesie* [1969], S. 536): «Ich war zu einem Kongreß gefahren, im Auftrag der französischen Informationsagentur ‹Radio›; es war die Zeit von Facta. Meine Frau vertrat eine andere Agentur, wir waren verantwortlich für den Informationsdienst der Konferenz. Übernachtet wurde in einem Hotel in Nervi, weil in Genua nichts frei war.»
Das Gedicht war ursprünglich Ettore Serra und Armando Spadini gewidmet und datiert «Roma il 31 maggio 1922». Die Erstfassung in *Il Porto Sepolto* erinnert in ihrem schlanken Zeilenbruch ohne Interpunktion noch stark an die Gedichte der *Allegria*:
SILENZIO IN LIGURIA – La pianura flessuosa / dell'acqua / tramonta e avvampa / in seni improvvisi // Nell'urne / dell'acqua / si soffonda il sole / e un lieve carnato / trascorre // Apre / la grande / mitezza degli occhi // Fanno ombra / profonda / le rocce // Addento / la pèsca sbocciata / dalle anche / ilari // O mia donna / il tuo amore / è una quiete accesa // e la godo / diffusa / dall'ala alabastrina di questa / immobile / mattina.
‹STILLE IN LIGURIEN – Die biegsame Ebene / des Wassers / geht unter und erglüht / in unerwarteten Buchten / In den Urnen / des Wassers / färbt sich die Sonne / und eine leichte Röte / flieht vorüber // Sie öffnet / die große / Sanftheit der Augen / Sie werfen tiefen / Schatten / die Felsen // Ich beiße / in den Pfirsich erblüht / aus den heiteren / Hüften // Oh meine Frau / deine Liebe / ist eine entflammte Ruhe // und ich genieße sie / zerstäubt / von der alabasternen Schwinge dieses / unbewegten / Morgens.›

ALLA NOIA / AN DEN ÜBERDRUSS
Primo tempo (1923), S. 184; *Il Porto Sepolto* (1923), S. 25/26; *Lunario Siciliano* II, 2 (Mai 1929); *Scrittori nuovi* (1930), S. 637/38; Ed. crit. (1988), S. 47–53; frz. Ü.: J. Chuzeville, J. Lescure, Ph. Jaccottet; dt. Ü.: M. Marschall v. Bieberstein
datiert in *Primo tempo* «Roma, il 22 luglio 1922», in *Il Porto Sepolto* «Roma,

il 19 luglio 1922»; das Gedicht war ursprünglich Emilio Cecchi und Paul Valéry gewidmet

Anm. Ungarettis (*Vita d'un uomo – Tutte le poesie* [1969], S.536):
«Die Landschaft muß noch jene von Tivoli sein, wo wir oft den Sonntag über hinfuhren. V.2 *der unreife Körper*. Er ist nicht Realität, sondern Traum, Bild eines Heranwachsenden.

V.8 *Magd des Wahns, Verdruß*. *Noia* im Sinne von *inquietudine* ‹Unruhe, Besorgnis› (der französische *ennui*, *il cruccio* ‹Kummer, Verdruß, Sorge›); ein stimulierender Zustand des ‹In-der-Schwebe-Seins› (*sospensione*), der Ungewißheit und des Unbehagens, dem man sich entziehen möchte.»

Primo tempo: Notti fluenti ma senza desio / quando nel mezzo d'un folto risorse / l'esile corpo verso cui m'avvio / Le tralucea la mano che mi porse / che s'allontana quanto vo vicino / Eccomi perso in queste vane corse / E non impreco supplico il destino / ch'ella non arda mai gli anni che mino // D'una mano fede mi dona / dall'altra disperanza / affabile madonna / che gioga alla follia / Quale fonte timida a un'ombra / anziana di ulivi m'addorma / le tue labbra assetate brami / ma più non le rimorda.

‹Nächte fließend doch ohne Begehren / als inmitten eines Dickichts wieder auftauchte / der zarte Körper zu dem ich mich auf den Weg mache / Ihre Hand leuchtet hervor die sie mir reichte / die sich um soviel ich mich nähere entfernt / Und jetzt bin ich verloren in diesen vergeblichen Läufen / Und ich verwünsche nicht ich flehe an das Schicksal / daß es niemals Jahre verbrennt die ich unterhöhle // Mit einer Hand schenkt sie mir Zuversicht / mit der anderen Verzweiflung / liebenswürdige Madonna / die sich dem Wahnsinn unterjocht / Wie eine schüchterne Quelle in einem alten / Schatten von Olivenbäumen einschlafen / deine durstigen Lippen begehren / doch nicht mehr sie von neuem beißen.›

In enger thematischer und motivlicher Verflechtung mit diesem Gedicht entsteht ab 1929, dem Jahr, in dem Ungaretti das Gedicht «Alla Noia» noch einmal gründlich überarbeitet für die Publikation in *Lunario Siciliano*, zuerst auf französisch, das Gedicht «Caino» (cf. Anm. zu «Caino», S.327 ff.).

SIRENE / SIRENEN

Il Porto Sepolto (1923), S.15; *Solaria* (Dez. 1928); *L'Italiano* (31.12.1928); *Scrittori nuovi* (1930), S.634; *Corriere padano* (17.7.1932); *Espero* I (Dez. 1932); *Mesures* (15.1.1937) (mit frz. Ü. v. J. Chuzeville); *Antologia di Solaria* (1937), S.481/82; Ed. crit. (1988), S.54–60; frz. Ü.: J. Chuzeville, J. Lescure, Ph. Jaccottet

Anm. Ungarettis (*Vita d'un uomo – Tutte le poesie* [1969], S.536):
«V.1 *Unheilvoller Geist*. Er ist die Inspiration, die immer zweideutig ist, die in sich einen Stimulus enthält und die trügerische Wahrheit, die Unruhe, von der vorher [in der Anm. zu «Alla noia». M. v. K.-H.] die Rede war; er ist die Muse in Gestalt der Sirene, und im Gedicht ist ja auch die verhängnisvolle Insel gegenwärtig, die Insel der Sirenen, zu der Odysseus auf seiner Reise gestoßen ist.»

Das Gedicht war ursprünglich Jean Paulhan gewidmet; in *Il Porto Sepolto* ist es datiert «Roma il 15 Aprile 1923»:

SIRENE – Spirito funesto che intorbidi amore / e, affine io risalga senza requie, / le nobili parvenze, pria ch'io giunga, / muti, ecco già, non anco deluso, / m'avvinci ad altro sogno. // Pari a quel mare, procelloso e blando, / che l'isola insidiosa porge e cela, / perchè ti prendi gioco di chi vuole, / volte le spalle al nulla, andare incontro / alla morte, sperando?

‹SIRENEN – Unheilvoller Geist der du Liebe trübst / und, damit ich ohne Ruhe wieder emporsteige, / die edlen Erscheinungen, bevor ich ankomme, / verwandelst, und schon, noch nicht enttäuscht, / fesselst du mich an anderen Traum. // Jenem Meer gleich, stürmisch und sanft schmeichelnd, / das die verfängliche Insel zeigt und verbirgt, / warum treibst du dein Spiel mit dem der, / die Schultern dem Nichts zugewandt, entgegengehen will / dem Tod, hoffend?›

Diese erste Fassung ist die Grundlage für die weitere Arbeit an diesem Gedicht, die über *Scrittori nuovi*, *Corriere padano*, *Espero* zur ersten Ausgabe des *Sentimento* 1933 führt. Daneben kommt es zu einer sehr viel umfänglicheren Ausarbeitung des Textes, ebenfalls unter dem Titel «Sirene», die in *Solaria* erscheint (wiederholt in *L'Italiano* und in der *Antologia di Solaria*), die zur Grundlage des Eröffnungsgedichts der Sektion «Inni», «Danni con fantasia», wird, das zum ersten Mal unter diesem Titel, überarbeitet, in *La Gazzetta del popolo* (1932) erscheint (cf. Anm. zu «Danni con fantasia», S. 325 f.).

RICORDO D'AFFRICA / AFRIKANISCHE ERINNERUNG
Il Convegno (25.3.1924): «Sera»; *Commerce* IV (1925): «Usignuolo», V. 3–18 (S. 24/25); *Scrittori nuovi* (1930): «Ricordo» (S. 634/35); *Sentimento* (1933): «Ricordo d'Affrica» (S. 33); *Il fiore della lirica italiana* (1933), S. 377/78; *Il Tesoretto* (1942), S. 366; Ed. crit. (1988), S. 61–71; frz. Ü.: J. Lescure, Ph. Jaccottet
Anm. Ungarettis (*Vita d'un uomo – Tutte le poesie* [1969], S. 536): «V. 8 *Und nicht mehr, vom lichten Palmenhain erschienen, Diana*. Diana ist, natürlich, die Mondin, mythische Personifizierung auch einer weiblichen Gestalt. Im Gedicht findet sich die Idee der Luftspiegelung, denn die Wirkungen der Luftspiegelung sind denen des Mondes analog.»
Il Convegno: SERA – Or non più tra la valle sterminata / e il mare calmo m'apparterò, né umili, / di remote età, udrò più sciogliersi, piano, / nell'aere limpido, squilli. Né miro / più Diana agile che la luce nuda / (nello specchio di gelo s'abbaglia, ove / lascia cadere il guardo arroventa / la brama, e un infinita ombra rimane). / Torno da lontano, ed eccomi umano. / Il mare m'è una linea evanescente, / e un nappo di miele che più non gusto, / per non morire di sete, mi pare / la valle, e Diana com'una collana / d'opali, e su un seno nemmeno palpita. / Ah! quest'è l'ora che annuvola e smemora.
‹ABEND – Nicht mehr jetzt zwischen dem unermeßlichen Tal / und dem ruhigen Meer werd ich mich absondern, und nicht mehr demütig, / von längst vergangenen Zeiten, sich auflösen hören, sacht, / in der reinen Luft, gellende Töne. Und nicht mehr betrachte ich / die behende Diana die das Licht entblößt / (im Spiegel aus Eis blendet sie sich, wo / sie den Blick fallen läßt, bringt sie zum Glühen / die Begierde, und ein unendlicher Schatten bleibt). / Ich kehre zurück aus der Ferne, und jetzt bin ich menschlich. / Das Meer ist mir eine verschwommene Linie, / und ein Becher mit Honig den ich nicht mehr koste, / um nicht an Durst zu ster-

ben, scheint mir / das Tal und Diana wie eine Kette / aus Opalen, und
nicht einmal auf einer Brust erbebt sie. / Ah! dies ist die Stunde die be-
wölkt und das Gedächtnis verliert.›
Datiert «Roma, il 27 febbraio 1924».
Cf. a. *Sentimento* (1933), V.8–18:
(...) / Né, d'un salto lontana la sorgente, / Diana nell'agile veste di luce, /
Più dal palmeto tornerà. / (Ardeva sacra, senza mescolanze, / In una sua
fredezza s'abbagliava, / Correva pura, / E se guardava la seguiva / Arro-
ventando disgraziate brame, / Infinito velluto). // È sera. // (...)
(...) / Und nicht mehr wird, mit einem Sprung fern die Wiederer-
wachende, / Diana im leichten Kleid aus Licht, / Vom Palmenhain zu-
rückkehren. / (Sie brannte unantastbar, ohne Vermischungen, / In ihrer
Kälte blendete sie sich, / Lief rein, / Und wenn sie betrachtete folgte
ihr / Zum Glühen bringend unselige Begierden, / Unendlicher Samt). //
Abend ist's. // (...)

LA FINE DI CRONO / DAS ENDE DES CHRONOS
Mehr als die Hälfte der Gedichte dieser Sektion gehen hervor aus den
«Appunti per una poesia» in *Commerce* IV (1925) (insgesamt 11: «Una
colomba», («Lago luna alba notte»), «Apollo», «Inno alla morte»,
«Aprile», «Nascita d'aurora», «D'agosto», «Un lembo d'aria», «Ogni
grigio», «Lido», «Leda») und in *Commerce* XII (1927) («L'isola»,
«Fine di crono»); «Ti svelara» geht hervor aus der Fassung von «Le sta-
gioni» in *La Gazzetta del popolo* (1931); «Di luglio» erscheint erstmals 1933
in *La Cabala*; die restlichen fünf Gedichte («Notte di marzo», «Giunone»,
«Con fuoco», «Fine», «Pari a se») erscheinen zum ersten Mal in der
Erstausgabe des *Sentimento* (1933).
Eine erste Fassung der Übersetzung dieses Zyklus erschien in *Sirene* 1
(1988), S.13–39; sie wurde für die vorliegende Ausgabe überarbeitet.

Im Frühjahr 1925 erschienen in *Commerce* IV unter dem Generaltitel
«Appunti per una poesia», gewidmet Benito Mussolini «in segno di gra-
titudine» (Mussolini hatte ein kurzes Vorwort zu *Il Porto Sepolto* (1923)
geschrieben; cf. Bd.1 der vorliegenden Werkausgabe) und datiert «Pa-
rigi, febbraio 1920 – Roma, il 24 maggio 1925», sieben neue Gedichte
(S.17–29): «Nascita d'aurora», «Giugno», «Roma», «Sera», «Usi-
gnuolo», «Lido», «Inno alla morte», aus denen die oben genannten
11 Gedichte der Sektion «La fine di Crono» hervorgehen werden (cf.
Anmerkungen zu diesen Gedichten und Bibliographie zum *Sentimento*).
Auffällig ist, daß diese Gedichte sich sozusagen als eine Partitur mit meh-
reren Stimmen präsentieren, die explizit benannt sind: in «Nascita d'au-
rora», «Giugno» und «Roma» singen ‹Clio› und ‹Il Coro›, in «Sera»
‹Clio› und ‹Eco›, in «Usignuolo» ‹Clio› und ‹L'Uomo›, in «Lido»
‹Clio›, ‹Il Coro› und ‹Eco›, die Stimme in «Inno alla morte» ist wieder-
um ‹L'Uomo›. Die jeweils zwei Reihen mit Punkten zu Beginn und am
Ende der Gruppe sowie zwischen den Gedichten deuten ebenso wie der
Generaltitel «Appunti per una poesia» ‹Notizen für eine Poesie / für ein
Gedicht› darauf hin, daß es sich bei diesen Gedichten um Teile eines grö-
ßeren Gedichts handelt.

Tatsächlich erwähnt Ungaretti in einem Brief an Paul Valéry, der im Frühjahr 1924 nach Rom kam, ein solches Projekt: «Und jetzt bin ich ein wenig freier, um an meine Dinge zu denken. Ich habe den ‹Morte di Crono› stark überarbeitet. Sobald es mir nicht zu miserabel erscheint, werde ich es Ihrem Urteil unterbreiten.» (In: «Ungaretti a Valéry: dodici lettere inedite [1924–1936]» in: *Italica* 58,4 [Winter 1981], S. 312 bis 323) In einem Brief an Domenico De Robertis vom 5.2.1947 erwähnt Ungaretti dieses Projekt ebenfalls: «(...) *Stanchezza di Leda* entstand fast gleichzeitig mit dem *Inno alla morte* oder in jener Periode. Es war nach einem Ausflug nach Tivoli. Der *Inno* entstand in einem Wurf und wurde fast nicht mehr überarbeitet. / Die Ausarbeitung von *Leda* kostete mich mehr Zeit. Ich erinnere mich, daß in jenen Tagen Valéry auf der Durchreise hier war, und ich zeigte es ihm, und wir sprachen darüber. Es sollte Teil eines Kurzepos (‹poemetto›) sein, *La morte di Crono*, dann *La fine di Crono*, und es blieben davon die Stücke, die im jetzigen *Sentimento* enthalten sind. Valéry fragte mich dann immer wieder nach dem Kurzepos, doch das Kurzepos endete in Bruchstücken, weil mein Geist sich anderen Lösungen zugewandt hatte.» (Ed. crit., «Introduzione», S. XXIV).

Ungaretti hatte also ursprünglich die Absicht, in *Commerce* das «Poemetto» *La morte di Crono* zu veröffentlichen, doch die Arbeit daran, der er sich bereits seit einem Jahr widmete, war im März 1925, als das Erscheinen der Frühjahrsnummer der Zeitschrift bevorstand, noch nicht zur Zufriedenheit Ungarettis fortgeschritten, wie er in einem Brief an Jean Paulhan, einen der Redakteure von *Commerce*, deutlich zum Ausdruck brachte: «Ich habe es noch nicht gewagt, dir das Manuskript dieses ‹Mort de Chronos› zu schicken, weil ich noch nicht damit zufrieden bin. Es gibt Teile darin, die mir ausgewogen scheinen; doch die Gesamtbewegung ist noch nicht spontan.» Die Entscheidung, lediglich die bereits «ausgewogenen Teile» in Form von «Appunti per una poesia» (mit anderen Worten, als Bruchstücke, Fragmente des entstehenden ‹Poemetto›) zu publizieren, wurde also notgedrungen in letzter Minute getroffen. Leider ist von dem gesamten Text kein Manuskript erhalten. Auskunft über die Anlage des ‹Poemetto› gibt ein Vortrag, den Ungaretti am 21.1.1925 unter dem Titel «Punto di mira» in Neapel hielt und in dem er, nachdem er über Dante, Petrarca, Leopardi, Baudelaire, Valéry und andere, auch über eigene Gedichte gesprochen hat, zum Schluß auch auf «La morte di Crono» zu sprechen kommt:

«(...) hatte ich 1920 die erste Idee zu meinem Gedicht *La morte di Crono* (...), von dem ich in dem Band mit Gedichten von mir, der letztes Jahr erschien [*Il Porto Sepolto*, 1923. M. v. K.-H.], ein Bruchstück gegeben habe unter dem Titel *Le stagioni*.

(...)

In meinem Gedicht *La morte di Crono* habe ich mich von dieser antiken Idee inspirieren lassen: der Mensch ist Teil der Zeitordnung. Und um sie zu symbolisieren, habe ich also das antike Symbol gewählt: die vier Abschnitte des Tages und die Jahreszeiten. Und die Parabel des Jahres und jene des Tages sind vielleicht zeitlose Sinnbilder der universalen Harmonie, während der Mensch nur ein Punkt zwischen zwei unendlichen Vergessen ist. Die Stille des Grabes ist jener vor der Wiege ähnlich. Sie ist die

Ewigkeit. Der Mensch jedoch, der lebt, müht sich nur ab, vergeblich, zu seinen Lebzeiten, bewußt, mit seiner unversehrten Person, sein schweigsames Vaterland, die Ewigkeit, durchlaufen zu wollen. Ich habe sagen wollen, daß der Mensch, Geschöpf, zeitgebundenes Phänomen, sterbend die Welt mit sich nimmt, die mit ihm geboren worden, herangewachsen, mit ihm, wenn es ihm gelingt, auf dem Gipfel der Steigung und dann zu Füßen des Abhangs angelangt war.
La Morte di Crono ist in drei Cantiche gegliedert: *Le Stagioni, L'Argonauta, La Morte di Crono*; die erste und zweite Cantica in verschiedene Gesänge (‹canti›). Vorläufig handelt es sich nur um einen Entwurf. Viele Teile existieren fast nicht, oder sie existieren in unzulänglicher Form, in einem ersten Wurf, und die ganze Arbeit des Feilens bleibt noch zu tun. Ich habe gedacht, auf die Dialogform zurückgreifen zu müssen. Die Gesprächspartner sind der Heranwachsende, der Mensch, Clio, die das Meditieren über den Ablauf der Ereignisse verkörpert, der Chor, der eine gewisse Einmütigkeit von Gefühlen verkörpert, Echo, die die fernen Dinge, das Gedächtnis, die Sehnsucht, die Hoffnung verkörpert.» (*Vita d'un uomo – Saggi e interventi* (1974), S. 301/02)
Vorbilder für Ungaretti waren hinsichtlich der dialogischen Form Leopardis *Operette morali*, Valérys *Eupalinos ou l'Architecte*, hinsichtlich des ‹Poemetto› unter anderem wieder Mallarmé mit seinem *Après-midi d'un faune*. Es ist darüber hinaus nicht auszuschließen, daß die rege Tagebuchtätigkeit sowohl Leopardis (etwa in seinem *Zibaldone*) als auch Valérys («Die Notizen und Erinnerungen, die Valéry in verschiedenen Verlagen veröffentlicht, könnten den Namen *Zibaldone* oder *Pensieri di varia filosofia e di bella letteratura* tragen», schreibt Ungaretti in «Va citato Leopardi per Valéry?») Ungaretti veranlaßt haben könnte, die ‹Bruchstücke› seines ‹Poemetto› als «Appunti» und nicht als «Frammenti» zu veröffentlichen.

Eine weitere Folge von «Appunti per una poesia», wiederum sieben Gedichte, gewidmet Léon-Paul Fargue, diesmal begleitet von Ungarettis eigener Übersetzung ins Französische (daher auch der doppelte Titel «Appunti per una poesia – Notes pour une poésie»), erscheint im Sommer 1927 in *Commerce* XII. Auch diese Folge von Gedichten steht in offensichtlicher Beziehung zu dem Projekt des ‹Poemetto› *La morte / fine di Crono*, was schon deutlich wird durch das gleichnamige Gedicht «La fine di Crono» innerhalb dieser Folge. Diesmal fehlen allerdings die Reihen mit Punkten zwischen den Gedichten sowie die dialogische Form. Es handelt sich um folgende Gedichte (alle bis dahin unveröffentlicht): «Sogno», «La fine di Crono», «Colore», «L'isola», «Sogno», «Il capitano», «Aura» (cf. a. Bibliographie zum *Sentimento*, S. 292/93). Bemerkenswert ist, daß die französischen Übersetzungen Ungarettis nicht getreue Übersetzungen der italienischen Texte sind, sondern immer wieder von ihnen abweichen (cf. hierzu Ed. crit., «Introduzione», S. XXX-XXXII, u. Vegliante, «Variantes et ‹traductions-variantes›, naissance du poème», in: *Ungaretti entre les langues*, Paris 1987, S. 9–54; auch in: *Les langues néolatines* 74, 233 [1980], S. 5–30); «L'isola» und «Il capitano» sind sogar von Ungaretti in Prosa, sozusagen als «poèmes en prose», übersetzt worden (beide Gedichte tragen deutlich «narrative» Züge, eine Gemeinsam-

keit, die durch die französische Prosaübersetzung noch unterstrichen
wird).

Ursprünglich hatte Ungaretti die zweite Folge der «Appunti per una
poesia» in etwas anderer Form, mit aller Wahrscheinlichkeit wohl für
La Fiera letteraria, geplant, wobei die Gedichte in vier Spalten nebenein-
ander angeordnet werden sollten: «La fine di Crono» und «L'isola» in
der 1.Kolonne; aufgeteilt auf die 2. und 3.Spalte «Il capitano» und
«Coro» (5 Verse pro Kolonne; dieses Gedicht wird erst 1933 unter dem
Titel «Pari a se» im *Sentimento* veröffentlicht); im Zentrum, in der Mitte
zwischen der 2. und 3.Spalte, «Colore»; in der 4.Spalte schließlich
«Lido», «Eco» (≙ «Lido» in *Commerce* IV [1925], V.12–20) und «Uden-
do il cielo» (≙ «Aura»). Die beiden Autographen, die dieses Projekt
dokumentieren, sind datiert «Parigi, febbraio 1920 – Roma, il 24 febbraio
1925» (dies entspricht in etwa der Datierung der «Appunti per una poe-
sia» in *Commerce* IV [1925]: «Parigi, febbraio 1920 – Roma, il 24 maggio
1925»). Letzten Endes ist das Projekt in dieser Form nicht realisiert wor-
den und ging zum Teil in die «Appunti per una poesia – Notes pour une
poésie» in *Commerce* XII (1927) ein (cf. Ed. crit., «Introduzione»,
S.XXXIII–XXXVII, zur inhaltlichen Struktur der unterschiedlichen
Anordnungen bzw. Aufeinanderfolgen der Gedichte in beiden «Appunti»-
Projekten insbes. S.XXXV–XXXVII).

Cf. zu den «Appunti per una poesia» in *Commerce* IV (1925) und XII
(1927) auch Dina Aristodemo/Pieter De Meijer, «Varianti di una sta-
gione francese di Ungaretti», in: *Atti del Convegno Internazionale su Giuseppe
Ungaretti*, Urbino 3–6 Ottobre 1979, Urbino 1981, S.111–160, hier S.113
bis 129 (im Anhang zu diesem Aufsatz sind auch die Texte Ungarettis
veröffentlicht); cf. a. P.Bigongiari, «La climax della poesia pura – Nel
cuore del ‹Sentimento del Tempo›: ‹da simulacro a fiamma vera›», in:
Paradigma 1 (1977).

Eine dritte Folge von «Appunti per una poesia» erschien schließlich,
diesmal nicht in Frankreich, sondern erstmals in Italien und tatsächlich
verteilt auf vier Spalten, am 16.Oktober auf der ersten Seite von *La
Fiera letteraria*, mit folgenden acht Gedichten (in der Reihenfolge): «Na-
scita d'aurora», «Ombra», «Sera», «Pace», «Sogno», «Stelle e luna»,
«Apollo», «Fonte» (cf. die Anmerkungen zu den entsprechenden Ge-
dichten; «Sera» / «Pace» ≙ «Ogni grigio», «Stelle e luna» ≙ «Stelle»).
Die Gedichte «Nascita d'aurora» und «Apollo» (in *Commerce* IV [1925]
noch ein Gedicht) bewahren noch die ursprünglich dialogische Struktur
(mit den Sprechern ‹Clio› und ‹Coro›) des geplanten ‹Poemetto› *La morte
di Crono* bzw. *La fine di Crono*.

UNA COLOMBA / EINE TAUBE
Commerce IV (1925): «Usignuolo», V.1–2 (S.24); *Sentimento* (1933): «Una
colomba» (S.37); Ed. crit. (1988), S.75; frz. Ü.: J.Lescure; dt. Ü.:
M.Marschall v. Bieberstein

L'ISOLA / DIE INSEL

Commerce XII (1927): «L'isola» – «L'île» (S.28/29); *L'Italia letteraria* (27.10.1929); *Scrittori nuovi* (1930), S.636; *Poètes italiens contemporains* (1936), S.75–77; *Vie d'un homme* (1939): «L'île» (S.81); Vegliante, *Ungaretti entre les langues* (1987), S.90/91; Ed. crit. (1988), S.76–80, 328 («L'île»); Ü.: J.Lescure; dt. Ü.: Hugo Friedrich, in: *Die Struktur der modernen Lyrik*, S.257; M.Marschall v. Bieberstein

Anm. Ungarettis (*Vita d'un uomo – Tutte le poesie* [1969], S.537):
«Die Landschaft ist die von Tivoli. Warum *die Insel*? Weil es der Ort ist, wo ich mich isoliere, wo ich allein bin: es ist ein Ort, der getrennt ist vom Rest der Welt, nicht weil er es in Wirklichkeit wäre, sondern weil ich mich in meiner Gemütsverfassung von ihr trennen kann.»

In *Commerce* ist der italienische Text begleitet von Ungarettis eigener Übersetzung ins Französische (in Prosa) (neu publiziert von Vegliante, der den gesamten italienisch-französischen Block neu publiziert, a.a.O., S.83–99); Ungarettis französischer Text wurde 1939 in Chuzevilles Ausgabe *Vie d'un homme* aufgenommen, mit geringfügigen Varianten:

Il vit alors un fantôme, languide et refleurissant: celui d'une nymphe (...); Sous la clarté, que tamisaient les branches, des brebis songeaient çà et là; d'autres broutaient l'étoffe brillante. Une fièvre sourde polissait comme verre les mains du berger. (Zusatz: «[Traduit par l'auteur]»)

LAGO LUNA ALBA NOTTE /
SEE MOND TAGESANBRUCH NACHT

L'Italia letteraria (27.10.1929); Ed. crit. (1988), S.81–86; frz. Ü.: J.Chuzeville, J.Lescure, Ph.Jaccottet

Anm. Ungarettis (*Vita d'un uomo – Tutte le poesie* [1969], S.537):
«Der evozierte See ist der von Albano.»
Das Gedicht erschien erstmals in *L'Italia letteraria* unter dem Generaltitel «Paesi i inni» (zusammen mit «L'isola», «Quiete», «Stanchezza di Leda» (≙ «Leda») und «Sera»); es ist eine Neufassung von «Lido» (zur komplexen Entstehungsgeschichte cf. Ed. crit., S.81–84).

APOLLO / APOLLO

Commerce IV (1925): «Nascita d'aurora», V.16, 23–27 (S.17–19); *La Fiera letteraria* (16.10.1927): «Apollo»; Ed. crit. (1988), S.87–90; frz. Ü.: J.Lescure; dt. Ü.: M.Marschall v. Bieberstein

Anm. Ungarettis (*Vita d'un uomo – Tutte le poesie* [1969]; S.537):
«Das Sichöffnen eines Morgens, die Anrufung, sich von der Nacht freizumachen.»
Die dialogische Struktur von *Commerce* ist, in anderer Verteilung der Stimmen, aber weiterhin mit Einschub der Verse, die später das Gedicht «Aprile» ergeben werden, auch in *La Fiera letteraria* noch beibehalten (ebenfalls unter dem Generaltitel «Appunti per una poesia»):

APOLLO – Coro / Apollo, siamo desti! / Clio / Oggi é la prima volta / Che aprirgli gli occhi può / Roseo subdolo il desire. / Coro / Esita! / Clio / Saprà forse già servirsi / D'un dardo schivo? / Già / Bendare forse sa d'affanni? / Coro / La fronte intrepida ergi! / Destati! / Clio / Spira il sanguigno balzo. / L'azzurro inospite è alto! / Coro / Spaziosa calma!

‹APOLLO – Chor / Apollo, wir sind erwacht! / Clio / Heute ist es das erste Mal / Daß ihm die Augen öffnen kann / Heimtückisches Rosarot das Verlangen. / Chor / Es zögert! / Clio / Wird es vielleicht schon sich zu bedienen wissen / Eines scheuen Pfeils? / Schon / Weiß es ihn vielleicht zu verbinden mit bangem Sehnen? / Chor / Die furchtlose Stirn recke empor! / Erwache! / Clio / Der blutrote Sprung strömt sich aus. / Das ungastliche Blau ist hoch! / Chor / Geräumige Ruhe!›
Der Vers: «Spira il sanguigno balzo» stellt insofern ein Übersetzungsproblem dar, als «spira» sowohl Imperativ als auch 3. Pers. Präs. Sg. sein kann; der französische Übersetzer Lescure hat sich für die zweite Möglichkeit entschieden und übersetzt: ‹Le bondissement du sang a pris son souffle...› (*Les cinq livres*, S. 162; auch in *Vie d'un homme* [1973], S. 130); cf. a. Vegliantes Übersetzung der Fassung von *Commerce*: ‹En cobalt vient s'éteindre l'abrupt sanglant› (a. a. O., S. 123, cf. a. S. 122/23).

INNO ALLA MORTE / HYMNE AN DEN TOD
Commerce IV (1925), S. 28/29; *L'Italiano* (15. 11. 1926); *Scrittori nuovi* (1930), S. 636/37); *Il fiore della lirica italiana* (1933), S. 379/80; Ed. crit., (1988), S. 91–95; frz. Ü.: J. Chuzeville, J. Lescure, Ph. Jaccottet
Anm. Ungarettis (*Vita d'un uomo* – *Tutte le poesie* [1969], S. 537):
«V. 5 *Zu Füßen der Vertiefung...* Es ist immer noch die Landschaft von Tivoli, der Villa Gregoriana, im Augenblick, wo die Nacht zu Ende geht, als müsse in jenem Augenblick alles zu Ende gehen.»

NOTTE DI MARZO / MÄRZNACHT
Sentimento (1933), S. 49; *Mesures* (15. 1. 1937), S. 22 (mit frz. Ü. v. J. Chuzeville); Ed. crit. (1988), S. 96/97; frz. Ü.: J. Chuzeville, J. Lescure

APRILE / APRIL
Commerce IV (1925): «Nascita d'aurora», V. 17–22 (S. 17–19); *La Fiera letteraria* (16. 10. 1927): «Apollo», V. 2–7 (cf. Anm. zu «Apollo»); Ed crit. (1988), S. 98–100; frz. Ü.: J. Lescure
Das Gedicht erscheint erstmals als eigenständiges Gedicht unter dem Titel «Aprile» in der Erstausgabe des *Sentimento* (1933).

NASCITA D'AURORA / AURORAS GEBURT
Commerce IV (1925), S. 17–19; *La Fiera letteraria* (16. 10. 1927); *Scrittori nuovi* (1930), S. 635; *Il fiore della lirica italiana* (1933), S. 381; Ed. crit. (1988), S. 101–104; frz. Ü.: J. Lescure, Ph. Jaccottet; dt. Ü.: H. Friedrich, in: *Die Struktur der modernen Lyrik*, S. 257/59; auch in: Gisela Breitling, *Nascita d'Aurora* – *Geburt der Morgenröte*, mit 8 Radierungen von Gisela Breitling, Text von Giuseppe Ungaretti, übertragen von Hugo Friedrich, Berlin (Rembrandt-Verlag) 1967 (12 Doppelblätter, 40 Ex.); M. Marschall v. Bieberstein
In *La Fiera letteraria* werden die V. 16–27 als eigenständiges Gedicht mit dem Titel «Apollo» (≙ «Apollo», «Aprile») abgetrennt; die dialogische Struktur wird beibehalten.

DI LUGLIO / IM JULI
La Cabala (März 1933); Ed. crit. (1988), S.105/106; frz. Ü.: J.Lescure, Ph.Jaccottet

GIUNONE / JUNO
Sentimento (1933), S.57; Ed. crit. (1988), S.107; frz. Ü.: J.Chuzeville, J.Lescure

D'AGOSTO / IM AUGUST
Commerce IV (1925): «Roma», V.1–2, 6–16 (S.21/22); *Sentimento* (1933): «D'agosto» (S.59); Ed. crit. (1988), S.108–112; frz. Ü.: J.Lescure, Ph.Jaccottet

UN LEMBO D'ARIA / EIN ZIPFEL LUFT
Commerce IV (1925): «Roma», V.3–5 (S.21); *Sentimento* (1933): «Si muova» (S.61); *Sentimento* (1936): «Un lembo d'aria» (S.44); Ed. crit. (1988), S.113–115; frz. Ü.: J.Lescure, Ph.Jaccottet

OGNI GRIGIO / JEDES GRAU
Commerce IV (1925): «Roma», V.17–25 (S.22); *La Fiera letteraria* (16.10. 1927): «Sera», «Pace»; *Sentimento* (1933); «Ogni grigio» (S.63); Ed. crit. (1988), S.116–119; frz. Ü.: J.Chuzeville, J.Lescure
In *La Fiera letteraria* werden die Verse, die das Gedicht «Ogni grigio» bilden werden, aus «Roma» herausgelöst und in zwei Gedichte mit eigenen Titeln aufgespalten: «Sera» (≙ der Stimme ‹Clio› in «Roma», V.17–22 u. «Ogni grigio», V.1–6) und «Pace» (≙ der Stimme ‹Coro› in «Roma» V.23–25 u. «Ogni grigio», V.7–9); die Einteilung in drei dreizeilige Strophen fehlt in der Erstausgabe des *Sentimento* (1933):
OGNI GRIGIO – Quando / Dalla spoglia di serpe / Alla pavida talpa / Ogni grigio si gingilla sui duomi, / Come una prora bionda / Di stella in stella il sole s'accomiata / E s'acciglia sotto una pergola / E, come fronte stanca / Dentro una mano, / Appare notte.
‹JEDES GRAU – Wenn / Von der abgestreiften Schlangenhaut / Zum furchtsamen Maulwurf / Jedes Grau auf den Domen tändelt, / Verabschiedet sich wie ein blonder Bug / Von Stern zu Stern die Sonne / Und verfinstert sich unter einer Pergola / Und, wie eine müde Stirn / drin in einer Hand, / Erscheint Nacht.›

TI SVELERÀ / ENTHÜLLEN WIRD SIE DIR
La Gazzetta del popolo (30.9.1931): «Le stagioni», V.9–37; *Sentimento* (1933): «Ti svelerà» (S.65); Ed. crit. (1988), S.120–123; frz. Ü.: J.Lescure
Anm. Ungarettis (*Vita d'un uomo – Tutte le poesie* [1969], S.537):
«Trotz des flüchtigen Triumphs des Gedächtnisses über die Feindschaft der Zeit handelt es sich nur um eine Waffenruhe. Das Wunder des poetischen Moments und der Gegenwart der Vergangenheit betonen das tragische Empfinden der Flucht der Zeit. Man kann nichts pflücken, wenn nicht in Form poetischer Erinnerung, als wäre der Tod allein imstande, Gestalt und Sinn dem Erlebten zu geben. Die innere Dauer setzt sich zusammen aus Zeit und aus Raum, außerhalb der chronologischen Zeit; das innere

314 Anmerkungen

Universum ist eine Welt, in der die Umkehrbarkeit die Regel ist. Jene Zeit läuft niemals in eine einzige Richtung, orientiert sich niemals in immer derselben Weise; man kann ihren Lauf zurückverfolgen, ohne daß man weiß, bis zu welcher unerreichbaren, gleichwohl unmittelbar in uns gegenwärtigen Quelle. Das Gedächtnis holt aus dem Abgrund die Erinnerung, um ihr wieder Gegenwart zu verleihen, um den Dichter sich selbst zu enthüllen.»

Das Gedicht geht hervor aus der Fassung von «Le stagioni» in *La Gazzetta del popolo* (1931, V.9–37):

LE STAGIONI – 1. / O leggiadri e giulivi coloriti / Che la struggente calma alleva, / E addolcirà, / Dal fuoco desioso adorni, / Torniti da soavità; // O seni appena germogliati, / Già sospirosi, / A mire ladre, pronti, colmi e trepidi; / Bel momento, mi ritorni vicino. // *Iridi libere fiorivano* / *Sulla tua strada alata*; / *L'arcano dialogo scandivano.* // O bel ricordo, siediti un momento. // Non crederà, l'illusa adolescenza, / Che il vento muta. // 2. / Già si consuma / L'ora d'estate che disanima. // È già l'ora voraginosa. // È ora di luce nera nelle vene, / Già degli stridi muti degli specchi, / Dei precipizi falsi della sete; / Fra diverse maturità di climi, / È l'ora truce e persa, / Dei sospesi sepolcri. // Soli ormai, oscillando stanchi, / Dal fondo sangue, polverosi, / Ciechi i ricordi invocano: // *L'ombra si desterà* / *Sulla trasparenza del fosso* / *Sull'altura lunare.* // *E in sul declivio dell'aurora,* / *Con dolcezze di primi passi, quando* / *La veemenza suprema* / *La terra della notte* / *avrà toccato* / *E in freschezza sciolto ogni fumo,* / *Tornando impallidita al cielo,* / *Un corpo sorpreso mi svelerà.* // *Ed alte foglie, docili e sonore,* / *D'un soffio,* / *tenero e il più memorabile,* / *Ella coronerà.* // 3. / Indi passò sulla fronte dell'anno / Un ultimo rossore. // E il coro della gioventù lontana / Modulare s'udì: // *Sopra il fosso dell'acqua sempre garrula,* / *Vidi riflesso uno stormo di tortore.* / *Allo stellato grigiore s'unirono.* // Fu quella l'ora più demente. // 4. / Ora anche il sogno tace. // Nuda, l'antica quercia, ma tuttora / Abbarbicata è, sveglia, al suo macigno.

‹DIE JAHRESZEITEN – 1. / Oh anmutige und heitere Färbungen, welche die verzehrende Ruhe nährt, / Und sänftigen wird, / Vom begierigen Feuer geschmückt, / Aus Zartheit gerundet; // Oh Brüste, Knospen noch, / Schon seufzerschwer, / Vor diebischen Blicken, bereit, übervoll und erbebend, // Schöner Augenblick, nahe dich mir wieder. // *Freie Iris erblühten* / *Auf deiner beschwingten Straße;* / *Den geheimnisvollen Dialog skandierten sie.* // Oh schöne Erinnerung, verweile einen Augenblick. // Nicht glauben wird sie, die getäuschte Jugendzeit, / Daß der Wind wechselt. // 2. / Schon verzehrt sich / Die Stunde des Sommers die verzagt macht. // Es ist schon die abgründige Stunde. // Es ist die Stunde schwarzen Lichts in den Adern, / Schon der stummen Aufschreie in den Spiegeln, / Der falschen Abgründe des Dursts; / Zwischen verschiedenen reifen Altern von Räumen, / Ist es die grimme und verlorene Stunde / Der schwebenden Grabstätten. // Einsam nun, müde schwankend, / Aus dem tiefen Blut, staubig, / Blind, rufen die Erinnerungen: // *Der Schatten wird erwachen* / *Auf der Durchsichtigkeit des Grabens* / *Auf der Mondanhöhe.* // *Und den Abhang der Morgenröte hinauf,* / *Mit Süße erster Schritte, wenn* / *die höchste Heftigkeit* / *Die Erde der Nacht berührt haben wird* / *Und in Frische aufgelöst allen Dunst,* / *Erbleicht zurückkehrend zum Himmel,* / *wird sie einen überraschten Körper mir enthüllen. || Und hohe Blätter, fügsam und tönend, | Wird mit einem Hauch, zart und der denkwürdigste, | Sie krönen. || 3. | Drauf zog über die Stirn des Jahres | Eine letzte Röte. || Und den Chor der fernen Jugend vernahm man modulieren: || Auf dem Graben des immer geschwätzigen Wassers | Sah ich widergespiegelt einen Schwarm Turteltauben. | Dem gestirnten Grau vermählten sie sich. ||* Es war jene die wahnsinnigste Stunde. || Jetzt schweigt auch der Traum. || Nackt, die alte Eiche, doch immer noch / verwurzelt ist sie, wach, in ihren Fels.›

FINE DI CRONO / CHRONOS' ENDE

Commerce XII (1927): «La fine di Crono» – «La fin de Chronos» (S. 24 à 25); *Il fiore della lirica italiana* (1933), S. 382; *Vie d'un homme* (1939): «La fin de Chronos» (S. 89); Vegliante, *Ungaretti entre les langues* (1987), S. 88 à 89; Ed. crit. (1988), S. 124–127, 327 («La fin de Chronos»); frz. Ü.: J. Lescure, Ph. Jaccottet; dt. Ü.: M. Marschall v. Bieberstein

Anm. Ungarettis (*Vita d'un uomo – Tutte le poesie* [1969], S. 537): «Es ist eine Fantasie über das Ende der Welt. Die Gestirne, *ungezählte Penelopen,* spinnen das Leben, bis ihr Herr, ihr Odysseus, zurückkehrt, sie zu umarmen, sie in sich zunichte zu machen. Darauf wird der Olymp wiederkehren, die absolute Ruhe, das Nicht-mehr-Existieren.»

In *Commerce* ist der italienische Text begleitet von Ungarettis eigener Übersetzung ins Französische (neu publiziert in Vegliante); Ungarettis französischer Text, eine variierende Übersetzung des italienischen, wurde 1939 in Chuzevilles Ausgabe *Vie d'un homme* aufgenommen, mit geringfügigen Varianten: Leerzeilen zwischen V. 1 u. 2, V. 4 u. 5; die Verse 1, 4 und 9 schließen nicht mit einem Punkt, sondern mit 3 Punkten wie V. 7, der jetzt stattdessen mit einem Ausrufezeichen endet. Der Schlußvers steht jetzt zwischen runden Klammern.

Der Text trägt in *Vie d'un homme* den Zusatz «(Traduit par l'auteur)».

CON FUOCO / MIT FEUER

Sentimento (1933), S. 69; Ed. crit. (1988), S. 128/29; frz. Ü.: J. Chuzeville, J. Lescure

Anm. Ungarettis (*Vita d'un uomo – Tutte le poesie* [1969], S. 538): «V. 1 *Ein sehnsüchtiger Wolf.* Der Wolf, ein altgewordener und daher nostalgischer Wolf, doch mit dem Ungestüm der Jugend im Verlangen, ist der Dichter.»

LIDO / LIDO

Commerce IV (1925): «Lido», V. 1–11 (S. 26); Ed. crit. (1988), S. 130 bis 133 (cf. a. S. 81–84); frz. Ü.: J. Lescure

Anm. Ungarettis (*Vita d'un uomo – Tutte le poesie* [1969], S. 538): «Es ist immer noch eine winterliche Landschaft, am Ufer eines Sees, vielleicht des Sees von Albano. Es ist die Dämmerung, der Eintritt in die Nacht, und es ist auch das Ende eines Jahres.»

LEDA / LEDA

Commerce IV (1925): «Lido», V. 12–20 (S. 26/27); *L'Italia letteraria* (27.10.1927): «Stanchezza di Leda»; Ed. crit. (1988), S. 134–137 (cf. a. S. 81–84); frz. Ü.: J. Lescure

Anm. Ungarettis (*Vita d'un uomo – Tutte le poesie* [1969], S.538):
«Es ist verbunden mit dem vorhergehenden. Es ist die Wiedergeburt des
Tages und des Jahres, die *lichtvollen* Zähne sind jene der Sonne, die *Erbleichte*
ist die Nacht, die *sterbliche Hülle* ist der vom Schlaf überwältigte Körper
der Nacht. Die beiden Gedichte entwickeln parallel die Themen: Schlaf –
Erwachen, Nacht–Tag, Jahresende–Jahresanfang.»

FINE / ENDE
Sentimento (1933), S.75; Ed. crit. (1988), S.138; frz. Ü.:J.Lescure; dt.Ü.:
M.Marschall v. Bieberstein

PARI A SÈ / SICH GLEICH
Sentimento (1933), S.77; Ed. crit. (1988), S.139–141; frz. Ü.: J.Lescure;
dt. Ü.: I.Bachmann, M.Marschall v. Bieberstein
Das Gedicht entstand im Zusammenhang eines Projektes von «Appunti
per una poesia» (mit dem Titel «Coro»), das mit aller Wahrscheinlich-
keit für *La Fiera letteraria* bestimmt war (cf. die einleitenden Bemerkungen
zu dieser Sektion, S.310).
CORO – ‹Va la barca / nel silenzio vespertino. // S'ode un fischio fuggi-
tivo. // Qualche lume ora è comparso / dal romito caseggiato. // Nella neb-
bia mattutina / vedo solo l'onde nere / odo solo lo scrosciare / che si perde
e si rinnova, // senza requie, sempre uguale.›
‹CHOR – Es zieht das Schiff / in der abendlichen Stille. // Man hört
einen flüchtigen Pfiff. // Manch ein Schein ist jetzt erschienen / vom ein-
samen Häuserblock. // Im morgendlichen Nebel / sehe ich allein die
schwarzen Wogen // höre ich allein das Rauschen / das sich verliert und
sich erneuert, // ohne Ruhe, immer gleich.›

SOGNI E ACCORDI / TRÄUME UND AKKORDE
Ebenso wie gut die Hälfte der Gedichte der vorangehenden Sektion «La
Fine di Crono» in ersten Fassungen in Frankreich erschienen sind (*Com-
merce*, 1925, 1927), gehen auch knapp die Hälfte der Gedichte (insges. 7)
in der Sektion «Sogni e Accordi» auf in französischen Zeitschriften er-
schienene Erstfassungen zurück: die Gedichte «Eco», «Statua», «Aura»
und «Due note» sind Teil der «Appunti per una poesia – Notes pour une
poésie» in *Commerce* XII (1927); die Gedichte «Rosso e azzurro», «Grido»
und «Sereno» sind unter dem gemeinsamen Titel «Trois notes» Teil der
«Hymnes» in *La Nouvelle Revue Française* XVI, 183 (1928) (als französische
Gedichte). Das Gedicht «Ultimo quarto» erscheint erstmals (zusammen
mit den beiden «Sogno» [≙ «Eco» und «Statua»] aus *Commerce* [1927])
unter dem Titel «Tre momenti» in *Il vero Giotto* IX (1933); die Gedichte
«Ombra», «Stelle», «Sogno» und «Fonte» sind Teil der «Appunti per
una poesia» in *La Fiera letteraria* (Okt. 1927). «Quiete» und «Sera» er-
scheinen erstmals in *L'Italia letteraria* (Okt. 1929) unter dem Generaltitel
«Paesi e inni» (zusammen mit «L'isola», «Lago luna alba notte» und
«Stanchezza di Leda»); das Gedicht «Di sera» schließlich 1933 in *Alma-
nacco letterario* (zusammen mit «Quiete»).

ECO / ECHO

Commerce XII (1927): «Sogno» – «Songe» (S.22/23); *Il vero Giotto* IX
(1933): «Tre momenti I»; *Sentimento* (1933): «Eco» (S.81); *La vie d'un
homme* (1939): «Écho» (S.93); Vegliante, *Ungaretti entre les langues* (1987),
S.84/85; Ed. crit. (1988), S.145/46, 328 («Songe»); frz. Ü.: J.Lescure
In *Commerce* ist der italienische Text begleitet von Ungarettis eigener
Übersetzung ins Französische (neu publiziert von Vegliante); Ungarettis
französischer Text, eine variierende Übersetzung des italienischen, wurde
1939 in Chuzevilles Ausgabe *Vie d'un homme* übernommen (mit dem Titel
«Écho» und geringfügigen Varianten): V.1: O navire en feu; V.3: Qui
peuples d'échos; V.6: D'âmes dépouillées...; V.9: L'amour à la chaire
des jours; V.10: Laisse un sillage de plaie... Der Text trägt den Zusatz:
«(Traduit par l'auteur)».
Die V.7–10 werden über den Text «Tre momenti I» zu «Eco» in der
Erstausgabe des *Sentimento* (1933); die V.1–4 werden unter dem Titel
«Sogno» 1945 in die *Poesie disperse* (cf. Bd.1 der vorliegenden Werkaus-
gabe) aufgenommen; die V.5/6 gehen ein in das Gedicht «Ultimo quarto»
(V.5).

ULTIMO QUARTO / LETZTES VIERTEL

Il vero Giotto IX (1933): «Tre momenti II»; *Sentimento* (1933): «Luna»
(S.83); *Mesures* (15.1.1937): «Luna» (mit frz. Ü. v.J.Chuzeville) (S.20);
Sentimento (1943): «Ultimo Quarto» (S.66); Ed. crit. (1988), S.147–149;
frz. Ü.: J.Chuzeville, J.Lescure, Ph.Jaccottet; dt. Ü.: M.Marschall
v. Bieberstein
Anm. Ungarettis (*Vita d'un uomo – Tutte le poesie* [1969], S.538):
«Beschreibt eine in Tivoli, vor der Villa Adriana, verbrachte Nacht. Die
Villa war geschlossen, der Wächter wollte uns nicht hineinlassen, und Jean
Paulhan, Franz Hellens, unsere Frauen und ich, wir sind auf die Umfrie-
dungsmauer geklettert und haben das unvergeßliche Schauspiel betrachtet,
auf das das Gedicht anspielt. Ich weiß nicht, ob die Villa Adriana, ihre
herzzerreißende Melancholie nicht die Vergeblichkeit, das Unvermögen
ausdrückt, jenen Traum eines vor Sehnsucht brennenden Kaisers zu resti-
tuieren, der sich vorgenommen hatte, eine Art Griechenland en minia-
ture zum eigenen Gebrauch zu errichten, nur wenige Meilen von Rom
entfernt. Die Sehnsucht ist im Herzen jeden poetischen Ausdrucks, und
Hadrian war ein Dichter.» (Diese Anm. Ungarettis ist im ersten Teil eine
wörtliche Übersetzung dessen, was er in den «Propos improvisés», den
Rundfunkgesprächen, die er 1953 mit Jean Amrouche führte, ausführt
(cf. G.Ungaretti/Jean Amrouche, *Propos improvisés*, texte mis au point par
Ph.Jaccottet, Paris [Gallimard] 1972, S.109). Ab «Ich weiß nicht, ob die
Villa Adriana...» übernimmt Ungaretti den anschließenden Gesprächs-
beitrag J.Amrouches in relativ wörtlicher Übersetzung (cf. *Propos impro-
visés*, S.109/10).

STATUA / STATUE

Commerce XII (1927): «Sogno» – «Songe» (S.22/23); *Il vero Giotto* IX
(1933): «Tre momenti III»; *Sentimento* (1933): «Statua» (S.85); *Vie
d'un homme* (1939): «Statue» (S.95); Vegliante *Ungaretti entre les lan-*

gues (1987), S.86/87; Ed. crit. (1988), S.150/52, 327 («Songe»); frz. Ü.: J.Lescure

In *Commerce* ist der italienische Text begleitet von Ungarettis eigener Übersetzung ins Französische (neu publiziert in Vegliante); Ungarettis französischer Text, eine variierende Übersetzung des italienischen, wurde 1939 in Chuzevilles Ausgabe *Vie d'un homme* aufgenommen (mit dem Titel «Statue» und geringfügigen Varianten): Leerzeile zwischen V.2 und 3; V.3 und 4 schließen jeweils mit einem Komma ab. Der Text ist versehen mit dem Zusatz: «(Traduit par l'auteur)».

OMBRA / SCHATTEN

La Fiera letteraria (16.10.1927); Ed. crit. (1988), S.152/53; frz. Ü.: J.Lescure, Ph.Jaccottet

Das Gedicht entsteht aus dem folgenden Gedicht «Aura», einige Monate zuvor (im Sommer 1927) in *Commerce* publiziert (cf. Anm. zu «Aura»):

La Fiera letteraria: OMBRA – Uomo che speri senza pace, / Stanca ombra entro il chiarore polveroso, / Tremula appiè del monte scalzo, / Tramonterà a giorni l'ultimo caldo, / Vagherai indistinta.

‹SCHATTEN – Mensch der du friedlos hoffst, / Müder Schatten im staubigen Schein, / Zitternd zu Füßen des barfüßigen Berges, / In wenigen Tagen wird die letzte Wärme untergehen, / Unbestimmt wirst du umherschweifen.›

AURA / AURA

Commerce XII (1927): «Aura» – «Urne» (S.40/41); *Vie d'un homme* (1939): «Urne» (S.96); Vegliante, *Ungaretti entre les langues* (1987), S.98/99; Ed. crit. (1988), S.154–156, 330 («Urne»); frz. Ü.: J.Lescure

Anm. Ungarettis (*Vita d'un uomo – Tutte le poesie* [1969], S.538):
«Die Landschaft ist wahrscheinlich wiederum jene von Tivoli.»

In *Commerce* ist der italienische Text begleitet von Ungarettis eigener Übersetzung ins Französische (neu publiziert von Vegliante); Ungarettis französischer Text, eine variierende Übersetzung des italienischen, wurde 1939 in Chuzevilles Ausgabe *Vie d'un homme* aufgenommen, mit geringfügigen Varianten: V.3: Qui monte vers lui:; V.6: Au pied de la montagne nue,; V.9: Un tournoi d'ailes... Der Text ist versehen mit dem Zusatz: «(Traduit par l'auteur)».

STELLE / STERNE

La Fiera letteraria (16.10.1927): «Stelle e luna»; *Sentimento* (1933): «Stelle» (S.91); Ed. crit. (1988), S.157/58; frz. Ü.: J.Lescure; dt. Ü.: M.Marschall v. Bieberstein

SOGNO / TRAUM

La Fiera letteraria (16.10.1927); Ed. crit. (1988), S.159/60; frz. Ü.: J.Lescure, Ph.Jaccottet

Anm. Ungarettis (*Vita d'un uomo – Tutte le poesie* [1969], S.538):
«V.6 *Doch rings um den See* ... Der See ist immer noch der von Albano.»

FONTE / QUELLE
La Fiera letteraria (16.10.1927); *Mesures* (15.1.1937), S.24 (mit frz. Ü. v.
J.Chuzeville); *Cavallino* (1940); Ed. crit. (1988), S.161/62; frz. Ü.:J.Chu-
zeville, J.Lescure, Ph.Jaccottet

DUE NOTE / ZWEI NOTEN
Commerce XII (1927): «Colore» – «Couleur» (S.26/27); Sentimento
(1927): «Due Note» (S.97); *Vie d'un homme* (1939): «Couleur» (S.98);
Vegliante, *Ungaretti entre les langues* (1987), S.92/93; Ed. crit. (1988),
S.163/64, 327/28 («Couleur»); frz. Ü.: J.Lescure
In *Commerce* ist der italienische Text begleitet von Ungarettis eigener Über-
setzung ins Französische (neu publiziert von Vegliante); Ungarettis
französischer Text, eine variierende Übersetzung des italienischen, wurde
1939 in Chuzevilles Ausgabe *Vie d'un homme* aufgenommen, mit folgender
Variante: V.3: Le fil d'eau, plus loin,; der Text ist versehen mit dem
Zusatz: «(Traduit par l'auteur)».

DI SERA / ABENDS
Almanacco letterario (1933), S.130; Ed. crit. (1988), S.165/66; frz. Ü.:
J.Lescure, Ph.Jaccottet; dt. Ü.: M.Marschall v. Bieberstein

ROSSO E AZZURRO / ROT UND HIMMELBLAU
La Nouvelle Revue Française XVI, 183 (1.12.1928): «Trois notes I» (S.759);
Sentimento (1933): «Rosso e azzurro» (S.101); *Vie d'un homme* (1939):
«Ciel» (S.99); Vegliante, *Ungaretti entre les langues* (1987): «Trois notes»
(S.100); Ed. crit. (1988), S.167/68; frz. Ü.: J.Chuzeville, J.Lescure; dt.
Ü.: I.Bachmann
Der französische Text in der *NRF* ist der erste überlieferte Text dieses
Gedichts; er erschien dort als erste der «Trois notes» (zusammen mit
zwei anderen «Notes», aus denen die Gedichte «Grido» [II] und «Se-
reno» [III] hervorgehen) unter dem Generaltitel «Hymnes» zusammen
mit zwei der zentralen späteren «Inni» («Hymne à la pitié» und «Prière»)
und der «Hymne à la mort» (S.753–759). Zusammen mit diesem letzte-
ren Text waren die «Trois notes» ursprünglich, im Anschluß an die
«Appunti per una poesia – Notes pour une poésie» in *Commerce* XII (1927),
für eine neue Folge von «Notes pour une poésie» (Archiv Paulhan) be-
stimmt (cf. Vegliante, a.a.O., S.102). Der italienische Text «Rosso e az-
zurro» erschien erstmals in der Erstausgabe des *Sentimento* (1933). Der
französische Text der ersten «Note» wurde 1939 in Chuzevilles Ausgabe
Vie d'un homme aufgenommen (mit Majuskeln an den Versanfängen und
versehen mit dem Zusatz «[Traduit par l'auteur]»); wenige Seiten später
enthält dieselbe Ausgabe Jean Chuzevilles Übersetzung des italienischen
Textes unter dem Titel «Rouge et bleu» (S.104).

GRIDO / SCHREI
La Nouvelle Revue Française XVI, 183 (1.12.1928): «Trois notes II» (S.759);
Sentimento (1933): «Grido» (S.103); Vegliante, *Ungaretti entre les langues*
(1987), S.100; Ed. crit. (1988), S.169/70; frz. Ü.: J.Chuzeville, J.Lescure

Cf. Anm. zu «Rosso e azzurro»; der italienische Text erschien erstmals in
der Erstausgabe des *Sentimento* (1933).

QUIETE / RUHE
L'Italia letteraria (27.10.1929); *Almanacco letterario* (1933), S.130; Ed. crit.
(1988), S.171–173; frz. Ü.: J.Chuzeville,J.Lescure; dt.Ü.: I.Bachmann;
H.Hinterhäuser, in: *Italienische Lyrik im 20.Jahrhundert* (1990), S.51/52

SERENO / HEITER
La Nouvelle Revue Française XVI, 183 (1.12.1928): «Trois notes III»
(S.579); *Sentimento* (1933): «Sereno» (S.107); *Mesures* (15.1.1937), S.26
(mit frz. Ü. v. J.Chuzeville); Vegliante, *Ungaretti entre les langues* (1987),
S.101; Ed. crit. (1988), S.174–176; frz. Ü.: J.Chuzeville, J.Lescure;
dt. Ü.: M.Marschall v. Bieberstein

SERA / ABEND
L'Italia letteraria (27.10.1929); *Scrittori nuovi* (1930), S.635; Ed. crit.
(1988), S.177/78; frz. Ü.: J.Chuzeville, J.Lescure; dt. Ü.: M.Marschall
v. Bieberstein

LEGGENDE / LEGENDEN
Anm. Ungarettis (*Vita d'un uomo – Tutte le poesie* [1969], S.538/39):
«Die Gruppe von Gedichten, denen ich den Titel *Leggende* gegeben habe,
gibt, gemäß meiner Absicht, jenen Gedichten einen besonderen Charak-
ter. Es handelt sich um einen objektiveren Gehalt, der so etwas wie eine
gewisse Distanz zwischen dem Dichter und der eigenen Inspiration schaf-
fen soll, als handelte es sich nicht mehr gänzlich um ihn selbst, sondern
um eine Verkörperung seiner selbst als Bühnengestalt. Die Gedichte der
Allegria stehen alle in der ersten Person: *ich* spricht. Hier wird dieses Ich
umkreist, beurteilt und mit größerer Freiheit von ihm gesprochen».

IL CAPITANO / DER KAPITÄN
Commerce XII (1927): «Il capitano» – «Le capitaine» (S.34–39); *L'Italia
letteraria* 19.5.1929); *La Gazzetta del popolo* (28.9.1931); *Vie d'un homme*
(1939): «Le capitaine» (S.107/08); Vegliante, *Ungaretti entre les langues*
(1987), S.94–97; Ed. crit. (1988), S.181–196, 329 («Le capitaine»); frz.
Ü.: J.Lescure, Ph.Jaccottet
Anm. Ungarettis (*Vita d'un uomo – Tutte le poesie* [1969], S.539):
V.11 «*Echos von vor aller Geburt*. Die eigenen Vorfahren aus Lucca.»
V.14 *Und geworfen auf den Stein.* Wiederbeschwörung der Kriegslandschaft.
V.18 *Der Kapitän war heiter.* Er hieß Cremona, der Taufname war Nazza-
reno. Er war ein blonder junger Mann, von außerordentlicher Schönheit,
fast zwei Meter groß, er gehörte zu meinem Regiment und starb zer-
schmettert auf dem Karst.»
Die Entstehungsgeschichte dieses Textes teilt sich in drei Phasen der
Arbeit an diesem Text, repräsentiert in den drei Fassungen, die nachein-
ander in *Commerce* (1927), *L'Italia letteraria* (1929) und *La Gazzetta del po-
polo* (1932, praktisch identisch mit der definitiven Version in *Sentimento del
tempo*) publiziert wurden (cf. Ed. crit., S.181, «Introduzione», S.XXXII

bis XXXV, XLVI–XLVII; zur Fassung von 1929, die ein neues erotisches Motiv einführt [V.6–13, die dann als eigenes Gedicht unter dem Titel «Primo amore» wieder herausgenommen werden], cf. die folgende Anm. zu diesem Gedicht).

In *Commerce* ist der italienische Text begleitet von Ungarettis eigener Übersetzung ins Französische (in Prosa) (neu publiziert von Vegliante); Ungarettis französischer Text wurde 1939 in Chuzevilles Ausgabe *Vie d'un homme* aufgenommen, mit Varianten: Mais ce qui me tenait compagnie, si je me réveillais en sursaut, c'étaient, dans la rue absente, les cris libres des chiens.; Plus tard je fus traqué par un écho venu d'outre-naissance.; im 2. Teil: V.4: Et il ne se courbait pas.; V.8: Je lui ai fermé les yeux.; V.9/10: Kursiv; V.10: Majuskel am Versanfang; der Text ist versehen mit dem Zusatz «(Traduit par l'auteur)».

PRIMO AMORE / ERSTE LIEBE
L'Italia letteraria (19.5.1929): «Il capitano», V.6–13; *Sentimento* (1933): «Primo amore» (S.117); Ed. crit. (1988), S.197/98; cf. S.187–193 (Manuskriptvorstufen der Fassung von «Il capitano» in *L'It. lett.*); frz. Ü.: J.Chuzeville, J.Lescure, Ph.Jaccottet
Anm. Ungarettis (*Vita d'un uomo – Tutte le poesie* [1969], S.539):
«Es handelt sich nicht um eine Evokation in Pariser Milieu, wie bisweilen angenommen worden ist, auch nicht um eine Verschmelzung von Erinnerungen der Zeit in Paris, Mailand und Alexandria. Die Stadt ist Alexandria, und es handelt sich um eine erste Liebe, ich muß zu jener Zeit 18 oder 19 gewesen sein.»
Das Gedicht entsteht innerhalb der zweiten Entwicklungsphase des Gedichts «Il capitano» als integrierter Bestandteil der Fassung von 1929:
IL CAPITANO – Quando ero bimbo e mi svegliavo / di soprassalto, udendo / i cani erranti per l'assente via, / incerta guida, mi calmavo. // E sopraggiunse un altro tempo. // Era una notte urbana, afosa e strana, / nella luce sulfurea e rosa, / quando improvvise vidi / inquiete zanne viola, nell'ascella / mentre una pace oscura simulava / e, nella sorta tenda riposavo, / la pensierosa e trepida gazzella / nella mano veniva a bere. // Ma quando ritessuto dalla guerra, / non fui più, coricato sopra il sasso, / che una fibra della zona fangosa, / la notte non ebbe più velo. // Non più la notte lievito di sogni, / d'oltre memoria l'eco vaga. // L'ora fu per natura sterminata. // Tutto era crudo, l'umiltà / nella notte senza luna / e l'amore che nelle vene / quasi vuote, latrava. // Ma il capitano era sereno. // (Venne in cielo la falce) // Il capitano era alto, / non si chinava. // (Andava su una nuba) // (Un solco è pronto) // (La morte è un velo) // Gli chiusi gli occhi. // Parve di piume.
‹DER KAPITÄN – Wenn ich als Kind aus dem Schlaf / auffuhr, die streunenden Hunde / hörend in der abwesenden Straße, / unsicherer Führer, beruhigte ich mich. // Und dann kam plötzlich eine andere Zeit hinzu. // Es war eine städtische, schwüle und seltsame Nacht, / im schwefligen und rosigen Licht, / als unerwartet ich sah / unruhige violette Hauer, in der Achselhöhle / während sie einen dunklen Frieden vorspielte / und, ich ruhte im aufgerichteten Zelt, / die gedankenvolle und ängstlich bebende Gazelle kam / um aus der Hand zu trinken. / Doch als wiedergewebt

vom Krieg, / ich nichts mehr war, ausgestreckt auf dem Stein, / als eine Fiber der schlammigen Zone, / hatte die Nacht keinen Schleier mehr. // Nicht mehr schweift die Nacht Ferment von Träumen, das Echo von jenseits des Gedächtnisses umher. // Die Stunde war von Natur aus unermeßlich. // Alles war roh, die Niedrigkeit / in der Nacht ohne Mond / und die Liebe die in den fast leeren / Adern bellte. // Doch der Kapitän war heiter. // (Am Himmel erschien die Sichel) // Der Kapitän war hochgewachsen, / er beugte sich nicht. // (Stieg auf eine Wolke) // (Eine Furche ist bereit) // (Der Tod ist ein Schleier) // Ich schloß ihm die Augen. // Schien aus Federn.›

LA MADRE / DIE MUTTER
L'Italia Letteraria (16.6.1929); *Il Selvaggio* IX, 1 (31.3.1932); Ed. crit. (1988), S.199–202; frz. Ü.: J.Chuzeville, J.Lescure, Ph.Jaccottet
Anm. Ungarettis (*Vita d'un uomo – Tutte le poesie* [1969], S.539):
«Wurde geschrieben anläßlich des Todes meiner Mutter.»
Das Gedicht erscheint in *L'Italia letteraria* als Faksimile des Autographs im Kontext eines Interviews, das G.B.Angioletti mit Ungaretti führte; das Autograph ist datiert «Marino 1929».

DOVE LA LUCE / WO DAS LICHT
L'Italia letteraria (17.8.1930); *Il fiore della lirica italiana* (1933), S.383; *Poètes italiens contemporains* (1936), S.78; Ed. crit. (1988), S.203–206; frz. Ü.: J.Chuzeville, J.Lescure, Ph.Jaccottet; dt. Ü.: M.Marschall v. Bieberstein

MEMORIA D'OFELIA D'ALBA /
ERINNERUNG AN OFELIA D'ALBA
Espero I (Nov. 1932); Ed. crit. (1988), S.207/08; frz. Ü.: J.Chuzeville, J.Lescure, Ph.Jaccottet; dt. Ü.: H.Hinterhäuser, in: *Italienische Lyrik im 20. Jahrhundert* (1990), S.53

1914–1915
Quadrivio I, 1 (3.8.1933); *Antologia di poeti fascisti* (1935), S.13–15; Ed. crit. (1988), S.209–213; frz. Ü.: J.Chuzeville, J.Lescure, Ph.Jaccottet
Datiert in *Antologia di poeti fascisti* «Marino, agosto dell'Anno XI»; Ungaretti stilisiert sich hier als Äneas, der im ersten Morgengrauen das «humilem Italiam» sieht (cf. den späteren Gedichtband *La Terra promessa*, Bd.3 der vorliegenden Werkausgabe). Das Gedicht steht in enger Beziehung zu zwei Gedichten der *Allegria* (Bd.1 der vorliegenden Werkausgabe), nämlich «Popolo» (das übrigens in derselben *Antologia di poeti fascisti* wiederveröffentlicht wird) und «Silenzio»; cf. a. Ungarettis Anm. zu diesem Gedicht (*Vita d'un uomo – Tutte le poesie* [1969], S.539):
«V.21 *Doch der Zweifel, trunkene Farbe von Perle.* Bild, das auch in *Popolo* auftaucht. Wiederaufnahme von Popolo.» Die Anleihen bei «Popolo» beschränken sich nicht auf dieses Motiv; zu dem von Ungaretti zitierten Vers cf. «Popolo», V.8: La perla ebbra del dubbio ‹Die trunkene Perle des Zweifels›; zu V.25 cf. «Popolo», V.9–11: gia sommuove l'aurora e / ai suoi piedi momentanei / la brace ‹schürt schon die Morgenröte und / zu ihren flüchtigen Füßen / die Glut›; zu V.8/9 cf. «Popolo», V.2/3: e la luna / infinita su aride notti ‹und der Mond / unendlich über trockenen Nächten›;

zu V. 34/35 cf. «Popolo», V. 16/17: Tornate antichi specchi / voi lembi celati
d'acqua ‹Kehrt zurück uralte Spiegel / ihr verborgenen Wasserpfützen›;
zu V. 36–38 cf. «Popolo», V. 18–21: E / mentre ormai taglienti / i virgulti
dell'alta neve orlano / la vista consueta ai miei vecchi ‹Und / während
schneidend jetzt / die Schößlinge des hohen Schnees / den meinen Vätern
gewohnten Anblick säumen› (zu diesem letzten Vers cf. «1914–1915»,
V. 29/30); zu V. 44/45 cf. «Popolo», V. 22/23: nel chiaro calmo s'allineano
le vele ‹richten in der ruhigen Helle / sich die Segel aus›; zu V. 46 cf.
«Popolo», V. 24/25: O Patria ogni tua età / s'è desta nel mio sangue ‹Oh
Vaterland jedes deiner Lebensalter / ist erwacht in meinem Blut›; dazu
kommen Anspielungen auf das Gedicht «Silenzio»: zu V. 4 cf. «Silenzio»,
V. 13/14: un abbraccio di lumi nell'aria torbida / sospesi ‹eine Umarmung
von Lichtern in der trüben Luft / schwebend›; und auf das Gedicht «Le-
vante»: zu V. 14 cf. «Levante», V. 10: A prua un giovane è solo ‹Am Bug
steht einsam ein junger Mann›; cf. a. «Silenzio», V. 7/8: Dal bastimento /
verniciato di bianco ‹Vom weißlackierten Schiff›. Zu den «cani urlanti»
in V. 10 cf. a. «Il capitano», V. 6.
Das Gedicht wird erst in die zweite Ausgabe des *Sentimento* (1936) auf-
genommen.

EPIGRAFE PER UN CADUTO DELLA RIVOLUZIONE /
EPIGRAPH FÜR EINEN GEFALLENEN
DER REVOLUTION
Antologia di poeti fascisti (1935), S. 70; Ed. crit. (1898), S. 214/15; frz. Ü.:
J. Chuzeville, J. Lescure
Datiert in *Antologia di poeti fascisti* «Roma, gennaio dell'anno XIII» (1935)

INNI / HYMNEN
Auch die zentralen Texte dieser Sektion erschienen wiederum, in französi-
schen Erstfassungen, in französischen Zeitschriften, nämlich in der *Nouvelle
Revue Française* (1928) («Hymne à la pitié», «Prière») und in *Le Roseau d'or*
(1930) («Caïn»). Auf italienisch wurden diese drei Texte gemeinsam
erstmals im April 1932 in *L'Italia letteraria* unter dem Generaltitel «Tre
Inni di Giuseppe Ungaretti» veröffentlicht. In dieser Zeitschrift erschie-
nen bereits im September 1931 unter dem Titel «Tre canti» die Gedichte
«Sentimento del tempo» und «Dannazione» (als «Canto VII» und
«Canto VIII», zusammen mit dem «Canto VI» der späteren Sektion
«La morte meditata»). Im Juni 1933 erscheint, wiederum in *L'Italia lette-
raria*, das Gedicht «La pietà romana». Das die Sektion eröffnende Gedicht
«Danni con fantasia» erscheint erstmals als erweiterte Version des Ge-
dichts «Sirene» 1928 in *Solaria*.

Das Jahr 1928 bedeutet eine wichtige Station innerhalb von Ungarettis
innerer Entwicklung. Ungaretti verbringt die Osterwoche dieses Jahres
in der Benediktinerabtei von Subiaco. Er schreibt darüber an Jean Paul-
han (*Correspondance Jean Paulhan – Giuseppe Ungaretti 1921–1968*, Paris
(Gallimard) 1989, S. 138/39):
«Ein Freund, Bruder eines befreundeten Benediktinermönchs, hat mich
eingeladen, eine Woche im Kloster von Subiaco zu verbringen. Dort ist

der Orden gegründet worden. Ich werde die Osterwoche dort verbringen.
Jeanne und Ninon werden in der Nähe des Klosters im Hotel wohnen. Ich
werde nicht konvertieren, doch versuchen, ein wenig Erholung zu finden.
Ich bin zutiefst ein Heide, und dennoch habe ich eine christliche Seele.
Das ist das Drama unserer Zeit, und ein Drama, das bereits einige Jahr-
hunderte andauert. Wir wissen sehr gut, daß das Böse in der Welt ist, daß
alles, was geschaffen ist, den Keim des Untergangs in sich trägt. Aber wir
verstehen uns nur noch darauf, uns die Welt vorzustellen. Es gelingt uns
nicht mehr, den geringsten Kontakt mit dem Jenseits herzustellen. (...)
Das Exil ist nicht mehr auf Erden, noch jenseits. Wir wissen nichts mehr.
Ah! wir sind allein! Allein! Weder die Ursachen noch die Ziele kennen
und fühlen wir noch. Leider!»
Anschließend kommt Ungaretti auf seine Übersetzung von Texten von
Leopardi zu sprechen, an denen er in jener Zeit arbeitet und die am
1. April 1930 in der *Nouvelle Revue Française* erscheinen («Notes et pen-
sées», 9 Passagen aus dem *Zibaldone*):
«Vor deiner Rückkehr nach Paris wirst du meine Übersetzung von Leo-
pardi haben. Das ist noch eine schreckliche Arbeit, die ich dir gebe. Aber
es ist ein ungeheurer Geist, den man der Welt offenbaren muß. (...)
Wenn ich mich gut fühle, würde ich meiner Übersetzung gerne eine
Anmerkung über ‹die Idee des Bösen› vorausschicken, wie sie sich im
Abendland seit Dante manifestiert.» In ähnlicher Weise drückt Ungaretti
sich in seinem Vorwort zu seinen Leopardi-Übersetzungen aus:
«Es kommt mir seltsam und einzigartig vor, daß ein Mann, der seit einem
Jahrhundert tot ist, unsere eigenen Qualen, unsere Illusionen und ihre
Ursprünge mit umfassender Hellsicht darzustellen gewußt hat, wie Leo-
pardi es getan hat. Wenn man ihn liest, hat man das Gefühl, daß die
Pietas, die ihm erlaubte, derartige Schleier grausam zu lüften, immens
gewesen sein muß.
Leopardi wußte, daß unsere Psychologie unwiderruflich christlich ist;
Christus hat uns gelehrt, die Welt als das Böse anzusehen, und uns wird
nichts mehr zuteil als dieses Böse. Vom Christentum bleibt uns nur die
Psychologie: ein so ausgeprägter Sinn für das Böse, daß die Unschuld
selbst uns nur durch die Reue erlangbar scheint, daß heißt durch die un-
endliche Verlängerung der Sünde.
Die Verzweiflung, die Leopardi beschreibt, war lange gereift, bevor sie
im 18. und 19. Jahrhundert ausbrach. Die Historiker tragen diesbezüg-
lich, fürchte ich, nicht wenig zur Verwirrung bei. Aus Dantes Abhand-
lung *Monarchia* erfährt man nicht nur, daß im 13. Jahrhundert Religion
und Politik sich schlecht vertrugen, sondern auch, daß die moralische
Einheit des Abendlandes in Gefahr war. Ein so hellsichtiger Mann wie
Dante verfolgt nicht leichtfertig Bonifacius VIII. mit seinem Haß. Später
gibt das 15. Jahrhundert der wiedererschienenen Natur und Schönheit
einen einzigen Namen: ‹Der Teufel, der Fleisch geworden ist.› Michel-
angelo, der weder auf Platon noch auf Christus zu verzichten in der Lage
war, bemüht sich, ergriffen von gleicher Liebe zum trügerischen Fleisch
wie zum freigekauften Geist, vergeblich, das Antlitz der Gottheit in einer
Welt voller Keime des Verderbens zu entdecken. Er wird, im Schrei seiner
Pietàs, nur seine innere Hölle zu entfesseln wissen.

Jeder Mensch ist sehr nahe dran, in der Einsamkeit seines eigenes Geistes eingeschlossen zu werden, in das Gefängnis der Materie eingemauert zu werden, das heißt in die Relativität, wenn ein Mann wie Pascal in der Gesellschaft der Menschen nur noch zu diesem verächtlichen Bekenntnis findet: die Welt ist das Werk der Einbildungskraft.» (*Vita d'un uomo – Saggi e interventi* (1974), S. 221/22).

In diesem Geist entstehen 1928 die «Hymne à la pitié» und «Prière», die im selben Jahr noch, zusammen mit den «Trois notes» (den späteren Gedichten «Rosso e azzurro», «Grido» und «Sereno») sowie der «Hymne à la mort» (nicht identisch mit dem «Inno a la morte») unter dem Generaltitel «Hymnes» in der *Nouvelle Revue Française* erscheinen. Dazu kommt noch das Gedicht «Caïn», das 1930 erstmals, ebenfalls auf Französisch, in *Le Roseau d'or* erscheint.

Cf. zu diesen Gedichten Dina Aristodemo/Pieter De Meijer, «Varianti di una stagione francese di Ungaretti», in: *Atti del Convegno Internazionale su Giuseppe Ungaretti*, S. 129–139.

DANNI CON FANTASIA /
DU VERDAMMST MIT PHANTASIE

Solaria (Dez. 1928): «Sirene»; *L'Italiano* (31.12.1928): «Sirene»; *La Gazzetta del popolo* (28.9.1932): «Danni con fantasia»; *Antologia di Solaria* (1937): «Sirene» (S. 481/82); Ed. crit. (1988), S. 219–224; frz. Ü.: J. Lescure, Ph. Jaccottet

Das Gedicht entsteht auf der Grundlage einer stark ausgeweiteten Fassung des Gedichts «Sirene», die 1928, dem Jahr der französischen Redaktion der «Hymnes» für die *Nouvelle Revue Française*, in *Solaria* und, nur geringfügig abweichend, in *L'Italiano* erscheint. Unter dem Titel «Danni con fantasia» erscheint das Gedicht unter Eliminierung der Verse, die sich auf «Sirene» von 1923 beziehen, erstmals in *La Gazzetta del popolo* 1932, zusammen mit «Il capitano», dem späteren Eröffnungsgedicht der Sektion «Leggende», unter dem Generaltitel «Due poesie di Ungaretti». Das Gedicht «Sirene» wird im selben Jahr überarbeitet auf der Grundlage der Erstfassung von 1923 in *Corriere padano* und *Espero* veröffentlicht.

Der Text in *Solaria* ist datiert «Roma 1923 – Marino 1928«:

SIRENE – Arsura, perché muti le apparenze? // Prima ch'io tocchi meta, / O leggiadra, ti geli. // Ecco, non ancora deluso, / A un altro sogno, già m'avvinci. * Crudele, tu nudi le idee. * Mente funesta, / So che turbi amore, e non t'amo. / Ma non ho requie, / Rinnuovo la salita. * Quale segreto eterno / In te, malfida, mi fa gola? * Dimmi, perché m'accuori? // Non saprò mai / Come mi giuochi. * Chiedo solo un momento d'innocenza, / Dammi requie, natura inferma. * Danni con fantasia, / Non conosci pietà. // A quel mare somigli / Che offre e nasconde / L'isola favolosa. * Anche nelle tempeste, sempre blanda, // O numerosa solitudine, / Silenzio tremulo, / Febbre clamante, / Luce, lo so, non è la tua luce, / Ma sembra. Mostro, / Colle beffe seduci / Persino chi sarebbe pronto, / Volte le spalle al nulla, / A udire il suo cuore. // Vorrei andare incontro / Alla morte, sperando.

‹SIRENEN – Glut, warum verwandelst du die Erscheinungen? // Bevor ich ans Ziel gelange, / Oh Anmutige, wirst du eiskalt. // Und da, noch

nicht enttäuscht, / An anderen Traum fesselst du mich schon. * Grausame, du legst bloß die Ideen. * Unheilvoller Geist, / Ich weiß daß du Liebe trübst, und ich liebe dich nicht. / Doch ich habe keine Ruhe, / Ich wiederhole den Aufstieg. * Welch ewiges Geheimnis / macht in dir, Unzuverlässige, mich begierig? * Sag mir, warum betrübst du mich zutiefst? // Ich werde nie wissen / Wie du mich betrügst. * Ich bitte nur um einen Augenblick Unschuld, / Gib mir Ruhe, kranke Natur. * Du verdammst mit Phantasie, / Kennst kein Erbarmen, / Jenem Meer ähnelst du / Das bietet und verbirgt / Die sagenhafte Insel. * Auch in den Stürmen, stets sanft schmeichelnd, // Oh rhythmenreiche Einsamkeit, / Bebende Stille, / Heulendes Fieber, / Licht, ich weiß, ist nicht dein Licht, / Scheint es aber. Ungeheuer, / Mit dem Spott verführst du / Sogar den der bereit wäre, / Zugewandt die Schultern dem Nichts, / Sein Herz zu vernehmen. // Ich möchte entgegengehen / Dem Tod, hoffend.›
(Cf. a. Anm. zu «Sirene», S. 305 f.).

LA PIETÀ / DIE BARMHERZIGKEIT

La Nouvelle Revue Française XVI, 183 (1.12.1928): «Hymne à la pitié» (S.753–757); *L'Italia letteraria* (24.4.1932): «La pietà»; *Vie d'un homme* (1939): «Hymne à la pitié» (S.119–123); Vegliante, *Ungaretti entre les langues* (1987): «Hymne à la pitié» (S.105–110); Ed. crit. (1988), S.225 bis 242; frz. Ü.: J.Lescure, Ph.Jaccottet; dt. Ü.: I.Bachmann, M.Marschall v. Bieberstein

Der französische Text in der *NRF* von 1928 ist der erste überlieferte Text von «La pietà»; er erschien dort unter dem Generaltitel «Hymnes» zusammen mit «Prière», «Hymne à la mort» und «Trois notes» (S.753 bis 759), versehen mit dem Zusatz («traduit de l'italien») (zu verstehen als «par l'auteur»), wie auch die Anmerkung Ungarettis in *Vita d'un uomo – Tutte le poesie* (1969), S.538, bestätigt:
«Wurde zum ersten Mal, in einem von mir übersetzten Text, in der ‹Nouvelle Revue Française› veröffentlicht, am Ehrenplatz, und löste, in Anbetracht des geschichtlichen Augenblicks, breite Verwirrung aus. Es ist der erste entschiedene Ausdruck einer Rückkehr meinerseits zum christlichen Glauben, der, auch wenn andere Ziele mich zuvor verführten, in meiner Person sich verhüllend nicht aufhörte zu warten. Es entstand während der Karwoche, im Kloster von Subiaco, wo ich Gast meines alten Gefährten Don Francesco Vignanelli, Mönch in Montecassino, war.»
Ein italienischer Text, der von Ungaretti ins Französische «übersetzt» worden wäre (dasselbe gilt für «Prière / Preghiera»), ist nicht überliefert; der Text der ersten italienischen Veröffentlichung von «La pietà» in *L'Italia letteraria* vier Jahre danach ist später anzusetzen als der französische, sozusagen eine, in den Text wiederum eingreifende, «Rückübersetzung» aus dem Französischen (zusammen mit «Caino» und «Preghiera», die hier ebenfalls erstmals auf italienisch erscheinen, unter dem Generaltitel «Tre inni di Giuseppe Ungaretti»). Zwischenzeitlich hatte Ungaretti daran gedacht, «La pietà» als «Canto X» einer Reihe von zehn «Canti» zu veröffentlichen (cf. die Anm. zu «La morte meditata», S. 332 f.). Der französische Text wurde, wiederum mit dem Zusatz «(Traduit par l'auteur)», in J.Chuzevilles Ausgabe *Vie d'un homme* (1939) aufgenommen, mit

leichten Varianten: die Versanfänge beginnen durchgehend mit Majuskel; V.3 : Là où tu écoutes,; V.8: Suis-je indigne de rentrer en moi?; V.11: Pour m'enchaîner aux mots...; V.36: Je n'en peux plus d'être muré; Wegfall von V.45 (Veux-tu m'apprendre à prier?); Wegfall der Leerzeile zwischen V.46, 47 (V.45/46 in *Vie d'un homme*); V.46: Où jadis pullulait la joie...; V.47: Œil mi-clos, d'un éveil las.

CAÏNO / KAIN

Le Roseau d'or (1930): «Caïn»; *L'Italia letteraria* (24.4.1932): «Caino»; *Vie d'un homme* (1939): «Caïn» (S.124/25); Vegliante, *Ungaretti entre les langues* (1987), S.113–115 (≙ *Le Roseau d'or*); Ed. crit. (1988), S.243–255; frz. Ü.: J.Lescure, Ph.Jaccottet; dt. Ü.: M.Marschall v. Bieberstein
Anm. Ungarettis (*Vita d'un uomo – Tutte le poesie* [1969], S.540):
«V.22 *Indiskrete Tochter des Überdrusses / Gedächtnis*... Das Gedächtnis ist Tochter des Überdrusses, weil der Mensch sich den Mühen der Arbeit angepaßt hat, um sich des Lebensüberdrusses nicht bewußt zu werden. Sie ist *indiskret*, weil sie versucht, den Überdruß zu verschleiern. Das Gedächtnis ist Geschichte.»
1929 unterzieht Ungaretti das Gedicht «Alla noia» im Hinblick auf seine erneute Publikation in *Lunario Siciliano* (Mai 1929) einer gründlichen Überarbeitung. In diese Zeit ist auch die erste Arbeit, in französischer Sprache, an dem Gedicht «Caino», «Caïn», zu datieren (cf. Brief an Jean Paulhan vom Dezember 1929, in: *Correspondance Jean Paulhan–Giuseppe Ungaretti*, S.198; cf. a. Luciano Rebay, «Ungaretti a Paulhan: otto lettere e un autografo inediti», in: *Forum Italicum* (1972), S.277–289). Im Archiv Paulhan sind drei französische Autographen dieses Gedichts aufbewahrt, von denen das zweite und dritte von Paulhan korrigiert worden sind; ein viertes Autograph, im wesentlichen übereinstimmend mit dem dritten und datiert «gennaio 1930», befindet sich im Archiv Falqui. Das erste Autograph wurde erstmals ediert von L.Rebay, a.a.O., S.286/87 (cf. a. Edit. crit., S.243–245, u. unten); die beiden anderen aus dem Archiv Paulhan von Gemma Antonia Dadour in ihrer thèse de Doctorat d'Etat *Giuseppe Ungaretti et la France*, Université de Lille III (Atélier National de reproduction des thèses; Diffusion: Aux Amateurs de Livres, Paris) 1988, vol.I, S.122–131.
Alle diese französischen Fassungen weisen dichte thematische und motivliche Bezüge zu dem Gedicht «Alla noia» auf (cf. hierzu Ed. crit., «Introduzione», S.XLI-XLIII u. LXIII-LXIV, S.243, Fußnote; außerdem Maria Rita Gerini, «L'elaborazione del Sentimento del Tempo», in: *Paradigma* 2 (1978), S.299–321, hier S.300–304).
1.Autograph von «Caïn»:
Il court sur le sable fabuleux. // Ses dents /Ont la lumière éphémère / Qui nous perce le cœur. // Râle des forêts / Main qui casse les vieux chênes // Est-ce toi, berger des loups, qui bouge / Cette jeune ombre / Qui tombe sur mes yeux? // Et quand l'heure est plus sombre, mon frère tumultueux, / Tu suscites, parmi les arbres charmés, / Ce corps rieur. // Élan de femme cruel et très doux, / Panthère, gazelle // Et quand toute ma vie éclate de désir, / Plus vif qu'un lézard / Le temps change. // Et tourne rampant et ombrageux. ✳ Du même pas qui me pousse vers elle, / Elle me fuit. ✳ Dans

le matin encore secret / Percée d'un feu mourant sous mes paupières /
L'herbe tremble. // Que ne puis-je m'endormir / A l'ombre ancienne d'un
olivier / Comme une ombre craintive. // A cette heure subtile et molle, /
Où l'eau que j'écoute, bruit, // Que je voudrais t'accueillir // Dans une
onde apaisée. // Est-elle désormais trop profonde / Pour enflammer un
amour éclatant? // Ah! Que ne puis-je un instant quitter mon âme, /
Voir clair dans la nuit de mes veines! // Mémoire, simulacre fluent, /
Essaim de colombes venues de tous points, / Mélancolique dérision,
nuage, / Aucun vent n'emportera cette pluie de poussière! // Oh! si mes
yeux devenaient innocents! / Ils verraient un printemps sans déclin. //
Au-delà de Caïn, je verrais la colombe, / Et je ne verrais qu'elle, la plus
lointaine, / Parure du jardin éternel. // Tu serais fidèle, mémoire, enfin
nouvelle! // Et je mêlerais ma voix au chant pur!
‹Er läuft über den sagenhaften Sand. // Seine Zähne / Haben das flüch-
tige Licht / Das uns das Herz durchsticht. // Röcheln des Waldes / Hand
die die alten Eichen zerbricht // Bist du, Hirte der Wölfe, der sich bewegt, /
Dieser junge Schatten / Der auf meine Augen fällt? // Und wenn die
Stunde dunkler ist, mein stürmischer Bruder, / Erweckst du, zwischen den
verzauberten Bäumen, / Diesen lachenden Körper. // Sprung, grausam
und sehr süß, einer Frau, / Pantherin, Gazelle // Und wenn mein ganzes
Leben vor Verlangen platzt, / Wechselt lebhafter als eine Eidechse / Das
Wetter. // Und läuft herum kriechend und mißtrauisch. * Mit demselben
Schritt der mich ihr entgegentreibt, / Flieht sie mich. * Im noch gehei-
men Morgen / Durchstochen von einem sterbenden Feuer unter meinen
Lidern / Zittert das Gras. // Könnte ich doch einschlummern / Im alten
Schatten eines Olivenbaums / Wie eine furchtsame Quelle. // Zu dieser
zarten und matten Stunde / In der das Wasser, das ich höre, rauscht, //
Wie gern würde ich dich empfangen // In einer besänftigten Woge. // Ist
sie fortan zu tief / Um eine offenkundige Liebe zu entflammen? // Ah!
Könnte ich doch für einen Augenblick meine Seele verlassen, / Klar sehen
in der Nacht meiner Adern! // Gedächtnis, flüssiges Schattenbild, /
Schwarm von Tauben gekommen von überall, / Schwermütiger Hohn,
Wolke, / Kein Wind wird diesen Regen von Staub mit sich nehmen! //
Oh! wenn meine Augen unschuldig würden! / Sie sähen einen Frühling
ohne Neige. // Jenseits von Kain, sähe ich die Taube, / Und ich sähe nur
sie, die fernste, / Zierde des ewigen Gartens. // Du wärest treu, Gedächt-
nis, endlich neues! // Und ich würde meine Stimme in den reinen Gesang
mischen!›
Der «corps rieur» ist ein Echo des Fauns in Mallarmés *Après-midi d'un
faune*, V.59: Rieur, j'élève au ciel d'été la grappe vide ‹hebe ich in den
Sommerhimmel, lachend, die leere Traube› (Ü.: F.Kemp); solche Echos
finden sich auch bereits in «Alla noia»: cf. V.2 der Erstfassung: quando
nel mezzo d'un folto risorse ‹als inmitten eines Dickichts wieder auf-
tauchte› mit *Après-midi d'un faune*, V.3: Assoupi de sommeils touffus...
‹gedrängten Schlafs...› und V.4/5: Mon doute, amas de nuit an-
cienne, s'achève / En maint rameau subtil... ‹Mein Zweifel, Wust aus
alter Nacht, verteilt sich in manchen zarten Zweig...› (Ü.: F.Kemp).
Ein Echo der «pantera» in «Giugno» aus *L'Allegria* ist V.13/14: Élan de
femme cruel et très doux, / Panthère, gazelle.

Die folgenden zwei Autographen bezeugen eine gründliche Revision des Textes durch Paulhan und eine generelle Neustrukturierung des Textes (cf. Ed. crit., S.245–251 u. «Introduzione», S.XLII–XLIII), deren Ergebnis der Text in *Le Roseau d'or* (1930) ist.

In einer erneuten Phase der Arbeit an diesem Text, die zur ersten Veröffentlichung in italienischer Sprache in *L'Italia letteraria* (1932) führt, wird der Text stark gestrafft (cf. Ed. crit., «Introduzione», S.LXIII bis LXIV); auch in dieser Fassung weist der Text noch enge Bezüge zu «Alla noia» auf. Das Mallarmésche «rieur» übersetzt Ungaretti mit ‹allegro› (il corpo allegro, V.11, das einzige Vorkommen der titelgebenden Vokabel des vorhergehenden Gedichtbandes [als Adjektiv] im *Sentimento*).

Eine stark gestraffte französische Fassung des Gedichts, die nicht mit der italienischen Fassung identisch ist, erscheint, mit dem Zusatz «(Traduit par l'auteur)» 1939 in Chuzevilles *Vie d'un homme* (S.124/25):

CAÏN – Il court d'un pied léger / Sur le sable fabuleux. // Berger des loups, tes dents / Ont la lueur brève / Qui perce nos cœurs. // Râle des forêts, terreur, élans, / Et cette main / Qui casse comme paille les vieux chênes, / Est-ce moi, Caïn, / Ce cœur dévoré? // Est-ce toi, enfant d'ennui, / Cette ombre jeune qui tombe sur mes yeux? // Et quand l'heure est plus sombre, / Mon frère tumultueux, / Ce corps rieur, parmi les arbres charmés, / Est-ce toi, dont j'ai faim? // Et la mémoire qui ne t'a point suivi, / Est-elle nourrice d'ennui? // Ne puis-je donc quitter mon âme, / Y voir dans la nuit de mes veines... // Mémoire, mémoire incessante, // Aucun vent n'emporte ta pluie de poussière... * Oh! si mes yeux devenaient innocents, / Ils verraient un printemps sans déclin. * Tu seras fidèle, mémoire enfin neuve! // Et ma voix se mêle au chant pur.

‹KAIN – Er läuft mit leichtem Fuß / Über den sagenhaften Sand. // Hirte der Wölfe, deine Zähne / Haben das kurze Licht / Das unsere Herzen durchsticht. // Röcheln des Waldes, Schrecken, Aufschwünge, / Und diese Hand / Die wie Stroh die alten Eichen zerbricht, / Bin ich, Kain, / Dieses zerfressene Herz? // Bist du, Kind des Überdrusses, / Dieser junge Schatten der auf meine Augen fällt? // Und wenn die Stunde dunkler ist, / Mein stürmischer Bruder, / Dieser heitere Körper, zwischen den verzauberten Bäumen, / Bist du es, nach dem ich hungere? // Und das Gedächtnis das dir keineswegs gefolgt ist, / Ist es Amme von Überdruß? // Könnte ich doch meine Seele verlassen, / Dort sehen in der Nacht meiner Adern... // Gedächtnis, stetiges Gedächtnis, // Kein Wind nimmt mit sich deinen Regen von Staub... * Oh! würden meine Augen unschuldig, / Sie sähen einen Frühling ohne Neige. * Du wärest treu, endlich neues Gedächtnis! // Und meine Stimme mischt sich in den reinen Gesang.›

LA PREGHIERA / DAS GEBET

La Nouvelle Revue Française XVI,183: «Prière» (S.757/58); *L'Italia letteraria* (24.4.1932): «La preghiera»; Vegliante, *Ungaretti entre les langues* (1987): «Prière» (S.111/12); Ed. crit. (1988), S.256–261; frz. Ü.: J.Chuzeville, J.Lescure, Ph.Jaccottet; dt. Ü.: Hans Hinterhäuser, in: *Italienische Lyrik im 20. Jahrhundert* (1990), S.55

Der französische Text in der *NRF* (unter dem Generaltitel «Hymnes» an zweiter Stelle) von 1928 ist der erste überlieferte Text von «La preghiera»

(wie die «Hymne à la pitié» versehen mit dem Zusatz «[traduit de
l'italien]»). Auf italienisch wurde das Gedicht erstmals 1932 in *L'Italia
letteraria* als dritte der «Tre inni di Giuseppe Ungaretti» veröffentlicht,
datiert «Abbazia di Subiaco 1928» (in den verschiedenen Manuskript-
fassungen zusätzlich auch «Settimana santa 1928»). Der italienische Text
ist nicht nur eine «Rückübersetzung» aus dem Französischen, sondern zu-
gleich eine Straffung und klarere Durchstrukturierung des französischen
Textes. Der erste Teil wird um die V.6–10 gekürzt (darunter in V.8:
Homme, gerbe de reflets séditieux ‹Mensch, Garbe rebellischer Reflexe›
eine Reminiszenz an das vorletzte Gedicht in *La Guerre* (1919) «Éblouisse-
ment», letzte Zeile: «tout se délie en gerbes d'arcs-en-ciel» ‹alles löst
sich in Garben von Regenbögen›); stärker ausgearbeitet di∋ V.3–4 zu
einer neuen Gruppe von vier Versen; die Zweiteilung des Gedichtes in
einen ersten dem Menschen gewidmeten Teil (V.1–9) und einem zweiten
Teil mit deutlichem Gebetscharakter (V.10–26) deutlicher heraus-
gearbeitet.

Interessant ist in diesem Zusammenhang die Übersetzung von J.Chuze-
ville mit dem Titel «La prière» in *Vie d'un homme* von 1939 (S.126/27), da
nicht klar ist, aufgrund welcher italienischen Grundlage dieser Text ent-
standen ist. Der Text steht einerseits Ungarettis französischem Text von
1928 nahe, indem er die von ihm für die italienische Fassung getilgten
V.6–10 noch enthält (mit Varianten) und andererseits bereits Züge des
späteren italienischen Textes aufweist, allerdings mit keiner der Manu-
skriptfassungen, die die Publikation in *L'Italia letteraria* vorbereiten (cf.
Ed. crit., S.257–259), übereinstimmt, also eine merkwürdige Zwischen-
stellung einnimmt. Es muß im Augenblick offen bleiben, wie weit Unga-
retti selbst beim Zustandekommen dieses französischen Textes, seinen
Text weiterentwickelnd, die Hand im Spiel hatte:

LA PRIÈRE – De quelle douceur avant l'homme / Devait être le monde. //
L'homme en tira les démons, / Ses créatures qui le traquent / Et qui
l'attirent. // Il appela ciel sa luxure, / L'imagination il la dit créatrice, /
Il supposa le moment immortel. // La vie est maintenant pour lui d'un
poids énorme / Comme cette aile, là en bas, d'abeille morte / A la fourmis
qui la traîne. // Homme, gerbe de reflets séditieux, / Par toi-même tu n'es
que petit. // De ce qui dure à ce qui passe, / Seigneur, rêve immobile, / Fais
que l'accord se rétablisse. // Oh! rassérène les enfants. / Puisse l'homme par
toi sentir encore / Que de l'homme tu t'es élevé jusqu'à toi / Par une souffr-
ance infinie. // Sois la mesure et le mystère. // Amour qui purifie, / Qu'elle
devienne encore échelle de salut / Cette chair trompeuse. // A nouveau je
voudrais t'entendre dire / Qu'en toi-même finalement anéanties / Les
âmes s'uniront / Et là-haut formeront, / Eternelle humanité, / Ton som-
meil heureux.

‹DAS GEBET – Wie süß mußte vor dem Menschen / Sein die Welt. //
Der Mensch holte aus ihr die Dämonen, / Seine Geschöpfe, die ihn ver-
folgen / Und die ihn anziehen. // Er nannte Himmel seine Unkeuschheit, /
Die Vorstellungskraft nannte er schöpferisch, / Hielt für unsterblich den
Augenblick. // Das Leben ist ihm jetzt von enormem Gewicht / Wie dieser
Flügel, dort unten, einer toten Biene / Der Ameise, die ihn schleppt. //
Mensch, Garbe rebellischer Reflexe, / Durch dich selbst bist du nur klein. /

Vom Dauerhaften zum Vorübergehenden, / Herr, unbewegter Traum, / Laß den Vertrag sich erneuern. // Oh! heitere deine Kinder wieder auf. / Daß der Mensch durch dich noch einmal spüren könnte / Daß vom Menschen du dich bis zu dir erhoben hast / Durch unendliches Leiden. // Sei das Maß und das Mysterium. // Reinigende Liebe, / Möge noch einmal Stufenleiter zum Heil werden / Dieses trügerische Fleisch. // Erneut möchte ich dich sagen hören, / Daß in dir selbst endlich vernichtet / Die Seelen sich vereinen / Und dort oben bilden werden, / Ewige Menschheit, / Deinen glücklichen Schlaf.›

DANNAZIONE / VERDAMMNIS

L'Italia letteraria (6.9.1931): «Canto VIII»; *Il fiore della lirica italiana* (1933): «Dannazione» (S.384); Ed. crit. (1988), S.262–266; frz. Ü.: J.Chuzeville, J.Lescure; dt. Ü.: M.Marschall v. Bieberstein

Das Gedicht erschien zuerst in *L'Italia letteraria* (1931) unter dem Generaltitel «Tre Canti» zusammen mit dem «Canto VI» («Canto sesto» der späteren Sektion «La morte meditata») und «Canto VII» (≙ «Sentimento del tempo») und war Teil einer von Ungaretti ursprünglich geplanten Folge von zehn «Canti» (cf. Anm. zu «La morte meditata», S.332 f.).

Das Gedicht knüpft an das Gedicht «Dannazione» (29.6.1916) in *Il Porto sepolto* an: Chiuso fra cose mortali // (Anche il cielo stellato finirà) // Perché bramo Dio? ‹Eingeschlossen zwischen Sterbliches // (Auch der bestirnte Himmel wird enden) // Warum giere ich nach Gott?›. Die 1.Strophe ist eine fast wörtliche Übersetzung des 6.Teils des französischen «kalligrammatischen» Gedichts «Perfections du noir» (gewidmet A.Breton) aus der Sektion «P-L-M» in *Derniers Jours* (1919: il est nu /comme la nuit / comme une pierre / au lit d'un fleuve / polie / comme une pierre / de volcan / rongée // quelqu'un l'a cueillie / dans sa fronde ‹er ist nackt / wie die Nacht / wie ein Stein / im Bett eines Flusses / geglättet / wie ein Stein / des Vulkans // zerfressen / jemand hat ihn aufgelesen / in seiner Schleuder› (mit der Frage in der rechten Kolonne daneben: où suis-je / tombé ‹wohin bin ich gefallen›) (cf. hierzu und zu weiteren Anklängen an Gedichte aus *L'Allegria* Ed. crit., «Introduzione», S.LVII). 1931 erscheint im Verlag Giulio Preda in Mailand eine Neuausgabe der *Allegria*, für die Ungaretti die Gedichte dieses Bandes noch einmal einer gründlichen Durchsicht und Überarbeitung unterzieht, die nicht ohne Einfluß auf die aktuelle Produktion in dieser Zeit bleibt.

LA PIETÀ ROMANA / DIE RÖMISCHE PIETAS

L'Italia letteraria (4.6.1933); *Antologia di poeti fascisti* (1935), S.107; Ed. crit. (1988), S.267–269; frz. Ü.: J.Chuzeville, J.Lescure

Das Gedicht wird erst in die zweite Ausgabe des *Sentimento* (1936) aufgenommen. Anm. Ungarettis (*Vita d'un uomo – Tutte le poesie* [1969], S.540): «Die Pietas ist ein alter Mythos von Rom (siehe bei Vergil), der mit dem christlichen Gefühl konvergiert. Der Titel bezieht sich auf eine Statue, die, wenn ich mich recht erinnere, auf dem Kapitol aufbewahrt wird.»

SENTIMENTO DEL TEMPO / ZEITGEFÜHL

L'Italia letteraria (6.9.1931): «Canto VII»; Ed. crit. (1988), S.270–272;
frz. Ü.: J.Lescure; dt. Ü.: M.Marschall v. Bieberstein; H.Hinterhäuser,
in: *Italienische Lyrik im 20. Jahrhundert* (1990), S.54
Das Gedicht erschien zuerst in *L'Italia letteraria* (1931) unter dem General-
titel «Tre Canti» zusammen mit dem «Canto VI» («Canto sesto» der
späteren Sektion «La morte meditata») und «Canto VIII» (≙ «Dan-
nazione») und war Teil einer von Ungaretti ursprünglich geplanten Folge
von zehn «Canti» (cf. Anm. zu «La morte meditata»).

LA MORTE MEDITATA / DER MEDITIERTE TOD

In den ersten Ausgaben des *Sentimento del tempo* von 1933 und 1936 ist die
vorletzte Sektion «La morte meditata» unterteilt in zwei Untersektionen:
«Sentimento della memoria» und «Sentimento del sogno», jede bestehend
aus drei «Canti» («Canto primo», «Canto secondo», «Canto terzo»). Die
ersten fünf dieser Canti waren zuvor publiziert worden in *Fronte*(Juni 1931)
unter dem Generaltitel «Cinque canti» («Canto primo», «Canto se-
condo», etc.). Im September desselben Jahres waren in *L'Italia lette-
raria* weitere «Tre canti» erschienen («Canto VI», «Canto VII»,
«Canto VIII»), als Fortsetzung der vorhergehenden. Von diesen geht
nur der «Canto VI» als «Canto terzo» der zweiten Untersektion «Sen-
timento del sogno» in die Sektion «La morte meditata» ein; «Canto VII»
(unter dem Titel «Sentimento del tempo» und damit titelgebendes Ge-
dicht des neuen Gedichtbandes) und «Canto VIII» (unter dem Titel
«Dannazione») beschließen in umgekehrter Reihenfolge die voran-
gehende Sektion der «Inni» in der Ausgabe von 1933. Ursprünglich hatte
Ungaretti wohl an eine Folge von insgesamt 10 Canti gedacht, unter Ein-
schluß der zweiten der «Trois notes» (≙ «Grido») aus der *Nouvelle Revue
Française* (1928) an neunter Stelle und der italienischen Fassung der
«Hymne à la pitié» (ebenfalls aus der *NRF* von 1928) als «Canto X» (cf.
Ed. crit., «Introduzione», S.LVI).
Daß die Folge der «Canti» als ein einheitliches Ganzes konzipiert war,
geht auch daraus hervor, daß Ungaretti in der Ausgabe von 1936 das
Gedicht «Sentimento del tempo» den beiden Untersektionen «Senti-
mento della memoria» und «Sentimento del sogno» innerhalb der Sek-
tion «La morte meditata» voranstellt. Diese Anordnung war ursprüng-
lich auch für die Mondadori-Ausgabe von 1943 vorgesehen, in der
Ungaretti auf die beiden Untersektionen verzichtet und die zweimal drei
«Canti» von «Canto primo» bis «Canto sesto» durchnumeriert. Letzt-
lich wird «Sentimento del tempo» jedoch wieder als Schlußgedicht in die
vorangehende Sektion der «Inni» eingeordnet (cf. a. Ed. crit. S.275/76).
Interessant ist in dieser Hinsicht auch die erste französische Buchausgabe
von Gedichten Ungarettis von Jean Chuzeville aus dem Jahre 1939, die
erstmals (in französischem Kontext!) den späteren Gesamttitel der Werke
Ungarettis einführt: *Vie d'un homme*. Dort fehlt das titelgebende Gedicht
«Sentimento del tempo» (wie auch der *Sentimento* dort schlicht als «Livre
second» firmiert; cf. a. Ungarettis Plan einer gemeinsamen Veröffent-
lichung von *L'Allegria* und *Sentimento* als zwei Teilen *eines* Buches, zusam-
men mit den Varianten, unter dem Titel *Vita d'un uomo*, den er 1942 Giu-

seppe De Robertis gegenüber zum Ausdruck bringt (cf. Ed. crit. S. LXXX
bis LXXXII); die französische Ausgabe von 1939 nimmt diesen Plan in
bescheidenerem Umfang [aus beiden Gedichtbänden wird jeweils nur
eine Auswahl geboten] bereits vorweg), es folgt jedoch auf die Sektion der
«Hymnes» die Sektion «Connaissance du temps», in deren Zentrum die
beiden Untersektionen «Sentiment de la mémoire» und «Sentiment du
rêve» stehen (identisch mit den entsprechenden italienischen Sektionen),
umrahmt von zwei «direkt auf französisch geschriebenen» Gedichten auf
den Tod von Ungarettis Bruder («Mort de mon frère», «Chute de
l'homme»), die später den folgenden Gedichtband *Il Dolore* in umgekehr-
ter Reihenfolge eröffnen werden (S. 130, 131), und dem nur auf fran-
zösisch existierenden Gedicht «Sentiment de la nuit» (S. 139), interessan-
terweise ebenfalls (wie «Grido» [≙ «Trois notes II»] und die «Hymne à la
pitié», die die ursprünglich geplante Folge der zehn «Canti» abschließen
sollten) aus der französischen Folge der «Hymnes» in der *Nouvelle Revue
Française* (1928) (dort als «Hymne à la mort») stammend.

CANTO PRIMO / ERSTER GESANG
Fronte (Juni 1931): «Canto primo»; *Sentimento* (1933, 1936): «Canto
primo» der Untersektion «Sentimento della memoria»; *Sentimento* (1943):
«Canto primo»; Ed. crit. (1988), S. 277–286; frz. Ü.: Jean Lescure,
Pierre Jean Jouve

CANTO SECONDO / ZWEITER GESANG
Fronte (Juni 1931): «Canto secondo»; *Sentimento* (1933, 1936): «Canto
secondo» der Untersektion «Sentimento della memoria»; *Sentimento*
(1943): «Canto secondo»; Ed. crit. (1988), S. 287–289; frz. Ü.: Jean
Chuzeville, Jean Lescure, Pierre Jean Jouve

CANTO TERZO / DRITTER GESANG
Fronte (Juni 1931): «Canto quinto»; *Sentimento* (1933, 1936): «Canto
terzo» der Untersektion «Sentimento della memoria»; *Sentimento* (1943):
«Canto terzo»; Ed. crit. (1988), S. 290–292; frz. Ü.: Jean Chuzeville,
Jean Lescure, Philippe Jaccottet

CANTO QUARTO / VIERTER GESANG
Fronte (Juni 1931): «Canto terzo»; *Sentimento* (1933, 1936): «Canto
primo» der Untersektion «Sentimento del sogno»; *Sentimento* (1943):
«Canto quarto»; Ed. crit. (1988), S. 293–295; frz. Ü.: Jean Chuzeville,
Jean Lescure, Philippe Jaccottet
Es existiert von diesem Gedicht eine längere Manuskriptversion (Ed.
crit., S. 293), in der Ungaretti ein kurzes Gedicht aus *L'Allegria* teilweise
in die 1. Strophe integriert (LONTANO – Lontano lontano / come un
cieco / m'hanno portato per mano, vom 15. 2. 1917):
CANTO III – M'hanno preso per mano / Le nubi, / Lontano lontano /
M'hanno portato… // Lantano sopra un monte / Bruciavo spazio e tem-
po, / Come un tuo messaggero, / Come il sogno, divina morte.
‹GESANG III – Bei der Hand haben mich genommen / Die Wolken, /
Fort weit fort / Haben sie mich geführt… // Weit fort auf einem Berg /

Verbrannte ich Zeit und Raum, / Wie einer deiner Boten, / Wie der
Traum, göttlicher Tod.›

CANTO QUINTO / FÜNFTER GESANG
Fronte(Juni 1931): «Canto quarto»; *L'Italia letteraria* (14.6.1931): «Canto
quarto»; *Sentimento* (1933, 1936): «Canto secondo» der Untersektion
«Sentimento del sogno»; *Sentimento* (1943): «Canto quinto»; Ed. crit.
(1988), S.296–299); frz. Ü.: Jean Lescure, Pierre Jean Jouve

CANTO SESTO / SECHSTER GESANG
L'Italia letteraria (6.9.1931) «Canto VI»; *Sentimento* (1933, 1936): «Canto
terzo» der Untersektion «Sentimento del sogno»; *Sentimento* (1943):
«Canto sesto»; Ed. crit. (1988), S.300–303; frz. Ü.: Jean Chuzeville, Jean
Lescure, Pierre Jean Jouve

L'AMORE / DIE LIEBE
Die folgenden Bemerkungen sind Teil eines Rundfunkkommentars, den
Ungaretti für eine Serie von Sendungen unter dem Titel «Ungaretti letto
e commentato da Ungaretti» (1963) aufnahm (*Vita d'un uomo – Saggi e inter-
venti* [1969], S.826/27):
«Es gibt im *Sentimento del tempo* drei Momente meiner Art, nach und nach
die Zeit zu fühlen. Im ersten versuchte ich die Zeit in der Landschaft als
geschichtliche Tiefe zu fühlen; im zweiten veranlaßte mich eine vom Tod
bedrohte Zivilisation, über das Schicksal des Menschen nachzusinnen und
die Zeit, die flüchtige, im Verhältnis zum Ewigen zu fühlen; der letzte
Teil des *Sentimento* hat den Titel *L'Amore*, und in ihm werde ich mir des
Alterns und des Sterbens in meinem Fleisch selbst gewahr.
Die Gründe, aus denen es in diesen Gedichten schüchterne mythologische
Erscheinungen gibt, sind Gründe, die natürlich aus der Landschaft, wie
sie von Natur aus ist, und aus der Landschaft, wie die Jahrhunderte sie
verändert hatten, erwachsen. Im übrigen mußte ich mir doch schließlich
eine Landschaft anverwandeln, der gegenüber ich ein gewisses Mißtrauen
empfand. Ich habe mich zu Rom bekehren müssen, ich habe mir nach
und nach das Barock anverwandeln müssen. Ich kam aus Ägypten, ich
kam aus Frankreich. Frankreich, das stimmt schon, hat eine klassische
Tradition; Ägypten hatte absolut keine. In den Gedichten der *Allegria*
existiert diese klassische Tradition nicht, es existiert eine Tradition, die
vielleicht aus Ägypten zu mir kommt, die in gewisser Hinsicht vielleicht aus
Lucca zu mir kommt – doch Lucca ist romanisch – und die vielleicht aus
der Gotik zu mir kommt. Doch wenn mich letzten Endes etwas beeindruckt
hatte – vielleicht, weil ich aus Lucca stammte – während meines ebenfalls
langen Aufenthalts in Frankreich, dann war es eben gerade die Gotik und
nicht das Barock. Das Barock war prunkvoll, aber es hatte mich nicht be-
eindruckt. Jedoch in Rom lebend, war das Barock etwas, das mir schließ-
lich ins Blut gehen mußte. Erst einmal assimiliert, habe ich diesen barok-
ken Stil vielleicht nicht mehr gehabt, habe ich mich davon geheilt, wer
weiß.»

CANTO BEDUINO / BEDUINENGESANG
La Gazzetta del popolo (2.3.1932); Ed. crit. (1988), S.307/08; frz. Ü.:
J.Lescure; dt. Ü.: I.Bachmann

CANTO / GESANG
La Gazzetta del popolo (2.3.1932); *Il Tesoretto* (1942), S.367; Ed. crit.
(1988), S.309–212; frz. Ü.: J.Chuzeville, J.Lescure; dt. Ü.: H.Friedrich,
in: *Die Struktur der modernen Lyrik*, S.258; M.Marschall v. Bieberstein

. . .
La Gazzetta del popolo (2.3.1932); Ed. crit. (1988), S.313; frz. Ü.: J.Chuze-
ville, J.Lescure; dt. Ü.: M. Marschall v. Bieberstein

PRELUDIO / VORSPIEL
Ed. crit. (1988), S.314; frz. Ü.: J.Chuzeville, J.Lescure
Dieses Gedicht wird erst in die zweite Ausgabe des *Sentimento* (1936) auf-
genommen (erste Publikation dieses Gedichts)

QUALE GRIDO / WELCHEN SCHREI
La Gazzetta del popolo (14.11.1934): «Quale dolore?»; *Beltempo* (1940):
«Quale dolore» (S.159); Ed. crit. (1988), S.315/16; frz. Ü.: J.Chuzeville,
J.Lescure
Dieses Gedicht wird erst in die zweite Ausgabe des *Sentimento* (1936) auf-
genommen

AUGURI PER IL PROPRIO COMPLEANNO /
GLÜCKWÜNSCHE ZUM EIGENEN GEBURTSTAG
Circoli V,1 (13.3.1935), S.31; Ed. crit. (1988), S.317–320; frz. Ü.: J.Chu-
zeville, J.Lescure; dt. Ü.: H.Hinterhäuser, in: *Italienische Lyrik im 20. Jahr-
hundert* (1990), S.59/60
Dieses Gedicht wird erst in die zweite Ausgabe des *Sentimento* (1936) auf-
genommen (datiert im Manuskript «Roma, il 10 Febbraio XIII» bzw.
«Roma, il 10 Febbraio 1935–XIII»)

SENZA PIÙ PESO / KEIN GEWICHT MEHR
L'Universale IV,6 (25.3.1934); Ed. crit. (1988), S.321/22; frz. Ü.: J.Chu-
zeville, J.Lescure; dt. Ü.: I.Bachmann, Friedhelm Kemp, in: *Akzente* 6
(1984), S.528
In *L'Universale* endet das Gedicht wie folgt:
Chi teme più, chi medita? // È tradita la morte...
‹Wer fürchtet mehr, wer meditiert? // Verraten ist der Tod...›
(datiert «Marino, Marzo dell'anno XII» (1934))

SILENZIO STELLATO / BESTIRNTE STILLE
La Gazzetta del popolo (2.3.1932); Ed. crit. (1988), S.323; frz. Ü.: J.Chu-
zeville, J.Lescure; dt. Ü.: M. Marschall v. Bieberstein

IL DOLORE

Sentimento del tempo war, im ersten Teil, insbesondere in den Sektionen
«La Fine di Crono» und «Sogni e Accordi», das Buch des Sommers und
der Liebe. In die zweite Auflage des Gedichtbandes von 1936 nimmt
Ungaretti in die letzte Sektion «L'Amore» drei Gedichte aus den Jahren
1934 und 1935 auf («Quale grido», «Senza più peso» und «Auguri per
il proprio compleanno»), die neue Töne anschlagen, in denen er sich, wie
er selbst sagt, «des Alterns und des Sterbens in meinem Fleisch selbst
gewahr» wird (cf. o. S. 334). In das Jahr 1935 fällt auch die erste Arbeit
an der großen «Canzone» und damit an dem späteren Gedichtband
La Terra promessa, der ursprünglich den Titel *Penultima Stagione* (‹Vorletzte
Jahreszeit›) tragen sollte. «Es war der Herbst, den ich in meinem Gedicht
zu besingen beabsichtigte, ein fortgeschrittener Herbst, von dem sich für
immer das letzte Zeichen von Jugend, von irdischer Jugend, die letzte
fleischliche Lust trennt», schreibt Ungaretti diesbezüglich. Doch die
Arbeit an den «Quartine dell'autunno» (aus denen später die «Canzone»
hervorgeht, cf. Bd. 3 der vorliegenden Ausgabe) wurde durch eine Reihe
äußerer Geschehnisse für Jahre unterbrochen. Die Anrufung der Schluß-
zeile des Gedichts «Auguri per il proprio compleanno»: «Verlaß mich
nicht, bleibe, Leiden!» (in der ersten Version: «Verlaß mich noch nicht,
Leiden!») sollte schreckliche Wirklichkeit werden.
1936 unternimmt Ungaretti eine Reise nach Argentinien, zum Kongreß
des Pen-Clubs. Bei dieser Gelegenheit wird ihm eine Professur für italie-
nische Sprache und Literatur an der Universität von São Paulo angebo-
ten. Ungaretti nimmt an und geht mit seiner Familie nach Brasilien.
Dort macht der Wüstensohn Ungaretti die Erfahrung der üppigen, vor
Lebenskraft überbordenden tropischen Vegetation, die ihn in ihren Bann
zieht, und in der er wie auch in den brasilianischen Städten des 16. und
17. Jahrhunderts sowie in den riesigen Apostelstatuen des brasilianischen
Bildhauers Aleijadinho (den er «eine Art verrückten Michelangelo»
nennt) das Barock wiederfindet (cf. hierzu *Propos improvisès*, S. 118 ff.). In
Brasilien wird Ungaretti aber auch von der schmerzlichsten Erfahrung
seines Lebens getroffen: 1939 stirbt, erst neunjährig, sein über alles ge-
liebter Sohn Antonietto infolge einer falsch behandelten Blinddarm-
entzündung. Dann bricht der Zweite Weltkrieg aus, und nach und nach
verbünden sich die Länder der Welt gegen die Achse Rom–Berlin, Italien
und Deutschland sind Synonyme für Faschismus und Nazismus. Unga-
rettis Situation in Brasilien wird dadurch immer schwieriger, und als
Brasilien 1942 Italien den Krieg erklärt, gibt es für die in Brasilien leben-
den Italiener nur zwei Alternativen: das Konzentrationslager oder die
Rückkehr nach Italien. Ungaretti kehrt nach Rom zurück und erlebt in
Italien die Zeit der Besetzung durch die Deutschen, den Schwarzmarkt
und die Gefahr (er beherbergt Juden bei sich zu Hause).
Merkwürdig und interessant ist, daß Ungaretti in Brasilien, fern der Hei-
mat, angeblich keine einzige Gedichtzeile zustande bringt; er lehrt und
schreibt zwar über Dante, Boccaccio, Manzoni, Leopardi, Petrarca, Jaco-
pone, Vergil u. a. (cf. Giuseppe Ungaretti, *Invenzione della poesia moderna –
Lezioni brasiliane di letteratura* [1937–1942], a cura di Paola Montefoschi,

Napoli [Edizioni Scientifiche Italiane] 1984 [*Inediti* 1]), doch kein einziges
Gedicht; nicht einmal die Übersetzung von Shakespeare-Sonetten will
ihm gelingen, erst nach seiner Rückkehr nach Rom übersetzt er in einem
Schwung 22 Sonette. So ganz kann diese Legende der schöpferischen
Unfruchtbarkeit Ungarettis während der Jahre in Brasilien, die er selbst
eifrig genährt hat (cf. etwa *Propos improvisés*, S. 119/20), allerdings nicht
stimmen; immerhin gibt es eine auf 1939 datierbare Erstfassung des Ge-
dichts «Tu ti spezzasti» (unter dem Titel «Paesaggi», cf. Anm. zu diesem
Gedicht, S. 343 f.), und das in den Kontext der Sektion «Giorno per
giorno» gehörende Gedicht «Gridasti: Soffoco» (cf. Bd. 3 der vorliegenden
Ausgabe) geht ebenfalls, laut Ungarettis eigener Aussage in seinem Kom-
mentar zu diesem Gedicht, auf die Jahre 1939/40 zurück, sie sind also
direkt unter dem Eindruck des Todes von Antonietto entstanden (cf. a. die
Datierung «1940–1946 bzw. – 1945» der Sektionen «Giorno per giorno»
und «Il tempo è muto»).

Ungaretti verarbeitet in seinem dritten Gedichtband *Il Dolore* (1937–1946)
zunächst den übergroßen Schmerz, den der frühe, völlig unerwartete und
sinnlose Tod seines Sohnes Antonietto in ihm auslöst, in einer Reihe von
Gedichten, die zu seinen schönsten gehören: insbesondere in den 17 kur-
zen Fragmenten der Sektion «Giorno per giorno» sowie in den großen
Gedichten der Sektion «Il tempo è muto», in denen er italienische und
brasilianische Landschaften kühn über- und ineinanderblendet. Daneben
stehen, im zweiten Teil des Bandes, Gedichte, die die Erfahrungen des
Zweiten Weltkriegs zum Gegenstand haben, in denen Ungaretti sich dem
Leid der Menschheit in jener schrecklichen Zeit zuwendet, den eigenen
Schmerz in den der Menschheit einbindet. Zentral ist in dieser Hinsicht
das große Gedicht «Mio fiume anche tu», das sowohl an das frühe auto-
biographische Gedicht «I fiumi» von 1916 anknüpft, in dem Ungaretti
an der Front des Ersten Weltkriegs die Stationen seines bisherigen Lebens
anhand der Flüsse rekapituliert, mit denen sie verbunden waren (ganz expli-
zit kommt diese direkte Anknüpfung an das frühere ‹Flüsse›-Gedicht in
den später gestrichenen Anfangsversen zum Ausdruck; cf. Anm. zu dem
Gedicht «Mio fiume anche tu», S. 346 f.), als auch an die zentrale Hymne
«La pietà» aus dem Jahre 1928: Rekapitulation des eigenen Lebens, ein-
gebettet in das Schicksal der Menschheit, und Gebet in einem.

Eingeleitet wird der Band mit zwei Gedichten, die Ungaretti dem Anden-
ken seines Bruders gewidmet hat, der Ende 1936 gestorben ist («Tutto
ho perduto», «Se tu mio fratello»). Beide Gedichte hat Ungaretti auf
1937 datiert, wie Jean-Charles Vegliante gezeigt hat (*Ungaretti entre les
langues*), sind sie jedoch zunächst auf Französisch bereits 1936 entstanden
und sollten noch im selben Jahr in der französischen Zeitschrift *Mesures*
erscheinen (cf. Anm. zu diesen beiden Gedichten S. 341 f.). Sie wurden
jedoch (auf französisch) erst 1939 in Jean Chuzevilles Auswahl von
Gedichten aus der *Allegria* und dem *Sentimento*, die bereits den Titel *Vie
d'un homme* trägt, publiziert, und zwar eingeordnet unter die Gedichte
aus dem *Sentimento*, wo sie in der Sektion «Connaissance du temps» direkt
vor den Gedichten der Sektion «La morte meditata» stehen. So wie sich
in dem Band *Il Porto Sepolto* von 1923 im zeitlichen und räumlichen Neben-
einander von Gedichten aus der Schlußsektion des ersten und der Er-

öffnungssektion des zweiten Gedichtbandes in der Sektion «Elegie e madrigali» der alte und der allmählich entstehende neue Gedichtband begegnen, alte und neue Erfahrung miteinander konfrontiert werden, werden also erneut die Anfänge eines sich noch kaum abzeichnenden neuen Gedichtbandes in bereits Bestehendes integriert, diesmal in französischer Sprache, innerhalb einer französischen Publikation, an deren Entstehung und Gestaltung Ungaretti über Jahre hinweg intensiv Anteil nahm (cf. hierzu den Briefwechsel Jean Paulhan – Giuseppe Ungaretti), ein erneuter Beweis auch dafür, wie die Entstehung und Fortentwicklung des Ungarettischen Werks sich phasenweise immer wieder zwischen beiden Sprachen, dem Italienischen und dem Französischen, und, hinsichtlich der Veröffentlichungsorte, zwischen beiden Ländern, Italien und Frankreich, hin und her bewegt, wie sich in der Bewegung und Durchdringung von Altem und Neuem auch Ungarettis beide Sprachen begegnen und daraus Neues entsteht.

Die einbändige Ausgabe der Lyrik Ungarettis *Vita d'un uomo – Tutte le poesie* (Mondadori 1969) enthält folgende Bemerkung Giuseppe Ungarettis zu *Il Dolore* (S. 543):
«Ich habe auf äußerst brutale Weise, durch den Verlust eines Kindes von neun Jahren, erfahren müssen, was es heißt zu wissen, daß der Tod der Tod ist. Es war das Furchtbarste, das mir in meinem Leben widerfahren ist. Ich weiß, was der Tod bedeutet, ich wußte es auch vorher; doch nun, da mir der beste Teil meiner selbst herausgerissen worden ist, erprobe ich ihn, seit jenem Augenblick, in mir, den Tod. *Der Schmerz* ist das Buch, das ich am meisten liebe, das Buch, das ich in jenen schrecklichen Jahren geschrieben habe, als der Schmerz mir die Kehle zuschnürte. Darüber zu sprechen erschiene mir schamlos. Jener Schmerz wird nicht mehr aufhören, mich zu quälen.»
Der Mondadori-Ausgabe von 1947 in der Reihe *Lo Specchio – I poeti del nostro tempo* stellte Ungaretti die folgende Notiz voran:
«Die hier gesammelten Gedichte erschienen alle in der einen oder anderen der italienischen Literaturzeitschriften. Jene, die unter dem Titel *Roma occupata* stehen, kamen auch zu Beginn des Bandes mit Zeichnungen von Orfeo Tamburi *Piccola Roma* am 19. April 1944 im Verlag Urbinati heraus.
Alles hab ich verloren wurde geschrieben zum Andenken meines Bruders; in *Tag für Tag* und in der Gruppe *Stumm ist die Zeit* ist Antonietto gegenwärtig, mein Sohn, den ich in Brasilien verloren habe; in den übrigen Gedichten ist *Der Schmerz* näherhin Ausdruck der Tragödie dieser Jahre.»
Cf. a. *Propos improvisés*, S. 114–121.

Chronologische Bibliographie zu *Il Dolore*
(Zeitschriften, Anthologien, Ausgaben)

Giuseppe Ungaretti, *Vie d'un homme*, traduit de l'Italien et préfacé par Jean Chuzeville, Paris (Gallimard) 1939 (*Métamorphoses* VI):
«Mort de mon frère» (französische Erstfassung von «Se tu mio fratello»; S.130); «Chute de l'homme» (französische Erstfassung von «Tutto ho perduto»; S.131); beide Gedichte sind versehen mit dem Hinweis: «Écrit directement en français»; sie sind eingereiht innerhalb des «Livre second» (≙ *Sentimento del tempo*) als Schlußgedichte der Sektion «Hymnes» (im Inhaltsverzeichnis allerdings als Eröffnungsgedichte der folgenden Sektion «Connaissance du temps» (≙ «La morte meditata»); beide Gedichte waren ursprünglich bereits vorgesehen für eine Veröffentlichung in *Mesures* unter dem gemeinsamen Titel «Deux hymnes», datiert «Rome, Décembre XV (1936)»

Primato (15.Oktober 1942):
«Diario» (≙ Fragmente aus «Giorno per giorno»)

Nuova Antologia (Dezember 1942):
«Diario» (≙ Fragmente aus «Giorno per giorno»)

Parallelo I (Sommer 1943):
«Poeti d'oltreoceano, vi dico» (die V. 2, 24–27 entsprechen dem Gedicht «Non gridate più»)

Piccola Roma – con una poesia d'occasione di Ungaretti, Roma (Urbinati Editore) 1944 (mit Illustrationen von Orfeo Tamburi):
Gedicht von 141 Versen, bestehend aus Erstfassungen folgender Gedichte: V.1–16: «Folli i miei passi»; V.17–39: «Defunti su montagne»; V.40–61: «Amaro accordo»; V.62–71: «Incontro a un pino»; V.72–101: «Mio fiume anche tu» (Teil 1); V.102–141: «Accadrà?»

Città (23.November 1944):
«Tutto ho perduto», «Se tu mio fratello»

Poesia II (Mai 1945):
«Tu ti spezzasti», «Folli i miei passi», «Nelle vene»

L'Arche II (8.August 1945):
«Paesaggi» (≙ «Tu ti spezzasti»), «Folli i miei passi», «Nelle vene» (unter dem Generaltitel «Trois poèmes», datiert «1939 bis 1945», begleitet von französischen Übersetzungen von A. Guibert)

Città (20.September 1945):
«Il tempo è muto» «Oppure in un meriggio» (≙ «Amaro accordo»); «Lungotevere al tramonto» (≙ «Incontro a un pino»); «Non gridate più»

La Bottega dei Quattro (5.Oktober 1945):
«Il dolore» (≙ Fragmente aus «Giorno per giorno»)

Le Tre Arti (1.November 1945):
«Tutto ho perduto», «Se tu mio fratello»; «Il tempo è muto»; «Oppure in un meriggio» (≙ «Amaro accordo»); «Defunti su montagne»; «Mio fiume anche tu»

Il Caffè degli Intellettuali (17.Dezember 1945):
  «Il dolore» (≙ Fragmente aus «Giorno per giorno»)
Il Campo I,1/2 (Januar/Februar 1946):
  «Il dolore» (≙ Fragmente aus «Giorno per giorno»)
Rassegna (9.Februar 1946):
  «Non accadrà?» (≙ «Accadrà?»)
Il Costume Politico Letterario (7.April 1946):
  «I ricordi»
Mercurio III,21 (Mai 1946):
  «Terra»
Alfabeto (15.–31.August 1946):
  Fragmente aus «Giorno per giorno»
La Fiera letteraria (Dezember 1946):
  Fragmente aus «Giorno per giorno»
Giuseppe Ungaretti, *Vita d'un uomo* 4, *Poesie* IV *Il Dolore* (1937–1946),
  Milano (Mondadori) 1947 *(Lo Specchio – I poeti del nostro tempo)*
Giuseppe Ungaretti, *Vie d'un homme*, suivie de *La douleur*, *La Terre promise*,
  traduit de l'italien et préfacé par Jean Chuzeville, Lausanne (Mermod)
  1953
Giuseppe Ungaretti, *Les cinq livres*, texte française établi par l'Auteur et
  Jean Lescure, Paris (Les Editions de Minuit) 1953, S.239–279: *Il Dolore*
Giuseppe Ungaretti, *Il Dolore*, con 36 xiliografie di Pasquale Santoro,
  Roma 1969
Giuseppe Ungaretti, *Vita d'un uomo – Tutte le poesie*, a cura di Leone Pic-
  cioni, Milano (Mondadori) 1969 *(I Meridiani)*: *Il Dolore* S.197–238;
  Varianti a cura di Mario Diacono S.749–784
Giuseppe Ungaretti, *Vie d'un homme – Poesie 1914–1970*, traduit de l'italien
  par Philippe Jaccottet, Pierre Jean Jouve, Jean Lescure, André Pieyre
  de Mandiargues, Francis Ponge et Armand Robin, préface de Philippe
  Jaccottet, Paris (Gallimard) 1973 (auch als Taschenbuch in der Collec-
  tion *Poésie* 147, S.205–237. Übersetzung von Philippe Jaccottet, mit
  Ausnahme von «Le temps s'est fait muet», «Ne criez plus» (Armand
  Robin); «Arrivera-t-il?», «L'ange du pauvre» (Jean Lescure); «Les
  souvenirs» (André Pieyre de Mandiargues)
Giuseppe Ungaretti, *Vita d'un uomo – 106 poesie 1914–1960*, introduzione di
  Giovanni Raboni, Milano (Mondadori) 1985 *(Gli Oscar Poesia 9)*, S.149
  bis 182 (enthält nicht: «Tutto ho perduto», «Il tempo è muto»,
  «Incontro a un pino», «Nelle vene», «Defunti su montagne», «Acca-
  drà?», «I ricordi»)
Per conoscere Ungaretti, Antologia delle opere a cura di Leone Piccioni,
  Milano (Mondadori) 1986 *(Gli Oscar Poesia)*, S.145–161 (enthält nicht:
  «Nelle vene», «Incontro a un pino», «L'angelo del povero», «I ri-
  cordi»)

TUTTO HO PERDUTO / ALLES HAB ICH VERLOREN

Vie d'un homme (1939): «Chute de l'homme» (S. 131); *Città* (23.11.1944);
Le Tre Arti (1.11.1945); frz. Ü.: J. Lescure, Ph. Jaccottet; dt. Ü.: I. Bach-
mann, M. Marschall v. Bieberstein, Friedhelm Kemp, in: *Akzente* 6
(1984), S. 528/29

Das Gedicht wurde, zusammen mit dem Gedicht «Se tu mio fratello»,
von Ungaretti 1936 anläßlich des Todes seines Bruders «direkt auf fran-
zösisch» geschrieben. Beide Gedichte sollten, ohne eigene Titel, aber
unter dem gemeinsamen Titel «Deux hymnes», datiert «Rome, Décem-
bre XV (1936)», in der französischen Zeitschrift *Mesures* erscheinen. Diese
Veröffentlichung kam dann nicht zustande, beide Texte erschienen erst
1939 in etwas abweichenden Versionen in Jean Chuzevilles französischer
Ausgabe *Vie d'un homme*. J.-Ch. Vegliante hat die für *Mesures* bestimmten
Texte nach den Druckfahnen, die sich im Archiv Paulhan befinden,
publiziert in seinem Buch *Ungaretti entre les langues* (1987), S. 116/17. Diese
Texte sind hier abgedruckt. Erzänzend dazu sei an dieser Stelle die Fas-
sung in *Vie d'un homme* mitgeteilt:

CHUTE DE L'HOMME – J'ai tout perdu, hélas, de mon enfance / Et
jamais plus je ne pourrai, fou de joie, / M'oublier dans un cri. // J'ai
enterré mon enfance au fond des nuits, / Et noire épée, à présent, et cruelle
à ma vie, / Elle me retranche de tout. // De moi qui exultais, de moi je
me souviens qui t'aimais, / Et me voici livré à l'infini des nuits. / Déses-
poir sans cesse accru, la vie ne m'est plus, / Arrêtée au fond de ma gorge,
que roc de cris.

‹FALL DES MENSCHEN – Ich hab alles verloren, ach, von meiner
Kindheit / Und niemals mehr werde ich, verrückt vor Freude, / Mich
vergessen können in einem Schrei. // Ich habe meine Kindheit begraben
in der Tiefe der Nächte, / Und schwarzes Schwert jetzt, und grausam
meinem Leben, / Schneidet sie mich von allem ab. // Meiner der ich
jubelte, meiner erinnere ich mich der ich dich liebte, / Und nun bin ich
ausgeliefert der Unendlichkeit der Nächte. // Verzweiflung unablässig
gesteigert, ist das Leben mir nur noch / Gefangen in der Tiefe meiner
Kehle, ein Fels von Schreien.›

Domenico De Robertis teilt in seinem Aufsatz «Per l'edizione critica del
‹Dolore› di Giuseppe Ungaretti», in *Studi di filologia italiana* XXXVIII
(1980), S. 309–323, eine weitere kürzere Manuskriptfassung mit, die den
Titel trägt «Dialectique du sentiment» (S. 315/16) und deren 2. Strophe
aus drei Alexandrinern besteht:

Et, désespoir sans cesse accru, / La vie ne m'est plus, arrêtée au fond de
ma gorge / Que rocher de cris. // Ton courroux, (éternel / mystérieuse /
épouvantable) épée, / A fini par me retrancher de mon enfance / Et me
voici (plongé/perdu) dans la (détresse / terreur / l'incertitude) des nuits.

‹DIALEKTIK DES GEFÜHLS – Und, Verzweiflung unablässig ge-
steigert, / Ist das Leben mir nur noch, gefangen in der Tiefe meiner
Kehle / ein Fels von Schreien. // Dein Grimm, (ewiges / geheimnis-
volles / furchtbares) Schwert, / Hat mich schließlich abgeschnitten von
meiner Kindheit / Und nun bin ich (versunken / verloren) in (die höchste
Not / den Schrecken / die Ungewißheit) der Nächte.›

SE TU MIO FRATELLO / WENN DU MEIN BRUDER

Vie d'un homme (1939): «Mort de mon frère» (S.130); *Città* (23.11.1945); *Le Tre Arti* (1.11.1945); frz. Ü.: J.Lescure, Ph.Jaccottet; dt. Ü.: I.Bachmann, M.Marschall v. Bieberstein

Vie d'un homme: MORT DE MON FRÈRE – Si tu revenais encore vers moi vivant, / La main tendue, mon frère, / Je pourrais, de noveau dans un élan d'oubli, / Saisir ta main. // Mais à présent, ce qui de toi m'entoure / N'est que songes, feux du passé. // La mémoire, hélas, déroule les pures images, / Et moi-même, déjà, je ne suis plus à moi-même / Que le néant des pensées.

TOD MEINES BRUDERS – ‹Wenn du noch einmal mir entgegenkämest lebend, / Mit ausgestreckter Hand, mein Bruder, / Ich könnte, von neuem in einem Aufschwung von Vergessen, / Ergreifen deine Hand. // Doch jetzt, was von dir mich umgibt / Sind nur Träume, Feuer der Vergangenheit. // Das Gedächtnis, ach, entwickelt nur die reinen Bilder, / Und ich selbst bin schon nur noch mir selbst / Das Nichts der Gedanken.›

GIORNO PER GIORNO / TAG FÜR TAG

Primato (15.10.1942): «Diario» *Nuova Antologia* (Dez. 1942): «Diario»; *La Bottega dei Quattro* (5.10.1945): «Il dolore»; *Il Caffè degli Intellettuali* (17.12.1945): «Il dolore»; *Il Campo* I,1/2 (Jan./Febr. 1946): «Il dolore»; *Alfabeto* (15.–31.8.1946); *La Fiera letteraria* (Dez. 1946); frz. Ü.: Jean Lescure, Ph.Jaccottet; dt. Ü.: I.Bachmann (Fragmente 1–4, 6–10, 12/13, fortlaufend numeriert von 1–11); M.Marschall v. Bieberstein

In *Alfabeto* erscheinen die Fragmente 4, 12 und 13 zusammen, voneinander getrennt durch eine Leerzeile, sozusagen als Strophen eines Gedichts; in *Nuova Antologia* erscheinen die Fragmente mit lückenhafter römischer Numerierung: 1 ≙ VIII, 3 ≙ XIX, 4 ≙ IV, 6 ≙ XXI, 9 ≙ XXX, 10 ≙ XXXIV, 11 ≙ XXII, 12 ≙ XXXII, 13 ≙ XXXIII; desgleichen in *Il Caffè*: 11 ≙ XXII, 12 ≙ XXXII, 13 ≙ XXXIII; in *La Bottega* und *Il Campo* geht die römische Numerierung sogar bis XLV: 15 ≙ XLI, 16 ≙ XLV; daraus wird deutlich, daß Ungaretti an einer großen Anzahl von Fragmenten arbeitete, von denen schließlich nur 17 soweit ausgearbeitet worden sind, daß sie zur Veröffentlichung reif waren; andere sind vielleicht eingegangen in das lange Gedicht «Gridasti: Soffoco...»», das in engstem Zusammenhang mit den Fragmenten des «Giorno per giorno» steht, aber von Ungaretti nicht in den Band *Il Dolore*, sondern in *Un Grido e Paesaggi* (1952) aufgenommen worden ist (cf. Bd.3 der vorliegenden Werkausgabe).

IL TEMPO È MUTO / STUMM IST DIE ZEIT

Città (20.9.1945); *Le Tre Arti* (1.11.1945); frz. Ü.: J.Lescure, Armand Robin; d. Ü.: M.Marschall v. Bieberstein

AMARO ACCORDO / BITTERER AKKORD

Piccola Roma (1944): «Poesia», V.40–61; *Città* (20.9.1945): «Oppure in un meriggio»; *Le Tre Arti* (1.11.1945): «Oppure in un meriggio»; frz. Ü.: J.Lescure, Ph.Jaccottet; dt. Ü.: Friedhelm Kemp, *Akzente* 6 (1984), S.529

Piccola Roma: Oppure in un meriggio d'un ottobre / Dagli armoniosi colli / In mezzo a discendenti dense nuvole / I cavalli dei Dioscuri / Alle cui zampe estatico / S'era fermato un bimbo, / Più alti d'ogni altro flutto / In nuovo ordine d'astri / Tra insoliti gabbiani / Oltre il plumbeo equatore s'avventavano / Verso un'isola all'ombra dei banani / E di testuggini in abissi sparse; / Dove un bimbo frugava nella sabbia / E, da lume dei fulmini infiammata / La trasparenza delle care dita / Bagnate dalla pioggia contro vento, / Ghermiva tutti e quattro gli elementi. / Felici le pupille gli brillavano, / Ma la morte è incolore e senza sensi / E, ignorando ogni legge come sempre, / Gli stava già con gl'impudicchi denti / Vicino. ‹Oder auch an einem Oktobernachmittag / Von den sanft schwingenden Hügeln / Inmitten herabsinkender dichter Wolken / Die Pferde der Dioskuren / Zu deren Füßen verzückt / Haltgemacht hatte ein Kind, / Höher als jede andere Woge / In anderer Ordnung von Sternen / Zwischen ungewöhnlichen Möwen / Jenseits des bleiernen Äquators stürzten sie sich / Hin zu einer Insel im Schatten der Bananenbäume / Und von Meeresschildkröten in Abgründen verstreut; / Wo ein Kind im Sand stöberte / Und, vom Schein der Blitze entflammt / Die Durchsichtigkeit der lieben Finger / Den nassen vom windgepeitschten Regen, / Die Elemente alle vier ergriff. / Glücklich strahlten seine Augen, / Doch der Tod ist farblos und ohne Sinne / Und, unbekümmert jeden Gesetzes wie stets, / War er ihm schon mit den schamlosen Zähnen / Nahe.›

TU TI SPEZZASTI / DU ZERSCHELLTEST

Poesia II (Mai 1945); *L'Arche* II (8.8.1945): «Paesaggi»; frz. Ü.: A. Guibert, Jean Lescure, Ph. Jaccottet; dt. Ü.: Friedhelm Kemp, in: *Akzente* 6 (1984), S. 530/31; H. Hinterhäuser, in: *Italienische Lyrik im 20. Jahrhundert* (1990), S. 57–59 (unvollständig in der 2. Strophe des 1. Teils)

In *Poesia* hat Ungaretti dem Gedicht folgenden Kommentar beigegeben: «Araukarie *(araucaria imbricata)* ist die brasilianische Pinie. Sommergoldhähnchen *(regulus ignicapillus)* ist der kleinste unter den italienischen Vögelchen, unterschiedlich gefärbt, mit einem Federschopf wie Feuer. Still, leicht im Flug, von äußerster Anmut in allen seinen Handlungen, vom Morgen bis zum Abend in Bewegung. Er lebt auf der Pinie, der Tanne, der Lärche oder der Zypresse. Die Landschaft ist eine ferne Landschaft, beseelt für einen Augenblick von einer zerbrechlichen italienischen Seele. Beseelt für immer, Steingarten, von jener süßen Seele, in den unsterblichen Reichen.» (*Vita d'un uomo – Tutte le poesie* (1969), S. 764)

Die Fassung, die im August 1945 unter dem Titel «Paesaggi» zusammen mit den Gedichten «Folli i miei passi» und «Nelle vene» unter dem Generaltitel «Trois poèmes» in der französischen Zeitschrift *L'Arche* erschien (mit der Datierung «1939–1945»), ist laut J.-Ch. Vegliante früher zu datieren als die Fassung, die bereits im Mai 1945 in Italien (ebenfalls zusammen mit «Folli i miei passi» und «Nelle vene») in *Poesia* erschien. Nach Meinung von Vegliante handelt es sich um die Erstfassung, die bereits ins Jahr 1939 (das Todesjahr von Ungarettis Sohn Antonietto) zurückgeht (cf. a. a. O. S. 57), also zeitgleich ist mit der ersten Arbeit an «Gridasti: Soffoco...» (cf. Anm. Ungarettis zu diesem Gedicht, in Bd. 3 der vorliegenden Werkausgabe). Der Apparat der Varianten zu *Il Dolore* nimmt von der Veröffentlichung dieser drei Gedichte in *L'Arche* keine Notiz (cf. *Vita d'un uomo – Tutte le poesie* (1969), S. 762–765, 767–769). Der Text von «Paesaggi» sei daher ergänzend hier mitgeteilt, nach Vegliante, S. 118/19:

PAESAGGI – I / Le molte, sparse, immani pietre grige, / Frementi ancora alle segrete fionde / Di originarie fiamme soffocate / Od ai terrori di fiumane vergini / Ruinante in implacabili carezze, / Rigide sopra l'abbagliante sabbia / In un vuoto orizzonte, non rammenti? // E la recline, che s'apriva all'unico / Raccogliersi dell'ombra nella valle, / Araucaria, anelando ingigantita, / Variata in erme fibre d'arduo sasso / Più delle altre dannate refrattaria, / Non la rammenti delirante muta, / Fresca la bocca di farfalle e d'erbe / Che la scopriva alle radici offesa, / Sopra tre palmi d'un rotondo ciottolo / In un orrido bilico / Magicamente apparsa? // Di ramo in ramo lieve fiorrancino / Ebbri di meraviglia gli avidi occhi, / Ne conquistavi la screziata cima / Tu, musicale bimbo temerario, / Solo per rivedere all'imo lucido / D'un fondo e quieto baratro di mare / Favolose testuggini destarsi. // Della natura estrema la tensione / E le subacquee pompe, / Funebri moniti. // II / Alzavi le braccia come ali / E ridavi nascita al vento / Correndo nell'aria impietrita. // Mai non si vedeva posare / Il tuo lieve piede di danza. // III / Nella cecità stamburante, / Semplice cristallo, soffrivi; // Raggi troppo umani per l'empio / Selvoso ruggito del sole.

‹LANDSCHAFTEN – I / Zahlreich, verstreut, ungeheuer, die grauen Steine, / Bebend noch vor den geheimen Schleudern / Erstickter Urflammen / Oder vor den Schrecknissen jungfräulicher Fluten / Herabstürzend in unversöhnlichen Liebkosungen, / Starr über dem blendenden Sand / In einem leeren Horizont, erinnerst du nicht? // Und die Geneigte, die sich öffnete auf die einzige / Ansammlung von Schatten im Tal, / Araukarie, lechzend in riesenhaftem Wuchs, / Abwechslungsreich in einsamen Fibern steilen Steins / Mehr als die anderen Verdammten widerspenstig, / Erinnerst du sie nicht fiebernde Stumme, / Frisch der Mund von Schmetterlingen und Gräsern / Der sie entblößte den beleidigten Wurzeln, / Über drei Handbreit eines runden Kiesels / In entsetzlichem Gleichgewicht / Magisch Erschienene? // Von Ast zu Ast leichtes Goldhähnchen / Wundertrunken die gierigen Augen, / Bezwangst du ihren gesprenkelten Wipfel / Du, musisches Kind, verwegen, / Allein um erneut auf dem lichten Grund / Eines tiefen und runden Meeresschlunds / Sagenhafte Meeresschildkröten erwachen zu sehen. // Der Natur äußerste Spannung / Und unter Wasser der Pomp, / Todesmahnungen. // II / Wie Flügel hobst du die Arme / Und ließest neu aufkommen den Wind / Laufend in der versteinerten Luft. // Nie sah man zur Ruhe kommen / Deinen leicht tanzenden Fuß. // III / In der trommelnden Blindheit, / einfaches Kristall, littest du; // Zu menschliche Strahlen für das grausame / Waldgebrüll der Sonne.›

INCONTRO A UN PINO /
BEGEGNUNG MIT EINER PINIE
Piccola Roma (1944): «Poesia», V.62–71; *Città* (20.9.1945): «Lungotevere
al tramonto»; frz. Ü.: J.Lescure, Ph.Jaccottet

Piccola Roma: E quando le onde punse che schiumavano / Clamore di
crepuscolo abbagliandole, / Mi ritrovavo in Patria dalla foce / Del fiume
mossi i passi, mentre il tempo / Mutando ombre volgeva d'arco in arco /
Le vibratili ciglia malinconico / Incontro a un pino attorto aereo nel
fuoco / D'estremi raggi supplici / Che tratteneva invitto macerandosi, /
Ospite ambito di pietrami memori.

‹Und als die Wellen stach die schäumten / Geschrei von Dämmerung sie
blendend, / Fand ich mich wieder im Vaterland von der Mündung / Des
Flusses gelenkt die Schritte, während die Zeit / Schatten wechselnd wen-
dete von Bogen zu Bogen / Die schwingenden Wimpern melancholisch /
Entgegen einer Pinie umwunden luftig im Feuer / Äußerster flehender
Strahlen / Die sie festhielt unüberwunden sich verzehrend, / Umworbener
Gast erinnerungsschweren Gesteins.›

FOLLI I MIEI PASSI / TOLL MEINE SCHRITTE
Piccola Roma (1944): «Poesia», V.1–16; *Poesia* II (Mai 1945); *L'Arche* II
(8.8.1945); frz. Ü.: A.Guibert, J.Lescure, Ph.Jaccottet

Piccola Roma: Sono passando, assente dalle strade / E se sosto, da oggetti
nelle stanze. / Mi restano visibili, / Chiuse nella memoria, poche cose. / La
notte interminabile / Mi dà, sola, monotona misura. / Sanno perché, spe-
rando, le finestre / Murasse in un baleno Michelangelo / Non concedendo
all'anima / Nemmeno la risorsa di spezzarsi, / Gli occhi, il mio sangue, le
mie braccia tese, / L'udito stanco, tutti ormai i miei gesti. / Per desolato
fremito dava ale / A un'urbe, arcana come una semenza, / Ferma, ascen-
dente cupola, / Febbrilmente superstite.

‹Ich gehe vorüber, abwesend von den Straßen / Und wenn ich innehalte,
von Gegenständen in den Zimmern. / Sichtbar bleiben mir, / Eingeschlos-
sen im Gedächtnis, wenige Dinge. / Die endlose Nacht / Gibt mir, allein,
eintöniges Maß. / Es wissen warum, hoffend, die Fenster / vermauerte in
einem Nu Michelangelo / Zugestehend der Seele / Nicht einmal das Mit-
tel zu zerschellen, / Die Augen, mein Blut, meine ausgestreckten Arme /
Das müde Gehör, alle meine Gesten hinfort. / In verzweifeltem Brausen
gab er Flügel / Einer Weltstadt, geheimnisvoll wie eine Saat, / Fest, auf-
steigende Kuppel, / Fiebrig überdauernd.›

NELLE VENE / IN DEN ADERN
Poesia II (Mai 1945); *L'Arche* II (8.8.1945); frz. Ü. : A.Guibert, J.Les-
cure, Ph.Jaccottet

V.6(–8) ist ein Echo des Gedichts «Godimento» aus *L'Allegria*, 3.Strophe:
Avrò / stanotte / un rimorso come un / latrato / perso nel / deserto ‹Ich
werde / heut nacht / einen Gewissensbiß haben wie ein / Gebell / verloren
in der / Wüste›

DEFUNTI SU MONTAGNE /
VERSTORBENE AUF BERGEN

Piccola Roma (1944): «Poesia», V.17–39; *Le Tre Arti* (1.11.1945); frz. Ü.:
J.Lescure, Ph.Jaccottet

Piccola Roma: Poche cose mi restano visibili / E, per sempre, l'aprile /
Trascinante insolubile la nube / Ma d'improvviso splendido, pallore /
Rapido al Colosseo emerso dai fumi / Col precipizio alle orbite, pervase /
Del vuoto d'un azzurro / Che più la sorte né eccita, né turba. // Come nelle
distanze in solitudini / Scorrendo apparizioni, / I passanti alla base di quel
muro / Perdevano statura / Dilatando il deserto dell'altezza / E la sorpresa
se, ombre, parlavano. // Allora fu che entrato in San Clemente, / Dalla
Crocefissione di Masaccio / M'accolsero d'un alito staccati / Mentre
l'equestre rabbia / Convertita giù in roccia ammutoliva, / Desti dietro il
biancore / Delle tombe abolite / Defunti su montagne / Più di sopiti pas-
seri leggere.

‹Weniges nur bleibt mir sichtbar / Und, für immer, der April / Der un-
löslich die Wolke mit sich schleppt / Doch unversehens strahlt, Blässe /
Rasch beim Kolosseum aufgetaucht aus Nebeln / Abstürzend in die
Höhlen, erfüllt / von der Leere einer Bläue / die nicht mehr das Los erregt
noch trübt. // Wie in den Entfernungen in Einsamkeiten / Laufend Er-
scheinungen, / Verloren die Vorübergehenden am Fuße jener Mauer / An
Größe / Weitend die Wüste der Höhe / Und die Überraschung wenn,
Schatten, sie sprachen. // Da geschah's daß eingetreten in San Clemente, /
Von Masaccios Kreuzigung / Mich empfingen lösgelöst von einem Hauch /
Während die ritterliche Wut / Verwandelt drunten in Gestein verstummte,
/ Erwacht hinter der Helle / Der aufgehobenen Gräber / Verstorbene auf
Bergen / Mehr als eingeschlummerte Sperlinge leicht.›
In dieser Version fehlen also noch die 3. und die letzte Strophe.

MIO FIUME ANCHE TU / MEIN FLUSS AUCH DU

Piccola Roma (1944): «Poesia», V.72–101 (≙ Teil 1 des Gedichts); *Le Tre
Arti* (1.11.1945); frz. Ü.: J.Lescure, Ph.Jaccottet; dt. Ü.: I.Bachmann

Piccola Roma: Mescolato al Tietê di selve impervio / Echeggianti al mio
pianto più profondo, // Ti collocasti allora al Serchio, al Nilo, / Alla
Senna, all'Isonzo chiaro accanto, // Tevere, sacro fiume, tu, anche mio. //
Anche tu mio, Tevere fatale, / E ora, che già notte turbata scorre, / E so
quanto un uomo può soffrire; / Che perfino dalle pietre si discioglie /
Come un belo d'agnelli, ininterrotto, / Smarrito per le strade esterrefatte; /
Che di male l'attesa senza requie, / Esacerbante male più d'ogni altro, /
L'anima intralcia e i passi di ciascuno; / Che infiniti singhiozzi e a lungo
rantoli / Agghiaccicano le case, tane incerte; / Ora che notte già scorre stra-
ziata, / Che ogni attimo spariscono di schianto / O temono l'offesa tanti
segni / D'un umano lavoro di millenni / Compiuto quasi da divine dita; /
Ora che notte scorre già sconvolta, / Che presi da un tormento insopporta-
bile, / Si sfrena l'ira a morte tra fratelli; / Che di pena abissale / Schiavo
soffoca il mondo; / Le mie blasfeme labbra dire ardiscono: / Cristo pen-
soso martire, / Perché la tua bontà / S'è tanto allontanata?
‹Dich vermischend mit dem Tietê von Wäldern unwegsam / Widerhal-
lend von meiner tiefsten Klage, // Geselltest du dich da dem Serchio, dem

Nil, / Der Seine, dem Isonzo klar bei, // Tiber, heiliger Fluß, der meine auch du. // Auch du der meine, verhängnisvoller Tiber, / Und jetzt, da schon Nacht verstört dahinfließt, / Und ich weiß wieviel ein Mensch ertragen kann; / Da sogar von den Steinen sich löst / Eine Art Blöken von Lämmern, ununterbrochen, / Verloren in den entsetzten Straßen; / Da von Bösem die ruhelose Erwartung, / Verschlimmertes Übel mehr als jedes andere, / Die Seele hemmt und eines jeden Schritte; / Da unendliches Schluchzen und langwährendes Röcheln / Die Häuser vereist, unsichere Höhlen; / Jetzt da Nacht schon dahinfließt zerrissen von Qual, / Da jeden Augenblick plötzlich verschwinden / Oder fürchten die Beleidigung soviele Zeichen / Einer menschlichen Arbeit von Jahrtausenden / Vollbracht fast von göttlichen Fingern; / Jetzt da Nacht dahinfließt schon erschüttert, / Da gefangen in unerträglicher Folter, / Sich entfesselt der tödliche Zorn zwischen Brüdern; / Da in abgründiger Pein / Versklavt erstickt die Welt; / Wagen zu sagen meine lästernen Lippen: / Christus gedankenschwerer Märtyrer, / Warum hat deine Güte / Sich so sehr entfernt?›

ACCADRÀ / WIRD'S DER FALL SEIN?
Piccola Roma (1944): «Poesia», V. 102–141; *Rassegna* 9 (Febr. 1945): «Non accadrà?»; frz. Ü.: J. Lescure

Piccola Roma: Quelle opere in pericolo, / D'ogni arte, inimitabili, / Che via via nei millenni suscitasti / Avida s'ascoltare il giusto Dio, / Ancora il tuo terreno dramma attestano, / Italia, Roma mia. // Tesa sempre in angoscia / E al limite di morte, / Terribile ventura; / Ma in tanta tua agonia / Misericorde anelito di grazie, / Ritornavi a scoprire / Senza darti mai pace, / Che nel principio e nei sospiri sommi / Da una stessa speranza consolati, / Gli uomini sono uguali, / Figli d'un solo, d'un eterno soffio. / Prodiga l'insegnasti / All'Europa preclare / Che con pazienza strenua costituivi, / E a ogni favella e ingegno e vocazione. / Ne trassero purezza / Le immagini remote / E radici le nuove. / Fu parola ispirata. / Si può che in mente ai popoli / Mai più non torni fertile? / Si può che tu nel cuore / Più generoso quanto più patisca, / Non la ritrovi ancora / Più incantevole quanto arda più ascosa? / Umile interprete del Dio di tutti, / Da venti secoli t'uccide l'uomo / Che incessante vivifichi rinata: / Oggi si può che cenere prevalga? // Si può che tu più non rifulga e crolli, / Tu, universale Patria, / Seme d'amore nell'umana notte, / Segno, grido, miracolo spezzante? // Si può che tu più non rifulga e crolli?

‹Jene Werke in Gefahr, / Jeder Kunst, unnachahmlich, / Die nach und nach in den Jahrtausenden du erwecktest / Gierig sich anzuhören den gerechten Gott, / Bezeugen noch immer dein irdisches Drama / Italien, mein Rom. // Gespannt immer in Angst / Und an der Grenze zu Tod, / Furchtbares Geschick; / Doch, in deiner so heftigen Agonie / Barmherziges Lechzen nach Gnade, / Entdecktest du erneut / Ohne je Frieden dir zu gönnen, / Daß im Anfang und in den tiefsten Seufzern / Von einer selben Hoffnung getröstet, / Die Menschen gleich sind, / Kinder eines einzigen, eines ewigen Hauchs. / Freigebig lehrtest du's / Dem vortrefflichen Europa / Das mit unermüdlicher Geduld du gründetest, / und jeder Sprache und Begabung und Berufung. / Reinheit zogen daraus / Die weit entrückten Bilder / Und Wurzeln die neuen. / War inspiriertes Wort. /

Kann es sein daß im Geist der Völker / Es nicht mehr von neuem frucht-
bar wird? / Kann es sein daß du im Herzen / Edler je mehr du leiden
mögest, / Noch immer nicht es wiederfindest / Bezaubernder je verborge-
ner du brennen mögest? / Demütiger Deuter des Gottes aller, / Seit zwan-
zig Jahren tötet dich der Mensch / Den unaufhörlich du belebst wieder-
geboren: / Heute kann es sein daß Asche überwiegt? // Kann es sein daß
du nicht mehr strahlst und zusammenbrichst, / Du, allumfassendes Vater-
land, / Same der Liebe in der menschlichen Nacht, / Zeichen, Schrei,
zerbrechendes Wunder? // Kann es sein daß du nicht mehr strahlst und
zusammenbrichst?›

L'ANGELO DEL POVERO / DER ENGEL DES ARMEN
Erstveröffentlichung in *Il Dolore* (1947); frz. Ü.: J.Lescure; dt. Ü.:
I.Bachmann

NON GRIDATE PIÙ / SCHREIT NICHT MEHR
Parallelo I (Sommer 1943): «Poeti d'oltreoceano, vi dico»; *Città* (20.9.
1945); frz. Ü.: J.Lescure, Armand Robin; dt. Ü.: I.Bachmann;
H.M.Enzensberger, in: *Museum der modernen Poesie* 1; M.Marschall
v. Bieberstein
Parallelo: POETI D'OLTREOCEANO, VI DICO – O compagni, cari
una volta, / Cessate l'offesa alle tombe. // Ora che avete senza nostra
colpa / Straziato tumuli da poco chiusi, / E sconnesso parvule croci, / Lo
scheletro, disperso, dal sarcofago, / Universali voci, / Infranto, nelle pietre
inimitabili, / Come farete a udire i vostri morti? // D'ogni bene fummo
a voi prodighi; / Pensavamo a voi come agli esuli / Della nostra famiglia. //
Nelle fole e nelle cronache, / Se non v'arresta luce, / Nello sterminio folle, /
Orridi apparireste, / Del suggello umano, dimentichi. // Dio, le prove non
teme un vecchio popolo; / Gli darai, se vuoi, spazio e pane / Esaudendo
giuste speranze, / Ma oggi gli confermi che solo / Dopo molte sciagure, /
Si rispetta il ricordo, // Quando si sa che all'anima si volge / Non avendo
voce più forte / Del crescere vago dell'erba / Lieta dove non passa l'uomo.
‹DICHTER VON JENSEITS DES OZEANS, ICH SAGE EUCH – Oh
Kameraden, teuer einst, / Haltet ein die Gräber zu beleidigen. // Jetzt da
ihr ohne unsere Schuld / Seit kurzem geschlossene Grabhügel zerfetzt
habt, / Und getrennt kindliche Kreuze, / Das Skelett, zerstreut, vom
Sarkophag, / Universale Stimmen, / Zerbrochen, in den unnachahm-
lichen Steinen, / Wie stellt ihr es an unsere Toten zu hören? // Alles Gute
gaben wir euch freigebig; / Wir dachten an euch wie an die Verbannten /
Unserer Familie. / In den Märchen und in den Chroniken, / Wenn euch
nicht Licht anhält / In der tollen Ausrottung, / Erscheinet ihr entsetzlich, /
Des menschlichen Siegels, uneingedenk. // Gott, die Prüfungen fürchtet
nicht ein altes Volk; / Du wirst ihm geben, wenn du willst, Raum und Brot /
Erhörend gerechtfertigte Hoffnungen, / Doch heute bestätigst du ihm,
daß allein / Nach vielen Mißgeschicken, / Die Erinnerung geachtet wird, //
Wenn man weiß, daß sie an die Seele sich wendet / Mit nicht lauterer
Stimme / Als das unbestimmte Wachsen des Grases / Froh wo der Mensch
nicht vorübergeht.›

I RICORDI / DIE ERINNERUNGEN
Il Costume Politico Letterario (7.4.1946); frz. Ü.: J.Lescure, A.Pieyre de Mandiargues

TERRA / ERDE
Mercurio III,21 (Mai 1946); frz. Ü.: J.Lescure, Ph.Jaccottet; dt. Ü.: M.Marschall v. Bieberstein

HYMNE À LA MORT
La Nouvelle Revue Française XVI,183 (1.12.1928): «Hymne à la mort» (S.758/59); *Vie d'un homme* (1939): «Sentiment de la nuit» (S.139); *Les cinq livres* (1954): «Sentiment de la nuit» (S.222); Vegliante, *Ungaretti entre les langues* (1987): «A la mort» (S.102); Ed. crit. (1988), S.331 (≙ «Hymne à la mort» in *NRF*)

Das Gedicht war ursprünglich zusammen mit den «Trois notes» für eine neue Folge von «Notes pour une poésie» bestimmt (anknüpfend an die «Appunti per una poesia – Notes pour une poésie» in *Commerce* XII (1927), erschien dann aber zusammen mit den «Trois notes» sowie der «Hymne à la pitié» und «Prière» unter dem Generaltitel «Hymnes» in der *Nouvelle Revue Française* (1928, an dritter Stelle zwischen «Prière» und den «Trois notes»). Der ursprüngliche Titel des Gedichtes lautete «A la mort». Vegliante publiziert eine Manuskriptfassung des Gedichts unter diesem Titel (Archiv Paulhan), die der Veröffentlichung in der *NRF* vorausgeht und die in den ersten drei Strophen (V.1–5) mit der Fassung in der *NRF* übereinstimmt, in den V.6–9 (zusammengefaßt zu einer einzigen Strophe) jedoch abweicht:
J'aurai quitté mon cœur, / dit adieu à la pensée, / et tu m'auras comme un Dieu / libre dans tes bras.
‹Ich werde mein Herz verlassen, / Lebewohl gesagt haben dem Denken, / und du wirst mich gottgleich / frei haben in deinen Armen.›
Der Text der *NRF* wird 1939 unter dem Titel «Sentiment de la nuit» in Chuzevilles Ausgabe *Vie d'un homme* unverändert übernommen (allerdings durchgehend mit Majuskeln an den Versanfängen); er ist dort eingeordnet als Schlußgedicht der Sektion «Connaissance du temps» (≙ «La morte meditata» in den italienischen Ausgaben von 1933 und 1936). 1954 erscheint der Text, wiederum unter dem Titel «Sentiment de la nuit» in J.Lescures Ausgabe *Les cinq livres* (als einziger französischer Text von Ungarettis eigener Hand) mit verändertem V.1: Je reviens vers toi, nuit. und ohne Komma am Ende von V.2, datiert «1931» und eingeordnet als Schlußgedicht der Sektion «Hymnes» nach dem Gedicht «Sentiment du temps».
Dieses Gedicht ist eines der wenigen französischen Gedichte Ungarettis, von denen es keine korrespondierende italienische Fassung gibt (cf. a. Bd. 1 der vorliegenden Werkausgabe).

350   Anmerkungen

Weiterführende bibliographische Hinweise

Generell sei hingewiesen auf die Bibliographie in *Vita d'un uomo – Tutte le poesie* (1969), S. 863–878, sowie auf die Einleitungen von Leone Piccioni im selben Band, S. XIII–LXIII, und in *Per conoscere Ungaretti*, Antologia delle opere a cura di L. Piccioni, Milano (Mondadori) 1986, S. 9–65; außerdem auf Hans Hinterhäusers Essay über Ungaretti in seinem Buch *Italienische Lyrik im 20. Jahrhundert*, München (Piper) 1990 (*Serie Piper* 967), S. 35–64, und Michael Marschall v. Biebersteins Nachwort in: Giuseppe Ungaretti, *Ich suche ein unschuldiges Land*, Gesammelte Gedichte, italienisch/ deutsch, Übertragung und Nachwort von Michael Marschall von Bieberstein, München (Piper) 1988, S. 283–310, sowie auf Hugo Friedrich, *Die Struktur der modernen Lyrik*, Reinbek (Rowohlt) 1956, erweiterte Neuausgabe 1967 (rde 25), S. 178–182, 278–280.

Giuseppe Ungaretti, *Vita d'un uomo – Saggi e interventi*, a cura di Mario Diacono e Luciano Rebay, Milano (Mondadori) 1974 *(I Meridiani)*

Giuseppe Ungaretti / Jean Amrouche, *Propos improvisés*, texte mis au point par Philippe Jaccottet, Paris (Gallimard) 1972

Giuseppe Ungaretti, «Cinquantatré lettere a Carlo Carrà», a cura di Pietro Bigongiari e Massimo Carrà, in *Paradigma* 3 (1980), S. 415–447

Guiseppe Ungaretti, *Lettere dal fronte a Gherardo Marone (1916–1918)*, a cura di Armando Marone, introduzione di Leone Piccioni, Milano (Mondadori) 1978

Giuseppe Ungaretti, *Lettere a Giovanni Papini 1915–1948*, a cura di Maria Antonietta Terzoli, introduzione di Leone Piccioni, Milano (Mondadori) 1988

Correspondance Jean Paulhan Giuseppe Ungaretti 1921–1968, édition établie et annotée par Jacqueline Paulhan, Luciano Rebay et Jean-Charles Vegliante, préface de Luciano Rebay, Paris (Gallimard) 1989 (*Cahiers Jean Paulhan* 5)

Giuseppe Ungaretti, *Lettere a Enrico Pea*, a cura di Jole Soldateschi, con una nota introduttiva di Giorgio Luti, Milano (Scheiwiller) 1983 *(Quaderni della Fondazione Primo Conti)*

Giuseppe Ungaretti / Vincenzo Cardarelli, *Lettere a Corrado Pavolini*, a cura di Francesca Bernardini Napoletano e Marinella Mascia Galateria, Roma (Bulzoni) 1989

Giuseppe Ungaretti / Giuseppe De Robertis, *Carteggio 1931–1962*, con un'Appendice di redazioni inedite di poesie di Ungaretti, introduzione, testi e note a cura di Domenico De Robertis, Milano (Il Saggiatore) 1984

Giuseppe Ungaretti, *Lettere a Soffici*, a cura di Paola Montefoschi, Firenze (Sansoni) 1981

François Livi, *Ungaretti, Pea e altri – Lettere agli amici «egiziani»*, Carteggi inediti con Jean-Léon e Henri Thuile, Napoli / Roma (Edizioni Scientifiche Italiane) 1988

«Ungaretti a Valéry: dodici lettere inedite (1924–1936)», in: *Italica* 58,4 (Winter 1981), S. 312–323

Glauco Cambon, *La poesia di Ungaretti*, Torino (Einaudi) 1976 *(Piccola Biblioteca Einaudi)*

Yvonne Caroutch, *Ungaretti*, Paris (Seghers) 1979 *(Poètes d'aujourd'hui)*

G. Cavalli, *Ungaretti*, Roma (Fabbri) 1958

Frederic J. Jones, *Giuseppe Ungaretti – Poet and critic*, Edinburgh (Edinburgh University Press) 1977 *(Writers of Italy Series 5)*

Carlo Ossola, *Giuseppe Ungaretti*, Milano (Mursia) 1975

Leone Piccioni, *Vita di un poeta: Giuseppe Ungaretti*, Milano (Rizzoli) 1970

Leone Piccioni, *Vita di Ungaretti*, Milano (BUR) 1979

Leone Piccioni, *Ungarettiana – Lettura della poesia, aneddoti, epistolari inediti*, Firenze (Vallecchi) 1980

Folco Portinari, *Giuseppe Ungaretti*, Torino (Borla) 1967

Luciano Rebay, *Le origini della poesia di Giuseppe Ungaretti*, prefazione di Giuseppe Prezzolini, Roma (Edizioni di Storia e Letteratura) 1962

Maura Del Serra, *Giuseppe Ungaretti, Il Castoro* 131 (1977)

Atti del Convegno Internazionale su Giuseppe Ungaretti, Urbino 3–6 Ottobre 1979, Urbino (4venti) 1981, 2 Bde

Rosa Brambilla (Hrsg.), *Giuseppe Ungaretti: Il Sentimento del tempo*, Assisi (Citadella) 1984 (Atti del Seminario di Studio 24–27 novembre 1983 Biblioteca della Pro Civitate Christiana, Assisi)

Franco di Carlo, *Ungaretti e Leopardi*, Roma (Bulzoni) 1979

Gianfranco Contini, *Esercizi di Lettura*, Torino [2]1974

De Nardis, Luigi: Momenti mallarmeani in Ungaretti, in: ders., L'ironia di Mallarmè, Caltanisetta/Roma (Sciascia) 1962, 229 ff.

Rosita Tordi (Hrsg.), *Giuseppe Ungaretti e la cultura romana* – Atti del Convegno 13–14 novembre 1980, Roma (Bulzoni) 1983

Jean-Charles Vegliante, *Ungaretti entre les langues*, Paris (Paris III Sorbonne Nouvelle) 1987 *(italiques)*

352

Register der italienischen
und französischen Gedichtüberschriften

Das Register enthält die Überschriften der endgültigen Gedichtefassungen
der beiden Gedichtbände *Sentimento del Tempo* und *Il Dolore* und die Über-
schriften der französischen Gedichte Ungarettis sowie, kursiv gesetzt, die
von den endgültigen Überschriften abweichenden von frühen Fassungen
dieser Gedichte. Die kursiv gesetzten Seitenzahlen beziehen sich auf die
Anmerkungen zu dem jeweiligen Gedicht.

Register der deutschen Gedichtüberschriften

Das Register enthält die deutschen Überschriften der Gedichte der beiden Gedichtbände *Sentimento del tempo* und *Il Dolore*, der französischen Gedichte Ungarettis sowie, kursiv gesetzt, die von den endgültigen Überschriften abweichenden der ins Deutsche übersetzten Frühfassungen.

INHALT